江苏人民教育家培养工程丛书（第四辑）

造就完整儿童

——综合课程的育人回应

ZAOJIU WANZHENG ERTONG
ZONGHE KECHENG DE YUREN HUIYING

章　丽　著

江蘇鳳凰教育出版社
Phoenix Education Publishing, Ltd

为江苏未来教育家成长奠基

自党的十八大以来，特别是2018年1月中共中央、国务院印发《关于全面深化新时代教师队伍建设改革的意见》以来，全国教师队伍建设有了新的里程碑，教师发展整体面貌发生了新变化。贯彻党的二十大精神、落实立德树人根本任务、办人民满意的教育等，都需要充分发挥教师的作用。教育家是教师队伍的重要组成部分和中坚力量，也是推动教育综合改革实现教育现代化的积极参与者、实践者和贡献者。

纵观世界教育史，每一次深刻的教育变革都离不开教育家的参与和推动。邓小平同志在1986年就提出“希望中国出现一大批三四十岁的优秀的科学家、教育家、文学家和其他各种专家”。2007年《国家教育事业发展“十一五”规划纲要》明确提出了“倡导教育家办学”的方针。《国家中长期教育改革和发展规划纲要(2010—2020年)》也明确提出，要创造有利条件，鼓励教师和校长在实践中大胆探索，创新教育思想、教育模式和教育方法，形成教学特色和办学风格，造就一批教育家，倡导教育家办学。

倡导教育家办学，要在扎根于民族文化土壤的同时，吸纳一切人类文明成果，形成具有本土特色和全球视野的教育实践和教育智慧。在我国源远流长的几千年文明发展进程中，不仅积淀了丰富的教育话语体系，而且涌现出一批又一批的优秀教育家。如，有被推崇为“大成至圣先师”“万世师表”的孔子，有“匹夫而为百世师，一言而为天下法”的韩愈，有“捧着一颗心来，不带半根草去”的人民教育家陶行知，等等。

江苏素有重教兴学的优良传统。明清两代全国202名状元中，有66人出自江苏，约占总数的三分之一。新中国成立以来，两院院士三分之一以上是江苏籍。“十一五”规划以来，江苏认真贯彻国家、省教育规划纲要，坚持把优先发展教育作为强省之基，把科教与人才强省作为经济社会发展的基础战略，扎实做好教育改革发展各项工作。为顺应发展要求，江苏在2009年启动实施“江苏人民教育家培养工程”，旨在通过培养一批具有教育家潜质的校长、教师，带动全省师资队伍建设，提高全省教育质量。工程启动和实施以来，得到了省内外同行的高度关注，《中国教育报》《人民教育》等权威教育媒体纷纷予以报道，给予了很多的支持和鼓励。在工程的带动下，全省基础教育人才队伍建设工作蓬勃开展，人才梯队不断优化，人才培养形成常态。无锡的教育名家培养工程、常州和镇江的名师工作室、苏州的姑苏人才计划、南通和淮安的名师名校长培养工程、连云港的中小学高层次人才“333”工程、泰州的中小学卓越教师培养、扬州的领雁工程等都取得了良好成效，为江苏基础教育事业的明天提供了人才支撑。

一、设计思路

古今中外的教育家，虽然成长路径各不相同，但他们身上有一个共同特点，那就是都有强烈的发展愿景，都是积极主动、持之以恒地追求自我发展。而有计划的培养可以促其自觉、促其坚定、催其奋进、助其提高。实践证明，通过有效地整合社会资源，建立系统而完整的培养制度，对培养对象进行引领、促进、支持，给予他们相对良好的成长空间和必要的规制，有助于他们更快更好地成长。我们认为，确立“人民教育家是可以培养的”观念，是科学的人才观、发展观在师资队伍建设中的体现。

确立目标宗旨。为一批立志终身从教、教育理念新、科研能力强、专长突出、风格鲜明、发展潜力大的中小学教师和校长创造条件，提供平台，给予重点培养，帮助他们在教育理论素养和创新实践能力等方面得到全面提升，使其个人专长更加凸显，特色风格更加鲜明，为他们成长为社会公认的人民教育家奠定基础，并以此带动和促进全省中小学师资队伍水平的整体提升，为江苏建设教育强省、率先实现教育现代化、办人民满意的教育做出更大的贡献。

制订培养计划。工程实施的目标是培养基础教育高端人才。从2009年起，计划在全省范围内分四批选拔200名特级教师进行重点培养。200个培养名额，低于特级教师总数的20%，不到中小学专任教师总数的万分之三。分四批培养，每批50人，确保每一名培养对象都能享有足够好、足够多的专家资源、活动资源、财力资源和实践平台，保证培养过程更加具有科学性、针对性和有效性。

明晰选拔标准。分析近代以来我国教育家表现出来的特质，我们发现他们有三个方面的共同特质：一是志存高远，具有远大的教育理想，“敢探未发明的新理”，善于发现和潜心研究教育问题，形成自己独到的教育思想；二是学高为师，具有丰富的学识和科学的经验，勇于探索，在办学理念和思路、学校建设与管理、教育教学方式等方面形成鲜明的特色和风格；三是身正为范，具有高尚的人格魅力，热爱学生，尊重学生，对学生有大爱之心，并有较大的社会影响。为此，在培养对象的选拔上，我们确定了“坚持一个基本条件、着重考察三个方面”的原则。基本条件必须是特级教师，是“师德的表率、育人的模范、教学的专家”。在此基础上，着重考察培养对象是否有正确的、强烈的成长动机，有为人民教育事业奋斗终身的坚定理想和不懈追求；是否具有深厚的教育理论素养、文化素养和专业素养，有成为人民教育家的基础条件和发展潜力；是否具有高尚的人格魅力，在区域和学科专业领域内声望高、影响大、示范性强，受到同行、学生、家长和社会的广泛敬重和好评。

二、制度建构

“江苏人民教育家培养工程”是一项系统性工程，旨在探索高端教育人才培养的政策、制度和实践模式，以培养对象的教育思想、办学行为和先进事迹激发全省所有校长、教师的教育热情和奉献精神。经过五年的实践探索，逐步形成了一套比较完整的培养体系，制订了《江苏人民教育家培养工程实施指南》，形成了管理、培养、考核“三位一体”的培养工作机制。

建立了管理机构。在管理上，江苏省教育厅成立了“江苏人民教育家培养工程领导小组”，负责培养工作的整体把握和指导，指定江苏省教育科学研究院负责工程的具体实施工作。根据培养对象的特点和研究方向，成立了分学段或分学科领域和学校管理等不同培养方向的五个研修组。与培养对象相对应，组建了五个专家指导小组，通过个别指导和集体指导相结合的模式，就培养对象的发展规划、研究方向、课题研究进行指导。

搭建了培养平台。在培养上，以“政府创设平台、专家引领指导、个人主动发展、团队共同提高”为培养机制，以帮助培养对象“提高师德修养、拓展教育视野、创新教学理念、提高教育教学能力水平”为核心培养内容，规划实施了九大系列培养计划：催生教育主张——培养对象理论素养提升计划；聆听高端讲座——培养对象知识结构更新计划；牵手农村教育——培养对象责任修炼计划；推动教育创新——培养对象实践模式构建计划；走近教育家——培养对象分类阅读计划；聚焦实践问题——培养对象小组合作研究计划；带动共同发展——培养对象团队建设计划；教育家办学——影响力论坛计划；行者无疆——教育考察计划。围绕计划，在2017年至2022年第四期培养对象培养期内，共开展省级集中活动20余次、小组活动近100次。

制订了考核制度。在考核上，江苏省教育厅委托江苏省教育科学研究院与培养对象签订“目标责任书”，依据目标责任书开展年度考核、中期考核和终期考核工作。其中，年度考核实行报告评价式考核，研修小组和培养对象每年要做一次工作总结，报告一次研修心得；中期考核在培养期的第三年举行，实行发展性评估考核；终期考核按目标责任书实行目标考核。培养周期完成，在个人考核的基础上，成立“培养工作评估项目组”，对项目实施情况进行整体评估。

提供了条件保障。主要从专家、平台、经费等方面为工程实施及培养对象提供专业支持、环境支持和政策支持。一是组建了专家指导团队，聘请了国内一流专家。目前共聘请专家119人次，其中为第四期培养对象聘请的专家有37人。二是设立江苏省教育科学规划“十三五”人民教育家培养对象专项课题，鼓励培养对象申报教育科研课题，通过课题研究推动培养对象成长。三是为每位培养对象至少安排一次出国研修的机会、召开一次教育思想研讨会、资助出版一部专著，为他们形成教育教学思想创造条件。

三、实践成效

工程实施以来，每一位培养对象都以教育家的素养标准要求自己经过五年努力，提升了综合素养，取得了很多教育教学成果，带动了区域内多元团队的共同发展，还通过跨区域的合作在更大范围发挥了重要作用。

素质显著提高。五年的研修对每一位培养对象来说都是一个迅速进步的过程，他们的专业素养与教育能力不断提升，教育思想已现雏形。其一，潜心读书，提升了专业素养。有的培养对象五年阅读了100多部专著，撰写了40多万字的读书笔记。其二，实践探索，提高了教育能力。通过构建自己的课堂教学模式提高课堂教学质量，通过成立名师工作室和建设学科基地发挥辐射作用，通过管理模式的变革寻求学校的优质发展，已成为培养对象的行为自觉。其三，活动研修，拓宽了教育视野，丰富了发展内涵，增强了服务江苏教育发展的责任感与使命感。其四，自省反思，凝练了教育思想。通过回顾和反思、梳理和归纳，做到更深刻地认识、更清晰地表达自己的教育理念，初步形成了自己的教育思想。

研究成果丰硕。五年来，各位培养对象在实践研究方面积极进取，取得了丰硕成果。据不完全统计，第四期培养对象公开发表论文734篇，其中核心期刊发表163篇；编著、专著103本；市级以上课题（项目）203项；国家级教学成果奖9项，省级教学成果奖36项；县级以上公开课、讲座1429节（次）；市级以上奖励311次，媒体报道410次。教学办学上，他们不仅善于把自己的教育理念运用到实践中去，而且非常注重特色成果的形成，成为江苏基础教育改革大背景下一例例鲜活的典型。他们的教育教学实践获得了广泛认可，产生了深远的影响。这些成果来之不易，体现了各培养对象不断超越、勤于探索的精神。

带动效应显著。培养对象皆有自己领衔的发展团队，不仅有学校管理团队、教师集体和学科教师团队，而且有市（区、县）的名师团队、骨干教师团队，为带动当地教师发展做出了很大贡献。在团队发展过程中逐渐形成了由“被动发展”走向“主动发展”、由“短期性发展”走向“持续式发展”的良好格局，表现出相当高的发展水平与强大的辐射力。另外，第四期培养对象共开展“牵手农村教育”活动近30次，覆盖近30个县、市（区）50多所农村学校，发挥了培养对象的专业服务作用，带动了农村地区教师专业发展。难能可贵的是，他们在成为“培养对象”后，依然有着清醒的自我认识。他们常常淡看自己的努力和成就，却对“机遇”怀有感恩之心。正如一位培养对象所说：“孔子的彼岸是闻达于诸侯，我在想我们的彼岸是什么？也许我一辈子也成不了教育家，但我可以拥有教育家的志向、教育家的情怀、教育家的理想。在培养工程一千多个日日夜夜里，我如农夫般日日耕耘，如哲人般时时自省。从此岸到彼岸，是岁月的距离，更是成长的步履。让我们揣着梦想、带着感恩、携着激情，执着行走在成为教育家的路上，不为彼岸只为海！”

当前，江苏教育系统正在全面学习贯彻落实党的二十大精神，全力推进教育现代化建设，坚持以立德树人为根本，以发展素质教育为主题，以提高教育质量为核心，以促进教育公平为重点，以服务经济社会发展为重任，以深化教育教学改革为动力，以扩大教育对外开放、提升教育国际合作交流水平为重要路径，以教育信息化为着力点，以争取加大教育投入、建设高素质专业化教师队伍为关键，探索建立中国特色现代学校制度，努力营造健康向上的校园文化和有利于教育改革发展的社会氛围，努力办好人民满意的教育。衷心地希望“江苏人民教育家培养工程”的实践探索能给我国推进教育发展和办学专业化、促进高端教育人才成长提供借鉴。

编委会

2023年6月

序一 FOREWORD

综合课程　春华秋色

南京市实验幼儿园，自1983年起，开展幼儿园综合课程实践探索，研究成果荣获国家级基础教育成果奖一等奖，综合课程成为我国幼教界广有影响的育人模式之一。其系统创建观念体系、实践体系、支持体系的基本经验，相信会给业界同行带来许多有益的启示。

一、创生观念体系，体现理论自觉

南京市实验幼儿园综合课程的观念体系，包括："以综合的教育造就完整儿童"的核心主张，"以整体发展为核心"的儿童观，"注重有机联系"的课程观，"以幼儿经验生长为主旨"的教育观，"具有课程整体建构意识和建设能力"的教师观。步入综合课程的教育现场，回眸综合课程的探索历程，分享综合课程践行者的人生体验，我们不难发现，综合课程的观念体系具有鲜明的特点。

(一)有机性

有机，指事物的各部分互相关联协调而不可分，就像一个生物体那样。章丽园长的团队提炼课程观时使用的这个概念，可以迁移过来言说整个观念体系。这个观念体系是有方向性的，方向即前进的目标，综合课程的方向就是完整儿童，所以其核心主张对后面的具体观念有统领作用；这个观念体系是全要素的，在核心主张的统领下，儿童、教师、课程、教学全要素都有具体的观念；这个观念体系是有呼应性的，儿童观的"整体发展"，课程观的"有机联系"，教育观的"经验生长"，教师观的"整体建构与建设"，都承接"以综合的教育造就完整儿童"的核心主张，且相互呼应，相互映照。于是，这个观念体系就通过有机性生成了生命感。

（二）生长型

我在阅读章丽园长的《造就完整儿童——综合课程的育人回应》书稿时，总有一种植物性的想象，似乎看到一颗种子怎样萌芽，一株树苗怎样长大。而其观念体系亦然，是通过一步步认知、一次次澄清、一天天领悟而逐渐形成的。有人说，理论总是灰色的，实践之树常青。而章丽园长是在实践中不断吸收，甚至不断创生，形成了自己的教育观念，可以说，其观念也是长出来的，是郁郁葱葱的。以对“完整儿童”的认识来说，章丽她们从思想史的角度寻根溯源，对其来龙去脉一清二楚，可见其“完整儿童”观念的建立是基于全人教育理论的成熟。她们自觉地把综合课程实验置放在伟大的改革开放进程中，特别是以波澜壮阔的基础教育课程改革为深层背景，深刻领会党和国家对时代新人的培养要求，在空间维度的“全面”、时间维度的“可持续”等方面，为“完整儿童”融入新质。她们又不断躬身自省，总结、提炼园本的实践经验，融入时代精神和自己对教育基本问题的新理解，不断调整、优化育人目标。二十世纪八十年代以来，她们经历了“好孩子”—“满足儿童需求”—“身心健康　和谐发展”育人目标的迭代。在“身心健康　和谐发展”的完整儿童观念中，又从体、智、德“三原色”走向今天的“五维发展目标”，通过“五维目标”，立体交融，描摹出完整儿童的鲜活形象。

（三）信念化

信念就是对某种观念确信和信任。而这个观念在“信”和“行”时成为一种习惯、一种风格，那就是信念化了。南京市实验幼儿园综合课程观念体系成为老师们的基本信仰和价值立场，实现了育人观念的信念化。朱静晶副园长1999年成为章丽的配班老师，她们一起组成班组开展综合课程实验，且听听朱静晶在访谈中的“夫子自道”：“我们的目标达成是一个动态的、不断调整的过程。因为会结合我们对课程的理解，以及各个阶段对课程研究的突破点不断去调适，但最终目标总是指向培养身心健康、和谐发展的完整儿童。”“当时我和章园长两人经常说：‘真的痛并快乐着！’我觉得特别难能可贵的是，我们园整体上形成了一种氛围，就是确信和坚守。”我们在这些话里面听到了信念的力量！

二、构建实践体系，探索“最佳路径”

南京市实验幼儿园创造了以主题活动为主要形式的综合课程模式。在观摩、欣赏其实践样态时，我总是想起《最佳路径》这篇文章，文章讲的是世界建筑大师格罗培斯因迪斯尼乐园的路径设计问题而大伤脑筋时，恰从法国南部路过，看到一家农户用开放葡萄园的方式，让游客自己进园采摘，从而吸引了大量游客。格罗培斯深受启发，立即给迪斯尼总部发回电报：“撒下草种，提前开放”。在来年春天游客自由往来各景点而形成小径的基础上，他做了适当优化，因而有了迪斯尼乐园的最佳路径。南京市实验幼儿园综合课程实践体系的构建，突出主体性、融通性、生成性，正体现了她们对幼儿园育人方式变革“最佳路径”的探索。

(一)科学与诗学的结合

现代课程论诞生以来，总体上走上科学化的轨道，最为经典的就是泰勒的课程“目标”“内容”“实施”“评价”四要素，基本上构成了现代课程的肌体。综合课程实践体系也不例外，这个实践体系的完整表述是：以“整体、生活、经验”为理念 ，以培养“身心健康 和谐发展”的完整儿童为目标，促进幼儿体智德美劳全面发展；以儿童生活为基点整合课程内容，注重各领域内容的有机联系和相互渗透；课程组织遵循儿童心理逻辑，是多种活动、多种途径相互配合的过程；形成以发展为导向的课程评价。

显而易见，这是以现代课程论为学理基础的。难能可贵的是，这个实践体系是科学的，也是诗学的。科学强调标准、效率、技术；诗学狭义上是指诗歌之学，广义上则是指某个领域话语文本的表达与体认，突出主体性、开放性、生成性，体现对规律的探索和创造。片面强调课程的科学，可能带来标准化，带来整齐划一，造成了无生机，这大概也是一些课程理论家对主流课程范式表示厌恶的原因。章丽园长和她的同事们创造的综合课程实践体系没有这方面的毛病。如对学习主体的尊重，在实践探索过程中，实现从学科逻辑到心理逻辑的主题运行转向，可谓是捡回了教育最本质的诗学精神；又如，以儿童生活为基点整合课程内容，把儿童面对生活这个复杂文本的直观反应吸取进课程，并且从“笼统生活”走向“具体关切”，聚焦儿童真正感兴趣的生活，和在生活中感到困惑的问题，引导儿童发现生活、理解生活，甚而创造生活，诗学的意蕴充盈其间；再如，强调开放与生成，这是综合课程实践体系的重要特色。章丽园长曾举“垃圾分类跟我来”这个主题活动，谈活动线索的生成与梳理，在评说这个案例时，章丽介绍：“每条线索都是开放的，线索中的活动也可根据班级幼儿经验发展的需要自由延伸，预设活动和生成活动交织在一起。线索呈现儿童经验发展的内在心理逻辑，满足幼儿经验发展的需要，并且每条线索中不固化时长，使主题更加富有弹性。”的确，综合课程主题活动中，时间与空间充分打开，儿童充分投身其中，以儿童主体性生长为内核的课程诗学面貌也得以展现和清晰。

(二)理念与操作的结合

课程理念是课程编制与实施的基本立场和指导思想。南京市实验幼儿园在长期的实践与反思中，逐步提炼出“整体、经验、生活”的综合课程理念，以此反映观念体系的主体精神，又进而化为具体的操作性指令，充分发挥其对教师课程参与的引领作用。引导教师在课程实施时，通过具体和丰富的诠释，将课程观念简洁、清晰而富有个性地呈现出来，引导教师在一丝不苟中创造有规则的自由。“整体”的操作理念是：① 关注每一个幼儿；② 重视所有的发展领域；③珍视各种教育手段的价值；④凝聚家、园、社区三方的教育合力。“经验”的操作理念是：①铭记直接经验在幼儿发展中的基础地位;②支持幼儿通过亲近自然、直接感知、实际操作和亲身体验获取丰富多样的有益经验;③促进幼儿经验的交互和延续;④引发深度学习,让幼儿在不断挑战自我中获得高阶的新经验。“生活”的操作理念是:①关注幼儿的现实生活,以此为基础构建课程;②与幼儿共同生活,在生活中感受幼儿的需要和愿望;③在情境中支持和促进幼儿学习;④遵循儿童发展的规律和教育的规律,与幼儿共同开创美好的新生活。人们在讨论一个组织的发展时,经常说“三分靠战略,七分靠执行”,而章丽团队的创造性在于把价值与技术融为一体,激活执行力,先进理念、实践体系的落地生根,就是可想而知的事情了。

(三)园本与班本的结合

南京市实验幼儿园在综合课程实践探索中,积累较为经典的系列主题活动,于2013年出版的园本课程方案《幼儿园综合教育课程·主题活动》(第四版),在幼教界广有影响。但她们在实践过程中发现,成熟有时与生长是相悖的,有些老师过分依赖园本方案,从课程的开发者蜕化为忠实的执行者。为了真正贴近儿童,为了激活教师的主体性,为了使课程葆有生命与活力,她们及时作出改变,鼓励老师们根据本班幼儿的实际需求对课程方案进行调整和创新,进行“一班一本”的创新。其操作步骤为:筛选主题内容,聚焦兴趣需要,建立共同经验;调适主题目标,动态调整结构,明晰发展方向;创生主题线索,遵循心理逻辑,呼应认知特点;优化主题资源,编织多维关系,生发完整经验;评估主题质量,开展形式性评价,引领课程调适。在这个调整和创新的过程中,老师们较好地解决了三个问题,使完整儿童在“班本”中站起来 。第一,真正以儿童发展为本位,以儿童生活、儿童经验、儿童需要为源头,组织课程内容;将各种学习内容有机连接,组织儿童进行持续的深入的探究,获得完整经验。第二,有机编织主题推进和学科逻辑发展的目标。主题大都是生活化、综合性的,主题活动作为课程载体,应该有机融入学科核心经验。南京市实验幼儿园全面梳理课程目标,针对与主题相关度不密切的核心经验,提出园本化、班本化的整合方案,从而保证学科性发展目标不遗漏和重复。第三,处理好园本与班本的关系。园本是班本的基础,班本方案常常是以园本方案为蓝本的;园本与班本有经典性与随机性的关系,班本化方案在改造经典的同时,更重视不失时机地满足儿童需要,而这种随机中也可能生成新的经典;班本创造是园本课程进一步优化的前提,“一班一本”有效促进了综合课程的整体提升。

科学与诗学、理念与操作、园本与班本的三个有机结合,从中至少可以看到章丽她们对幼儿园育人方式“最佳路径”的衷心向往和努力践行。

三、建设支持体系,提供有力保障

观念体系是回答“为什么做”的问题,实践体系是回答“做什么、怎样做”的问题,而真正落地,还需要支持体系提供保障。

(一)组建实践研究共同体

南京市实验幼儿园是在原南京师范学院院长陈鹤琴先生的倡导下创办的,作为南京师范学院附属幼儿师范学校,幼儿园承担着幼儿保育教育、师范生实习与教育科研三重任务。这样的功能定位,一直以来都得到很好的落实,因此才有了综合课程育人模式的成功。章丽园长每次讲起综合课程,总是对南京师范大学(原南京师范学院)的专家们充满了感谢和敬意。根据她的介绍,我们了解到综合课程的研究走过三个阶段,都是大学的学者带着幼儿园老师做的。第一阶段,1983 年起,在赵寄石教授、唐淑教授的指导下,开展第一轮课程实验班研究;第二阶段,1999 年起,在唐淑教授、张慧和教授等学者的指导下,开展第二轮课程实验班研究;第三阶段,2005 年起,在虞永平教授等专家的指导下,幼儿园全体教师参与实验研究。大学教授沉在幼儿园,和幼儿园老师一起,从具体案例做起,一步一步推进,"深情藏沃土",于是有了综合课程育人模式枝繁叶茂"好大一棵树"。

(二)涵养完整教师

教师是学校(幼儿园)发展的第一资源。南京市实验幼儿园从培养完整儿童的育人目标出发,描摹出完整教师的应然形象。价值维度,包含向外的"爱和尊重"和向内的"自信与自新";知识维度,要求理解和掌握课程设计、实施和评价的知识;行为维度,包含课程实施和课程管理的行为方式,也包含选择激活各种资源的能力。在涵养职业素养的同时,她们还引导教师提升个人生活素养,过高质量的智力生活,有健康的生活情趣。完整教师自身发展的充实感、幸福感,一定会弥漫在其举手投足间,一定会深刻影响完整儿童的成长。

(三)创新运行制度

"制度化是组织和程序获取价值观和稳定性的一种进程"。① 南京市实验幼儿园创新运行机制,在高校与幼儿园合作、本园与兄弟园合作方面,建立了"互动式研讨"制度,及时分享经验、分析和研究问题。在园内,通过"课程研究组""课程审议"等多种组织形式和运行制度,创新了教师专业成长的系统路径,为综合课程的高水平实施提供了及时有力的支持。

综合课程实验,迄今已 40 个年头。一分耕耘,一分收获,春华秋实,综合课程硕果累累。对于"春华秋实",《颜氏家训》肯定其春种秋收的意思,同时又给出另一解读:"讲论文章,春华也,修身利行,秋实也。"可见"春华秋实"又有德、才"完整"发展的意思。如是两义,更符合南京市实验幼儿园的实践探索。综合课程,真正的春华秋色!

杨九俊

2023 年 6 月 12 日

① [美]塞缪尔·P.亨廷顿. 变化社会中的政治秩序[M]. 王冠华,刘为,等译. 沈宗美,校. 上海:上海人民出版社,2008.

序二 FOREWORD

综合课程发展的新篇章

章丽园长的《造就完整儿童——综合课程的育人回应》即将出版了，这是南京市实验幼儿园综合课程研究的又一个标志性成果，也是章园长本人专业成长的一个新高度。

我最初接触章园长时，她还在综合课程研究第二轮实验班上担任老师。她灵活、智慧及充满爱心的活动组织方式和教育行为，给我留下了很深的印象。之后，参加幼儿园的例行课程研讨和其他交流活动，以及"江苏人民教育家培养工程"的相关活动等，跟她有不少接触。尤其是关于课程综合机制、课程文化以及完整儿童等话题，我们之间有不少讨论，对她的基本思路和想法有较多的了解，也感受到了章园长对综合课程探索和实践的充分投入、倾心奉献和愉快享受。章园长承袭了自刘杨发、陈国强、曲新陵几代园长以来的基本实践风格，具有务实、上进和创新的基本特征。《造就完整儿童——综合课程的育人回应》反映了章园长对综合课程的整体思考，既是章园长个人专业思想的成长史，也是南京市实验幼儿园综合课程探索的发展史，清晰地显现了综合课程关注完整儿童、课程评价和课程文化等核心问题以来的新踪迹和新突破。

南京市实验幼儿园的综合课程是改革开放的产物，在我国幼儿园课程发展史上具有里程碑式的意义。综合课程一路发展，实现了很多突破，跨越了很多思想的沟壑，深化和创造了很多新的观念和专业智慧。

南京市实验幼儿园综合课程的成就是科研先导的产物，聚焦问题，在研究中解决问题，在研究中不断进步。一所幼儿园，先后承担两个国家社科基金研究项目，这在我国的幼儿园中是绝无仅有的。综合课程成果的关键经验之一就是科研先行，提升幼儿园的实践起点，构筑教师发展的专业平台，实现幼儿园综合课程的不断完善和超越。我仅就近些年来南京市实验幼儿园四个方面的探索来谈谈我对该园和综合课程的理解。

首先，南京市实验幼儿园的课程建设是卓有成效的。进入南京市实验幼儿园的班级，看到环境布置、师幼互动，尤其是参加教研活动，总是能给人一种特殊的感受，总觉得有一种特质存在于幼儿园的所有时空之中。我也问过几位家长，你们觉得实验幼儿园好在哪里，在他们的答案之中，有一个答案几乎是共同的，那就是“老师对孩子很好”。这个答案里蕴含了观念、立场和行为，是课程文化的一个缩影。我也多次问过章园长，实验幼儿园的课程文化是什么呢？我还让研究生杜丽静去研究实验幼儿园的课程文化。与此同时，该园也申报了教育部“十一五”重点课题“幼儿园综合课程文化的再构”并获批，开展了对课程文化的深入研究。这些研究，从教师的知识体系、信念、行为以及幼儿园环境等方面揭示了幼儿园文化的特质，引领老师们以儿童和实践为镜子，照见自己，改进自己，完善自己，优化课程，实现课程的文化自觉。该园在课程实践中不断建设课程文化，让综合课程迈上新的高度，让课程文化引领课程的未来。

其次，培养完整儿童是主要的教育目标，也是幼儿园核心的专业召唤。幼儿园作为学校教育的重要组成部分，要坚持立德树人的根本任务，要促进儿童的全面和谐发展。什么是全面和谐？就是完整。完整就是不但要关注体智德美各个发展领域，还要把不同发展领域当作是一个整体，注重不同发展领域之间的相互关系；不是要求各个领域齐步走、同水平，而是让各个发展领域有机联系，相互支撑，协同发展。我记得多次与章园长和有关老师讨论过如何培养完整儿童的问题，我受到了很多启发。该园的园所改扩建工作完成后，我就在幼儿园的综合课程研究所楼里给研究生们上课，园领导和骨干教师常会来旁听，有时会参与讨论，我们多次讨论过关于完整儿童的问题。南京市实验幼儿园的综合课程目标从“三大块面九个维度”转变为“五大维度十四个子维度”，其实就是幼儿园对完整儿童的认识不断深化的表现。

第三，加强课程的园本化、班本化实践，增进课程的适切性。南京市鼓楼区实施了以南京市实验幼儿园、鼓楼幼儿园等名园牵头的课程协作组，区里邀请我参加由实验幼儿园牵头的协作组。我在这样的过程中感受到了综合课程对其他幼儿园的引领和指导作用。协作组主要的任务是学习和实施综合课程，并对综合课程进行园本化、班本化的实践和探索。这样既有利于每所幼儿园获得一个较高的课程建设起点，得到实验幼儿园教师的专业支持，同时，又鼓励这些幼儿园从儿童发展、教师条件和资源特点等出发，对综合课程进行园本化或班本化的改造，扩大综合课程的实践效应。实验幼儿园本身也深化综合课程的班本化实践，鼓励教师变革和创新，让综合课程更加丰满、更加细腻、更加灵活、更加适宜。班级是课程实施的基本单位，适合班级的课程才是有效的课程。真正的园本课程一定是班本的，不能班本化的课程不是真正意义上的园本课程。

第四，让科学评价更好促进儿童的发展。南京市实验幼儿园从二十世纪八十年代起就开始研究教育评价，还出版了相关的成果。经过长期的努力，他们的评价观和方法论发生了很大的改变。尤其是对国家社科基金“十四五”规划“指向完整儿童发展的形成性评价研究”课题进行研究以来，综合课程的评价改革和实践实现了新的飞跃。从评价观上看，重新估量了评价的价值，更加强调教师真正成为评价的主体，把评价当作整个课程实践的反馈机制，当作课程发展的重要促进力量。不再把评价当作对儿童发展的检核，而是以对儿童行为的观察、作品的分析为基础，分析儿童的发展状况，借此确定课程内容的适切性和教师支持的适宜性，确保给儿童提供合理而适宜的“鹰架”，并实现了从观察到课程实施改进的连结，实现了课程评价到课程改进之间的闭环。在方法论上，关注过程评价，广泛收集儿童活动的信息，借助现代数字技术，深入分析儿童的行为和作品，为儿童建立成长档案，为改进教师的教育行为提供有力的支撑。这些都是确保综合课程教育质量的重要举措。

南京市实验幼儿园在综合课程的建设方面经验是丰富的，取得的成就是令人瞩目的，产生的课程建设引领作用也是显著的。我相信，在章园长等人的领导下，南京市实验幼儿园一定会不断寻找新的突破口，不断深化改革，以高质量发展为目标，创新思路，开拓进取，铸就综合课程新的辉煌。

目录 CONTENTS

引　言

1955年，南京市实验幼儿园（以下有时简称"我园"或"实幼"）在原南京师范学院院长陈鹤琴先生的倡导下创办，作为南京师范学院附属幼儿师范学校幼儿园，承担着幼儿保育教育、接待师范生实习与开展教育科研三重任务。1983年起，针对分科教学的弊端，我园与南京师范大学原学前教育研究室合作，在全国率先进行幼儿园综合课程（以下简称"综合课程"）的改革和探索，研究成果获得广泛的社会认可，并被评为普教系统四大课程模式之一。在近40年中，我园针对各个时期遇到的课程问题，贯彻实验精神，持之以恒地对综合课程进行研究，建构了一套打破科目界限，有机组织课程内容，灵活使用多种教育手段和方法，让幼儿在与周围环境的相互作用中获得完整、有益经验的新型课程。形成了以"主题活动"为主要形式的，将课程理念、目标、内容、组织及评价融为一体的综合课程实践模式。综合课程系列研究成果于1989年获全国首届教育科学优秀成果二等奖，于2018年获国家级教学成果奖一等奖。从分科教学到综合课程，实幼人谱写了时代的篇章。

在此过程中，理论与实践持续交融，理想与问题不断碰撞。在实幼人的努力和坚守中，在南京师范大学赵寄石教授、唐淑教授、张慧和教授、虞永平教授，张俊、原晋霞、郭良菁副教授等几代专家学者的指导下，在省、市教育主管部门及社会各界的关心与支持下，综合课程朝着光明之路不断前行。我们不断继承和发扬陈鹤琴教育思想，深耕幼教科研，在中西方文化交融中确立了"以综合的教育造就完整的儿童"的核心主张，并以不断精进的综合课程实现完整儿童的培养目标。

幼儿园综合课程的建构是一项没有终点的事业。在教育改革深化发展的当下，如何一以贯之地将综合的理念转化为实践的模式，与完整儿童培养目标相呼应、相匹配，是综合课程迎接新时代教育变革与挑战的态度和立场。2016年起，依托国家社科基金"十三五"规划课题"完整儿童：30年幼儿园综合课程的深化研究"，我园尝试描摹更加立体的"完整儿童"形象，厘清"完整儿童"与"综合课程"的关系，实现课程观念体系的变革与实践模式的重构。

谨以此书记录幼儿园综合课程为培养完整儿童所做的不懈努力。

第一章 追寻综合课程研究之迹

我园的课程研究从试点班走向全员参与大致分为三个主要阶段，分别是：1983 年起在原南京师范学院赵寄石教授、唐淑教授指导下的第一轮课程实验班研究；1999 年起在南京师范大学唐淑教授、张慧和教授、张俊副教授、鼓楼幼儿园特级教师闵传华老师引领下的第二轮课程实验班研究；2005 年起在南京师范大学虞永平教授、原晋霞副教授、郭良菁副教授等指导下的、全体教师参与的综合课程研究。

为厘清综合课程改革和完整儿童培养目标演进的脉络，我园结合南京师范大学学前教育专业 2009 届硕士毕业生杜丽静对赵寄石教授的访谈记录，对部分专家和综合课程实践老师进行了访谈，这些专家和老师分别是——南京师范大学唐淑教授、张慧和教授、张俊副教授；第一批综合课程实践者：建园“元老”谢笛梅老师，江苏省特级教师、第五任园长陈国强老师，江苏省特级教师、第六任园长、首轮（1983 年起）课程实验班教师曲新陵书记，1984 年加入课程实验班研究的张放老师，首轮（1984 年起）课程验证班教师陈红霞老师，1983 年参加工作的平行班教师殷敏老师；第二轮课程实验班（1999 年起）和验证班（2002 年起）教师：江苏省特级教师、现任园长章丽老师，朱静晶老师，丛敏老师等。下文将通过对访谈内容进行梳理与提炼，回顾实幼综合课程改革的历史，追寻综合课程的踪迹和完整儿童培养目标的演进。

第一节 从“分科”走向“综合”的初心与坚守

自 20 世纪 50 年代至今，实幼经历了从照搬苏联的分科教学模式到建构整体性的幼儿园综合课程模式的变革，其主导的综合课程改革在全国掀起了巨大的浪潮。分科教学的问题是什么？为什么要进行幼儿园综合课程改革？从分科到综合的改革遭遇了哪些困难？采取了哪些举措？经历了哪些重要或者令人印象深刻的事件？又取得了哪些成效？

一、综合课程改革的背景

20 世纪 50 年代到 80 年代，新中国刚刚成立，国内的幼儿教育也处于起步阶段。当时实幼与全国所有幼儿教育机构一样，照搬苏联的教育模式，教材采用的是苏联格林娜教授编制的教材。“翻译过来的书本，都是俄文的中文版，全部照搬。举个例子：要认识橡皮树。没有一点我们自己国家的东西。”（根据刘扬发老园长口述①）它作为当时的“全国统编教材”，其实是一大本印刷资料，尚不能称为“书籍”；采用的是苏联的分科教学法，由语言、数学、常识、美术、体育这些科目组成；教育场所也充满浓重的苏联气息，整个幼儿园由活动室、更衣室、盥洗室组成；有4个班，小小班、小班、中班、大班，每个班分配两名教师，一名有几年教龄的年轻教师带领一位刚从幼儿师范院校毕业的新老师。

（一）高校与幼儿园合作进行分科教学研究

1982年起，全国各个领域掀起改革的浪潮。在幼教领域，国家先后颁布了《幼儿园工作规程（试行）》（以下有时简称《规程》）《幼儿园管理条例》《幼儿园教育指导纲要（试行）》（以下有时简称《纲要》）等纲领性文件。在此背景下，国内的幼儿教育也从苏联的教学模式中走出来，开始探索自己的教育之路。改革的春风吹到了高校，原南京师范学院的教师们正在思考大学生的课程应该如何调整、更改，以适应改革的需求。当时，原南师大学前教育系的赵寄石教授和唐淑教授，意识到大学的教学要和幼儿园保持一定的联系，“幼儿园提出的问题，和我们要上（的）课、大学生用什么教材是一个问题——知道了幼儿园怎么做，我们就把幼儿园做的跟（大）学生讲”（引自赵寄石教授的访谈资料②），为此，高校教师们深入幼儿园进行实践研究。

作为原南京师范学院附属幼师幼儿园，我园建园之初就是高校师生科研和实习的基地，与南师大专家往来密切，也为后续的课程改革打下了良好的基础。20世纪70年代后期，我园黄文奥、朱福康、谢笛梅、纪梅华、乔冠霞等老师与原南京师范学院学前教育系赵寄石、楼必生、王志明、屠美如等专家合作，进行语言、科学及美术等学科的幼儿教育教学研究。经过几年研究，专家和我园教师共同编写出版了小、中、大班《幼儿园教材教法》各一套。

（二）分科教学弊端日益凸显

但问题也伴随而来。负责不同科目幼儿教育教学研究的高校教师都着力于自己的科目研究，占用了幼儿大量的时间，有些课程内容又出现重复现象。赵寄石教授的好友，毕业于原南京师范学院金陵女子学院的我园黄文奥老师向赵寄石教授反映这样的实践困境。“前几年都是一个幼儿园做（研究）一门课，但是你们研究出来的（方案），放在一个幼儿园，需要在一个班上做（实施），这是行不通的，因为孩子吃不消，老师也吃不消。”黄文奥老师、刘扬发园长大胆地向赵教授提出是否可以把教育的内容综合一下，为孩子减轻负担。

基于教学实践，我园教师也发现，分科教学模式下，各科目之间存在割裂现象，关联

---

① 刘扬发老园长因身体原因无法接受访谈，此处引用杜丽静2018年进行硕士论文研究期间的访谈实录。

② 赵寄石教授因身体原因无法接受访谈，此处引用杜丽静2018年进行硕士论文研究期间的访谈实录。

性不强，既造成教师大量重复劳动，也不利于幼儿理解和接受。实幼建园时就在实幼工作的谢笛梅老师回忆："当时就感觉分科教学确实是给我们带来一定的麻烦，重复劳动……比如幼儿在美术课上画兔子，在音乐课上唱（关于）兔子的歌，在体育课上学兔子跳，在故事课上听《龟兔赛跑》故事，同一个内容会在各科分别去设计（教学活动），造成重复教学的问题。"参加第一轮实验班研究工作的曲新陵老师回忆：当时的课程存在严重的教学割裂问题，"不停地在变换，一会儿是语言课，一会儿是数学课，一会儿是科学活动。这些活动之间没有联系，都是分开的、割裂的"，即每个科目自成体系，都是从小班到大班，缺少横向不同科目间的联系。

针对分科教学的种种弊端，1983 年起，我园在原南京师范学院赵寄石教授等专家的带领下，在全国率先开始了幼儿园课程改革，尝试以主题形式帮助儿童建构与整合经验。至此，我园课程改革之路汇入了历史的洪流，轰轰烈烈的综合课程研究开始了。

二、综合课程改革的历程

课程改革过程中存在种种困难，但在实幼人的努力与坚守下，改革持续向前推进。在一次次质疑、困顿、思考、实践、突破中，幼儿园综合课程研究路径越发清晰。

（一）课程改革之初面临的困难

改革就意味着必须直面困难与挑战，赵寄石教授用"观念也没有，理论依据也没有"来形容改革之初的重重困难。

首先，可借鉴和利用的教学资源不足是一大难题。赵寄石先生回忆改革之初理论与资料匮乏的困境："边做边思考……我们没办法，就是一边做一边想……后来就看到一本书，叫《行动研究法》，我才知道这个名称[①]。"陈红霞老师是实幼第一批课程建设者之一，她回忆道："当时资源匮乏，书籍也比较少，有时甚至需要在没有经验借鉴的情况下自编教材、儿歌等，整个活动的教案、每一个项目的具体工作，都要教师进行事先构思。"怎样自编教材？如何保证自编教材的科学性？如何把理论落实到教育行动中？这些都是困扰当时的课程改革实践者的难题。

其次，师资力量不足。第一批课程建设者之一、陈国强老园长回忆道："当时的幼儿园教师存在中断性，大专生和研究生混在一起，很多教师的理论基础不足且具有较大差异。教师的知识储备量不够，对'方案教学''多元智能'等理论跟儿童发展相关知识内容的了解不足。"

此外，对综合课程改革本身，也存在着质疑的声音。"综合课程对孩子各领域的发展是否有利？""幼儿园综合课程就是'拼盘'教育，把语言、数学、体育这些分科的内容拼起来，就是幼儿园综合课程了？"厘清综合课程的内在机制，达成对各种经验的有机融

① 意即当时自己做研究用的方法就是"行动研究法"。

合，的确是当时的一个难点。

由于科研条件艰苦，改革初期部分教师有一定的畏难情绪，这也给从“分科”到“综合”的进程造成了阻滞。

面对种种困难，勇敢接过改革大旗的实幼人，以“吃在幼儿园、住在幼儿园”的强烈决心，“摸着石头过河”的探索精神，研究孩子，研究课程，最终突破重围，走出了一条具有鲜明实幼特色的课程改革之路。

（二）课程改革中的实践与突破

发端于实践问题的研究总是充满生命力，虽然改革之初面临种种困难，但我园教师对分科教学弊端的洞识、对幼儿整体发展的追求，呼应着课程改革的内在要求与育人期待。这是强大的原动力，它推动着课程改革的车轮缓慢但坚定地向前滚动。

1. 突破“教学割裂和重复教学”的问题

分科教学存在教学割裂和重复教学的问题。因为各个学科之间没有关联性，经常造成教育内容的割裂与重复，既人为分割幼儿的经验，又造成教育资源的浪费。于是，实幼人尝试以“主题”形式开展课程研究。

我园最初的课程改革，分别以 1983 年、1984 年入园的小班为实验班和验证班，在赵寄石教授等专家的指导下，采用行动研究法，进行从“分科”到“综合”的探索，选择以师生相互作用的效果为依据来判断其可行性。那一阶段，赵寄石教授带领年轻的学者王坚红老师，每周至少有 1～2 个半天扎根于幼儿园，看完半日活动后，就与园长、班级教师一起讨论当天课程实施的情况。在实验班执教的曲新陵老师回忆道：“由南师大的老师引领，我们幼儿园的园长们和教科研人员一起来研究幼儿园的课程如何改进，使其更适应孩子的发展。在我的印象中，南师大的老师们每周都到幼儿园来，和我们一起看孩子的活动，一起研究我们的课程如何实施，如何推进下去。”

从 1983 年 9 月起，整整一个学期，南师大专家和我园教师一起摸索研究的具体路径。据赵寄石教授口述资料中的记录，年轻的王坚红老师在参与入园指导的三个月后，表达自己的困惑：“这么做下去怎么办？好像做不下去。”赵教授回应道：“做到一定的时候你的脑子里会出现该怎么做。”到第一学期即将结束临近新年时，赵寄石教授与我园园长、实验班教师反复商议，共同决定，在寒假后开始第一个主题“爱家庭”的研究。一种渴求给予幼儿更加连续的经验，且经验之间的联系更紧密的，名为“主题”的课程组织形式开始萌芽。谢笛梅老师回忆：教授们理论上给我们指导，如何改，怎么操作，怎么摸着这个石头去走，对我们来讲确实是没有任何的借鉴，没有一点参考资料。大家就想，我们把它整合成以主题的形式，各个科目把它们融合在一起，变成一个一个主题，把它们揉在一起来教孩子。

一种教育结构，从萌芽，到开始设想，到切实建立，需要经过反复思考和实践，才能发展和完善。综合课程结构研究的第一个主题“爱家庭”是如何开展探索并逐渐成形的呢？黄文奥老师带着年轻的曲新陵老师，利用情境教学、看图描述、讲故事、表演、分组讨论、集体谈话等形式，组织了一系列活动，围绕着“爱家庭”主题，分步骤对幼儿进行情感培养，通过行为示范，引导幼儿进行行为辨别，并且结合这些活动“走出去，请进来”，开辟面向家庭和社会的教育课堂。黄文奥老师引入了情境教学法，以亲切和蔼的表情和充满爱的情感扮演妈妈，让幼儿扮演孩子，进行表演：妈妈无微不至地关心孩子，给孩子做吃的做穿的，孩子生病了妈妈更是关怀备至，照顾周到；表演中进行简单的提问和总结谈话，都是以富有感染力的口吻说“你们的妈妈真爱你们啊”。由于这种形式形象、生动、具体，幼儿感到十分亲切，注意力非常集中。通过表演和谈话，幼儿的情感也被激发了。表演后，再请班上所有孩子回家观察每天爸爸妈妈为自己做什么。幼儿回园后纷纷生动地讲述许多爸爸妈妈关心自己的事，他们进一步理解了父母对自己的爱。就这样，主题式的教育教学活动就开始了，因为孩子们觉得很有趣，也能完成任务，所以积极性都很高。第一个主题进行了整整 6 周，围绕“家”的话题，不断有新的相关活动出现，在当时零散、拼凑、活动之间毫无关联性的分科教学大背景下，这样持续一段时间的主题活动是“非常了不起的”。

曲新陵老师回忆起“爱家庭”主题，更是流露出骄傲与自豪。“这是一个综合的主题活动，在这个活动里，实际上也有很多领域的内容——语言上，怎么通过儿歌的形式、故事的形式来讲述‘我爱我的家’，让孩子在语言上有表达能力的提高；在艺术表现形式上，也有很多表现形式，比如美术活动、韵律活动，比如歌曲，有很多和‘我爱我的家’有关的内容。当然，在各个领域都会有所渗透。”在进行第一个主题式教育活动时，我园就把和爱家、爱爸爸、爱妈妈有关的内容都集中在主题中加以落实，不仅在幼儿园里上课，还带孩子走出去，到孩子的家里去，或者请爸爸妈妈到幼儿园来。“以前我们刚开始实施课程的时候，更多的还是‘从书本到书本’，但是从实验班开始，有‘进来’，有‘出去’，我们的课程活动的资源更加丰富了。”

继“爱家庭”主题之后，我园又开展了“小客人　小主人”“高高兴兴上幼儿园”“春天”“我爱祖国”等与社会、季节紧密联系的多个主题的探索。通过第一阶段的研究，我园对“怎样更加合理地组织各方面的教育内容，进一步发挥各种教育手段的作用，使教育任务得以全面落实到全体幼儿身上”这个问题做出了初步的回答。从整体性入手，建立起教育内容、教育手段和教育过程三个方面的“综合”，以及主题活动、一日生活和个别活动三个层次的综合课程框架。确立以“主题”的形式来建构每一个阶段的生活经验，使幼儿园教育更有效地发挥整体功能。

2. 突破“教师中心”现象

随着主题活动的不断开展，教师对“怎样教”考虑多，对幼儿“怎样学”“学的效果怎样”考虑少，幼儿的积极性未能得到充分发挥，这是综合课程改革中面临的另一个问题。唐淑教授回忆道：“过去的幼儿教育重教师的教，轻学生的学，所有的内容都是老师提出来的，包括刚开始改革的时候，主题内容也是老师提出来的，后来在改革实践中，才慢慢转变成以儿童为中心的教育理念，把课程和主题从儿童的角度引发出来。”

我园以1999年入园的一个小班为实验班，以2002年入园的两个小班为验证班，在南师大唐淑教授、张慧和教授、年轻学者张俊老师、鼓楼幼儿园特级教师闵传华老师的引领下，开启了第二轮综合课程实验班的研究。在第一轮研究积累了一定数量的主题方案及研究成果的基础上，结合《幼儿园工作规程（试行）》《幼儿园教育指导纲要（试行）》精神，采用专家引领、实践反思的方式，从儿童的角度来建构课程，进行以“自主创新性学习”为突破口的课程研究。

2000年，章丽老师与朱静晶老师执教的班级升入了中班。那时，南京东郊的海底世界开园不久，这对于孩子甚至成人来说都是一个非常大的惊喜。班上孩子自发开始谈论“海底世界”，比如“我们今天去海底世界玩了，我们看到了……”等等。因为当时班上两位老师没有去过海底世界，都很好奇，班组长章丽老师提议：“既然孩子们这么感兴趣，我们能不能把它作为一个课程实施的突破口？”但配班老师朱静晶却有这样的疑虑：关于动物的活动一般是在大班实施的，中班的孩子可以进行吗？简短讨论后，两位老师还是决定试试看，既然孩子这么感兴趣，“我们就‘摸着石头过河’，能做到哪就做到哪”。

孩子们喜欢海底世界，那他们的兴趣点具体在哪里？他们谈海底世界，那海底世界到底有些什么？两位老师在休息日前往海底世界一探究竟，直呼“大开眼界”。幼儿园也大力支持这个源于幼儿兴趣的新主题，老师们利用一个晚上的时间，把教室墙壁刷成了淡蓝色，还拉起了渔网。第二天，孩子们一进门，发现班级变样了，感到非常惊喜，更加频繁地谈论他们看到了哪些海洋生物等。朱静晶老师回忆：“我当时真的很诧异，因为那些内容就算大班‘可爱的动物’主题里都没有涉及，也很惊叹，我们的孩子这么能干，他们能知道那么多的内容！那个时候我还没有意识到，现在反观，就发现兴趣是最好的学习动力。”于是教师邀请孩子们共同参与班级环境布置，引导他们把了解到的海底世界通过各种方式做表征，班级里悬吊、摆放各种作品，地板上也辟出一块区域，堆上各种各样的“海洋生物”。在这个过程中，教师不断了解幼儿的经验，与幼儿的思想碰撞，思考如何支持幼儿。比如，当他们需要做“海星”“海胆”时，怎么去支持？油泥不足以表现它们，那可以加入哪些其他材料？教师预设的活动少了，根据幼儿兴趣生成的活动多了，孩子们在整个主题活动进程中时有奇思妙想，主动学习的热情高涨。该主题内容进行到最后，还邀请隔壁小班的弟弟妹妹来参观，大家都觉得“海底世界”美妙极了。

朱静晶老师这样评价这个主题的实施过程：“现在回过头去看当时的主题，虽然过程并不是非常完美，还存在一些瑕疵，包括孩子的主动性、师幼互动状况，以及教师是不是还可以再往后退一退，给孩子更多的自主性，孩子做表征时是否可以鼓励他们采用更加多元化的形式，等等，那样孩子的能力会发展得更好，但是在那个阶段尝试那样的课程，至少让我知道了孩子确实是在主动学习的，也更加坚定了我们的信念……现在回想2000年开展综合课程实践的情形，当时有那样的突破和举措，还是蛮激动的，是有成就感的，它为我接下来再做（组织实施）更多的基于儿童经验的主题活动明确了方向。”

打破“以教师为中心”，让儿童成为学习的主体，尊重儿童，研究儿童，实幼教师在每一个主题活动实施经验的积累中，逐渐将“儿童”放大。在这个阶段的研究中，我园尊重幼儿的主体地位和学习方式，走课程生成与预成相结合之路。课程设计实现从关注文本到关注儿童的转变，同时改革一日活动的组织形式，减少集体教学，增加一日活动中幼儿自由选择、自主学习的机会。

3. 突破“拼盘现象”

(1)综合课程研究陷入新窘境

经过一个阶段的实践，我们发现，综合课程主题实施中存在“拼盘”现象，即简单地把各个学科进行拼接和相加，片面追求内容的广而全，拘于形而疏于意，导致综合课程流于形式。

年龄较大的老师由于工作过于熟练而产生了一定的思维惰性，大批年轻教师入职后虽然很快掌握了综合课程的操作技术，却将综合课程实施过程视为约定俗成，缺少对“为什么要综合”“为什么要如此综合”“综合的根本内涵是什么”“我园的综合课程还有哪些不足”等问题的深入思考。怎样突破表浅的、形式与手段上的简单“综合”，以整体的思维来整合幼儿的经验，从目标设定、内容选择、组织编排等各环节发挥综合效益呢?课程研究陷入新的窘境。

(2)寻找课程研究突围出口

课程行为的背后总有一定的课程思想作为指导，然而，这种课程思想并不一定都能被意识到。

一个寻常的午后，虞永平教授像往常一样走进我园指导我们开展课程实践，在园长室里的一段对话，让陷入窘境的综合课程找寻到突围的出口。章丽园长动情地讲述在2004年那个平常的下午发生的那段不平常的思维碰撞。“我就记得，当时在小办公室里面，在场的有陈国强老园长、曲新陵园长，还有我。虞老师就给我们提了一个问题，他说你们的课程研究经过了20多年，有没有形成自己的文化?陈国强老园长就说，我们当然有自己的文化了。虞老师又问，那你们的文化是什么?你们能够比较清晰地讲出你们课程的理念、观念是什么吗?我们都觉得有，但是又都说不清楚。这就是我们当时在课程研究中一个很大的问题——还没有形成自己比较清晰的课程理念、课程信念。”

正是那次谈话促使我们开始思考课程文化，开始思考课程信念与我们已经初步形成的综合课程基本架构之间的关系。虽然我园经过前期研究已在课程方案、手段策略等方面积累了一系列研究成果，但是如果缺乏精神内核的引领，那也仅是无根之木。课程信念是方向，是灵魂，它影响着教师的课程行为。如果信念、理念不清晰，教师就无法从纷繁的现象中洞悉本质，在面临新的问题时必将无从判断、选择。于是，在虞永平教授的引领下，2004年，我园申报了教育部“十一五”重点课题“幼儿园综合课程文化的再构”，以此推动理论研究的进程，尝试从文化学角度对幼儿园课程问题进行初步思考。我园的课程研究从2002年开始通过第二轮课程实验班辐射到全园，当时建立起两周一次的综合课程研究组教研机制，于是，团队成员共同在文化视野下内省教师的行事方式，努力突破课程“拼盘”问题。综合课程研究开启了新篇章。

(3)以综合课程文化再构引领课程发展

从敏老师回忆当年实验班的研究情况：“因为我们那个时候提出‘幼儿园一日生活皆课程’，幼儿园的每个环节都要发挥教育价值。当时我觉得好累，一根弦绷得紧紧的，从7:45左右第一个孩子入园开始，我就要不停地思考。你要是把我的脑子剖开来看的话，我脑子里面好像有多个齿轮在那里转动——到底跟他说什么话？他今天情绪对吗？他回答我这句话，我又怎么回应他，才对他有教育的价值？我比较焦虑。但我觉得是要经历一个过程的，而且这个过程不短，很长。最起码对我来讲经历了一整轮，三年下来，我才有那么一点点的感觉，明白怎么去筛选内容——当出现多个孩子感兴趣的(探究)内容的时候，我为什么不选择这几个孩子想要进行探究的内容，而是保留了另外一些孩子感兴趣的话题。”

的确，当时我园很多教师在进行课程整体性研究时面临着相同的困境，“幼儿园一日生活皆课程”背后，是对教师观察儿童、支持儿童的能力提出了更高的要求，要求教师有对儿童兴趣进行筛选与“把脉”的能力，要求教师对课程价值和主题整体效益有深刻的认识。这一阶段，“目标”成了教师探索研究最关键的依据与抓手。从敏老师认为：“发展目标太重要了！究竟要培养什么样的孩子？一定要把目标吃透！目标不是说临时抱佛脚才去翻阅它们[①]，而是一定要不停地温故而知新地去熟悉，还要把它们整合到自己的心里。你自己要有对这个目标进行内化的一套体系，不是一个点，而是把目标作为一张网放在自己的心里面，才能把我们所有的内容给纳入进来。否则，如果它们只是一个一个点的话，就是割裂的、零散的，你就会手忙脚乱地去抓，就会非常焦虑，就会始终在怀疑‘我到底有没有把握住’。”

两周一次的综合课程研究组的教研活动持续进行着，在观摩班级半日活动现场后，虞永平教授等专家带领老师们开展研讨，帮助老师们明晰课程的整体性如何在具体的一日生活各环节中体现与落实，感受幼儿经验之间如何形成联系，感知怎样通过活动进一步拓展与提升幼儿经验。教师们开始有意识地整合相关的多学科、多领域经验，将幼儿发展目标落实在与主题内容密切相关的活动中。比如，小班上学期第一个主题是“高高兴兴上幼儿园”，在这个主题的实施过程中朱静晶老师做了这样的尝试：“小班年龄段幼儿刚入园的前两个月，孩子一定需要一种情绪上的呼应，他需要与集体相融合，要让他愿意来上幼儿园。当我们把核心目标把握住了以后，我们会组织很多活动。比如，我们的音乐活动会让他感受到音乐的美好，但其核心是让他感受到老师组织的音乐活动很有意思。当我把诸多目标形成一张网以后，我就不那么焦虑了，因为活动内容就可以筛选出来了。”

---

① 指纲领性指导文件。

同时，我们的研究努力实现这样一种转变——使教师能真正关注幼儿发展的需要，真正按照主题的逻辑、幼儿的心理逻辑，而不是学科的逻辑来展开主题活动。以大班的一个生成性主题“献爱心”为例。有一天，某幼儿在家人读报时了解到郊区受灾，农民生活困难，就自发地从家中带来了衣物，准备捐献。教师及时肯定了该幼儿的爱心表现，同时组织全班幼儿关注这一事件，讨论“我们应该怎样帮助那些受灾地区的小朋友”。幼儿在自主讨论的基础上，自己收集救济物品，自己分类、统计，并亲自送给那些小朋友。教师在设计这个主题活动时，完全是从问题出发，让幼儿经历一种生活中真实问题的解决过程。同时，教师也有意识地将认知、情绪、社会性等各个方面的发展机会融于主题之中。

“幼儿园综合课程文化的再构”课题的研究与实践，让幼儿园站在文化的视野下对20余年综合课程建设中的各类现象进行分析和思考，我们深刻认识到：课程文化是课程的灵魂，课程文化的变革是深层观念的变革，变革的过程既是一个艰难的自我突破的过程，也是一个勇敢的自我超越的过程。通过对综合课程文化开展探索，教师通过课程行为去反观、提炼综合课程的基本理念，又在课程理念的指引下重塑课程行为方式，进而让课程理念转化为信念。在这个阶段，我园达成课程实践模式的进一步优化，从儿童的兴趣和需要出发，努力寻找课程内在的有机联系，在课程目标的引领下，探索综合课程机制，关注幼儿经验的连续生长，改变“拼盘”现象，使主题活动内容更具内聚力，更加呼应儿童文化。

（三）课程改革的成效

自1955年南京市实验幼儿园开办以来，60多年间，实幼一直走在时代前列，不断深入改革，不断突破自我。唐淑教授亲历综合课程改革，她给予课程这样的评价：“实幼的幼儿园综合课程改革在全国起到了开创性、引领性的作用，甚至可以说是起到给新时代（幼儿园课程）领航的作用。”我们梳理与总结综合课程的意义，认为主要体现在这三个方面：

一是儿童观的转变。过去的幼儿教育重教师的教，轻学生的学，所有的内容都是教师提出来的。我园刚开始进行课程改革的时候，主题内容也是教师提出来的。后来在实践中才慢慢转变，形成以儿童为中心的教育理念，课程和主题内容逐渐从儿童的角度引发出来。

二是课程论的转变。改革前是学科课程，现在是活动课程，对《纲要》的理解也发生了转变。《纲要》要求幼儿园要“开展教育活动”，当时老师们以为随意地让孩子“走来走去”就是活动。现在对“活动”有了更深入的理解，即要以明确的目标、内容、组织和评价体系构建起一个完整的活动课程的结构。

三是方法论的转变。从过去以说教为主，转变为强调在做中学，强调游戏，强调活动。例如，把孩子带到田埂上去上课，孩子们看着金黄的田野，唱《稻穗》《棉花姐姐》。

这种教学方法体现了生活教育、生活课程、游戏教育的理念。

实幼的课程改革已积累了一定的研究成果，但是综合课程研究之路依旧任重道远，唐淑教授勉励我们："幼儿园综合课程仍然存在着很大的发展空间，需要实幼人一代一代地坚持和传承。"

经过近40年的努力，幼儿园综合课程改革取得了良好的社会反响，得到了社会各界的配合和支持，我园引领的综合课程研究被评为"全国普教改革四种新模式"之一[①]，我园也被原国家教育委员会确立为实施《幼儿园工作规程(试行)》十大试点园之一。从中华人民共和国教育部、江苏省教育厅、南京市教育局，到省、市各级教育科学研究所，再到广大幼教同行，均给予实幼极大的赞誉。实幼的课程品牌也在家长的口耳相传中树立起来。

第二节　"完整儿童"育人目标的演进与确立

培养"完整儿童"是综合课程矢志不渝的追求。但是实幼人对"完整儿童"的理解并不是一蹴而就的，"完整儿童"目标的演进与确立也经历过波折。什么是完整儿童？完整儿童的形象应该怎么描摹？完整儿童具有哪些最鲜明的特点？这些问题引发几代实幼人的持续思考。在时代要求的演变中，在不断的更新与突破中，在思考与探索中，完整儿童的形象愈发清晰。

一、育人目标的演进

社会育人期待在变化与发展，国家层面的育人目标也一直在更新。实幼完整儿童培养目标愈发明晰的过程，实则是整个社会教育目标变化的缩影。在每个时代，对"培养什么样的人"的具体措辞或明确或含蓄，但目标基本是一致的。幼儿园如何依据目标对幼儿进行教育？如何对幼儿进行评估？总目标下细化的标准有哪些？这些问题的答案对当时的幼儿教育者来说是模糊的。

(一) 育人目标的演进历程

我园"完整儿童"育人目标的演进大致经历了如下三个阶段。

阶段一，对"好孩子"的追求。二十世纪五六十年代，幼儿园将全面发展的儿童简单地定义为家长、教师眼中的"好孩子"，这种集体化的培养模式束缚了孩子的发展。访谈中，不少老教师提及："很多时候我们评判一个孩子好不好，是看他听话不听话、乖不乖，看他是否聪明、健康。那个时候对儿童的认识是不全面的，是比较片面的。"

---

① 1986年12月，在上海召开的全国普通教育整体改革学术研讨会上，新闻报道以"全国普教改革出现四种新模式"为题，将我园开创的综合课程列为有代表性的新模式之一。

阶段二，刻意追求个性发展。到了二十世纪七八十年代，为了突破集体化的培养模式，幼儿园纷纷开始刻意追求个性发展，“孩子想干什么就干什么”。这种“放羊式”“刻意化”使得教师无法及时关照到每个孩子，导致各种问题频发。

阶段三，确立培养“身心健康、和谐发展”的完整儿童。在实施综合课程改革之后，幼儿教育工作者进一步细化“儿童培养目标”，更多地从体、智、德、美、劳的角度来考虑儿童的全面发展，进而提出“身心健康、和谐发展”的完整儿童目标。

（二）育人目标的分解与细化

如何将总体教育目标转化为幼儿园培养目标呢？我们在社会总体育人期待与综合课程所追寻的“儿童”形象之间反复考量，在不断理解儿童、理解课程的过程中，育人目标渐趋完善。

1.“三原色”幼儿素质发展目标的初步架构

我园结合社会发展的客观需要、学科知识类别及幼儿心理发展规律，按照综合课程的特点，将所有分科目标进行整合，初步形成了“三原色”幼儿素质发展目标，体现我园的教育理念。陈国强老园长这样阐释：“我们幼儿园的理念是‘三原色’。因为三原色是调配万紫千红的基本色，我们认为幼儿园阶段就是一个人的基础阶段，用三原色去比喻，意味着今后他们可以成为‘万紫千红’。”与“三原色”教育理念相匹配，我园就选择从三个方面架构当时的素质发展目标。陈国强老园长回忆了目标架构初期的历程。“这个时期，提倡培养‘德、智、体’全面发展的孩子，我们就围绕这三个方面来做。当时的幼儿园也是按照国家的要求去培养儿童。我们觉得，对幼儿园孩子来说，身体发展最重要，所以‘体’放在第一位，‘体’分为运动与健康；‘智’就是认知，语言是思维的工具，所以下面就包含语言、科学和数学；‘德’主要指向社会性和品德发展。”

1989年，《幼儿园工作规程（试行）》和《幼儿园管理条例》先后发布。我园作为原国家教育委员会确定的十所《规程》试点园之一，把关于课程研究和落实两个法规的要求结合起来，着重探讨怎样将《规程》提出的保教主要目标落实到所有儿童身上。我园也提出“身心健康、和谐发展”的育人目标，又根据幼儿身心发展规律，将幼儿培养目标细化为“三原色”幼儿素质发展目标，突出了动作与健康、语言与认知、情感与社会性三大块面的发展要求。陈国强老园长提及完善幼儿培养目标的经历时，这样说道：“后期，随着时代发展，国家提出了‘体、智、德、美’育人新要求，我们认为‘美’就是审美认知，就新增到‘语言与认知’目标下。”随后实幼对原有“三原色”幼儿素质发展目标进行修订，一是加入“美育”要求，二是明确不同年龄段幼儿的发展层次。这样的改变，使得教师在设计主题活动时更有依据，也更有方向。

现在看来，“三原色”幼儿素质发展目标制订之初，其逻辑结构虽然并不十分严谨，但在《3—6岁儿童学习与发展指南》（以下有时简称《指南》）尚未颁布时，我园已经根据对儿童发展的理解自主建构儿童发展目标体系，并用以指导实践，这在当时的背景下，的确对课程的开展具有重要价值。

2. “三原色”幼儿素质发展目标进一步完善

在“三原色”幼儿素质发展目标体系的指导下，老师们设计与开展主题活动时也就更有整体性和目标意识。随着课程研究模式日臻成熟、培养目标日渐清晰，我园教师尝试优化幼儿发展水平的评估方法，逐渐创设了一种以标准参照为主、辅以本园常模对照的评估体系。1992 年，我园与南京师范大学教育科学研究所共同开展研究，出版了《幼儿发展评估手册》一书，在引导教师全面、客观地了解和评估每个幼儿的发展状况及特点，优化保教工作方面产生了积极的影响。张放老师回忆：“自 2005 年开始，实幼不仅自编了‘大苹果’幼儿园综合课程教师指导用书，还启用了《幼儿发展评估手册》，这在当时国内幼儿教育领域是极为先进的。”《幼儿发展评估手册》作为教师评价儿童发展的指标体系，丰富了我园教师观察儿童、设计主题活动的视角，可视为在“三原色”幼儿素质发展目标基础上的补充与参考。

但是，由于其时代局限性，“三原色”幼儿素质发展目标体系显露出一些弊端，比如，较为笼统，缺乏典型行为与细化的关键经验，未能充分发挥对课程发展的促进作用和帮助教师理解、支持儿童的支架作用。

1991 年，笔者毕业后进入幼儿园工作，对于如何理解与落实“三原色”幼儿素质发展目标时常感到困惑。“我们来的时候，园长、老教师口中，我们的课程中，都有‘三原色’幼儿素质发展目标，文本中写得很清楚，要培养全面发展的儿童。至于怎么去培养全面发展的儿童，全面发展的儿童的内涵是什么，有的时候仍然会概念不清，每个人都有自己的解释，却没有一个明晰的方向。它应该涵盖哪些，包括哪些关键经验等，这些都不是很清晰。”

《指南》颁布后，我园教师积极吸纳其精神，全面理解其中描述的幼儿典型行为，并结合工作实践对幼儿的典型行为做丰富与补充。这也给我们理解“三原色”幼儿素质发展目标带来启示。老师们在每学期的课程审议中，共同研读、理解、分析自己所带年龄段幼儿的发展目标，并对“三原色”幼儿素质发展目标体系进行修改和补充，让它对本班孩子的发展有更好的促进作用。

3. 从“三原色”到“五维”幼儿素质发展目标

2016 年起，我园依托国家社科基金“十三五”规划课题“完整儿童：30 年幼儿园综合课程的深化研究”，结合新时代社会育人期待、国家纲领性文件等，进一步梳理、归纳出“完整儿童”的内涵，并更新与之相适应的课程体系。

基于社会育人期待、国家纲领性文件的精神，我们形成对“完整儿童”的新认识，并在此基础上完善和细化原有“三原色”幼儿素质发展目标，形成丰满的、具有前瞻性的综合课程“五维”素质发展目标体系，包含“学习品质与创造”“动作与健康”“语言与认知”“个性与社会性”“审美与表现”五个维度。在与南京师范大学学前教育系专家、学者充分研讨的基础上，我园教师团队协同反思，拟定五大维度下 14 个子维度目标、36 个细化指标，并尝试对“典型表现”“发展脉络”等进行更加细化的研究。同时，补充与幼儿典型表现相关的多种教育情境，帮助教师达成对目标理解的共识。新的“五维”素质发展目标更加聚焦于儿童生活的完整性，紧扣儿童发展的核心素养，更具前瞻性和实操性。

二、“完整儿童”育人目标的确立

我们认为，要培养完整儿童，幼儿园课程就应致力于促进幼儿身体健康，保持幼儿情感健康，促进幼儿社会性发展，发展幼儿的认知能力，发展幼儿的道德判断能力等，同时还要培养幼儿克服困难、解决问题的能力，自主、独立与互助能力。

从适应生活的角度来看，完整儿童是各方面和谐发展的懂生活、会生活的儿童。身心健康，人格独立，用热情、好奇、童真的眼光看待周围的世界，愿意用自己稚拙的双手探索和改变世界。完整儿童的“完整”也是相对完整，是基于每个儿童个体经验而凝练出来的有益于儿童终身发展的经验集合，完整儿童是具有追寻有意义生活的能力的个体。

从全面发展的角度来看，完整儿童是在认知、情感、语言、社会、艺术、身心健康等各方面全面发展，达到身心健康，社会性情感发展良好，学习品质良好，语言发展、科学探究、艺术想象均发展良好的儿童。即在五个维度达到符合社会对该年龄段孩子所期待的水平。

从学习方式的角度来看，完整儿童是指儿童发展的一种理念。孩子是天生的学习者，他们在玩中学，探索、体会着属于他们的世界。为幼儿设计的学习活动应该将儿童当作小小的探索家、神奇的科学家、伟大的创造者、不断勇于尝试的学习者。

在学前教育学的领域中，幼儿教育的核心是促进儿童的全面发展。但是，我们还必须理解“完整”不是“统一”，教育应充分尊重幼儿的个体差异，育人目标存在从强调集体到强调个性的转变。正如唐淑教授所言：“改革前不强调个性，只强调集体，好像集体主义跟个人主义是对立的，不要发展孩子的个性。而现在，要尊重每个孩子的个性，要使他们的个性能够得到充分的发展。”

三、“完整儿童”育人目标的达成

目标是既定的，但是达成目标的过程是一个动态的、不断调整的过程。因此，确立“完整儿童”育人目标后，我们进行了一系列新探索，以推进改革进程。

首先，以教育部“十一五”重点课题“幼儿园综合课程文化的再构”为基础，推动理论研究，尝试从文化学角度对幼儿园课程问题进行初步思考。引导教师关注课程行为背后的教育思想，形成基于综合课程实践的稳定的观念体系。以课程实施问题为抓手，深入班级一线，建立每两周一次的课程研究机制，结合教师群体的差异，组建多形式、多层次的园本教研团队，建立起推动综合课程持续发展的制度体系。同时，组织教研组，制定科研讨论制度。还积极利用创新举措激励教师将先进的理论知识投入实践，进一步加强与家长之间的联系，推动园所与家庭之间的合力共育。

在这个研究阶段，老师们在主题建构、活动实施中看到了更生动的儿童形象，深刻体会到“完整儿童”培养目标的整体性，改变了对“完整儿童”平面的理解，更加关注并以行动支持儿童的兴趣、想法、创造力及多元表达。比如，围绕“可爱的动物”主题的设计与实施，陈国强老园长这样描述教师在培养完整儿童方面的转变与努力：

我们开始关注儿童真正知道什么。“可爱的动物”是一个经典的主题活动，以前我们是根据经验做的，现在倒过来，看儿童最关心什么问题，然后引导他们探索、寻找问题的答案。班级老师在该主题活动进行了两周后，过来问我：“陈老师，已经两个星期了，我后面干什么？”我很高兴她没有按照原有的课程教，但我也对接下来该进行什么活动束手无策。孩子们恐龙园也去了，动物园也参观了。我对她说你能考虑这个问题就很好。我说这样吧，我们还是到孩子那里去寻找答案，看看孩子们有什么问题。于是老师回到班级，和孩子共同讨论他们想知道的关于动物的问题，后来这位老师很兴奋地告诉我：“孩子们提了 100 多个问题。”这位老师不仅尊重了儿童的想法和兴趣，还在后续活动中通过小组活动形式支持儿童发现问题、交流表达、解决问题。在这个过程中老师很开心，孩子能提那么多问题，我也很开心。我们把这些问题进行分类，比如动物的特征、动物怎么保护自己、动物怎么生宝宝、动物的变化等。我们找出六个问题，把这六个问题放到班上去，孩子愿意研究哪个问题就研究哪个问题，就成立了不同的研究小组。后续的活动真的很精彩。这是对我们原有教育模式的挑战，特别是教育行为能这样变化，对老师来讲真的不容易。有了话题后，大家查阅资料、回家采访、上网搜寻……小组交流的时候突破了我们以前的小组学习方式，孩子们都能把自己了解到的答案画出来相互交流。从实践中，我们体会到如何从观念到行为做出转变，将观念变成所有老师的行为。真的是很不容易。

儿童观的改变带来课程行为的改变，课程行为的改变又促进儿童多方面能力的发展。这种正向循环让“完整儿童”培养目标渐渐落地。

随后，依托国家社科基金“十三五”规划课题“完整儿童：30 年幼儿园综合课程的深化研究”，我们开始描摹“完整儿童”的画像，进行一系列与之匹配的课程探索，并梳理、归纳出“完整儿童”的内涵；结合子课题“基于大数据的幼儿发展评价体系的建构与应用研究”，借助现代化手段采集幼儿学习过程的数据和信息，结合真实有据的观察，开展形成性课程评价的研究，以“完整儿童”育人目标的达成情况来反思课程实施，进一步调适课程，帮助教师做出更科学合理的课程决策，让综合课程真正关照每一个幼儿，更适合并促进儿童的发展。

课程改革的起点与归宿都是儿童的发展，理念发展的背后蕴含着实幼人对完整儿童培养孜孜不倦的追寻。南师大张慧和教授这样评价道：“实幼对待儿童，不仅仅是一种包容理解，更多的是一种专业。不仅热爱儿童，而且还懂得用什么样的方式去支持不同个性、不同发展水平的儿童的生长。”

四、以综合课程培养完整儿童的优势

40年来，实幼教师坚定地走“综合”之路，底气便在于对综合课程与完整儿童关系的深刻理解。我们认为：儿童是一个完整的人，他不是由五大领域组成的一个人，而是一个立体的人，是一个活生生的完整的人。我们坚信幼儿教育必须具有整体性。正是源于这样的认识，完整儿童的育人目标也逐渐清晰，逐渐坚定。从这个意义上说，培养完整儿童不仅是综合课程的目标，也应该是所有幼儿园课程的目标。

幼儿园综合课程用完整的方式来培养完整儿童，给孩子一种完整的生活经验、完整的一日生活。我们在任何一件事情、任何一个活动当中，都在帮助孩子形成对周围世界的看法，潜移默化地影响其个性品质的塑造。

南师大张俊副教授言明了综合课程培养完整儿童的要义。“综合课程培养完整儿童的优势集中体现在如下两点：1.综合课程是高效率的，不是割裂、重复的。比如说春天到了，我们要研究春天，春天是完整的，不可能人为割裂成科学、艺术、语言的春天。当我们用主题的方式开展活动，自然运用多个学科的方法和手段，也让孩子在多个学科方面得到了发展。2.综合课程帮助教师用系统论观点看待儿童。系统论、人类发展生态学、皮亚杰的认知发展理论等都是综合课程的理论基础，渗透在课程行事的方方面面。综合课程时刻提醒教师儿童是一个整体，需用整体、系统的观点看待儿童，看待儿童的学习。教师在工作当中时刻要把‘儿童是一个整体的系统’放在心中，教师不是仅仅在‘教某一个学科’，而是要促进孩子整体、完整的发展。”

跨学科学习成为当前义务教育阶段课程标准的一个非常重要的价值取向。其实从某种意义上来说，实幼已经进行了近40年的跨学科学习研究。我们深知，学科只是认识、表达世界的一种方式，丰富的世界更需要透过多样的方式去把握，更需要整体与联系的视角，这也正是综合课程建构幼儿完整生活经验的价值所在。如张俊副教授所言：“科学的也好，艺术的也好，伦理的、道德的也好，它都是我们对这个世界的一种把握的方式。所以幼儿园综合课程提醒我们看到儿童的完整性，也看到教育的完整性，特别是促进学科之间的这样一种融通。”

五、我们眼中的“综合课程”与“完整儿童”

实幼人在课程实践与探索过程中，不断建构着对“综合课程”与“完整儿童”的理解。我们追问自己：何为“综合”？何为“完整”？试图在协同反思中厘清综合课程的内核，从而时刻提醒勉励自己：记住课程的来处，更要仰望课程的去处，让幼儿园综合课程掷地有声。

（一）我们眼中的“综合课程”

一是从教育效益上来看，幼儿园综合课程在于启发、启迪孩子的无限可能，是促进儿童到达"完整儿童"状态的方式与过程。从儿童出发，又回归儿童，为孩子创造无限可能。"教师要利用生活的契机，用心中的爱点亮孩子眼中的光"。

二是从师幼互动的角度来看，幼儿园综合课程需要和儿童贴身而行，应和儿童的需要。幼儿园综合课程是"和孩子一起探秘生活的美好，体验夜晚的奇妙，发现雨天的快乐，品尝西瓜的味道，找寻虫虫的足迹"。关注儿童的发现，聆听童言妙语，大手牵小手，努力向前并享受过程。

三是从教育整体观来看，幼儿园综合课程在于各因素间的相互作用，是整合儿童的经验，追随儿童的需要，引发儿童超越自己原有的认知水平，是综合利用各种能够影响、教育儿童的因素，从而塑造"完整儿童"。在教育过程中，多个领域融合贯通，相辅相成，不拘泥于特定的模式、场地及时间，灵活运用各种资源，补充完善幼儿获得经验的渠道和来源。

四是从教育生活化的角度来看，幼儿园综合课程就是让孩子在自然、本真的生活中学习，在真实生活中全面发展，即感受生活、体验生活，并学会生活、学会做人。

五是从儿童观的方面看，幼儿园综合课程是关于儿童个性发展、态度和情感的教育。它肯定儿童，在满足大多数幼儿兴趣与需要的同时不忽略少数儿童的想法。

唐淑教授认为："综合课程改革所体现的是整体的观点，个体和整体不是对立的，而是有机的、联系的、融合的、整体的。这实际上也是一种世界观的体现。对待个体，要始终处在有机联系的状态里，人与人都应该是友好相处的，而不是孤立的、分割的。儿童也是如此。"综合课程中处处凸显相互联系、相互渗透、相互融合的价值立场。

（二）我们眼中的"完整儿童"

当前实幼老师们不断走近完整儿童，理解完整儿童，努力描摹每个人心中完整儿童的形象。

"儿童是一个完整的人，不是由五大领域组成的一个人，而是一个立体的人。"

"从社会性的角度来看，完整儿童具备积极乐观的态度和良好的社会适应能力。对生活充满热情与好奇，对未来怀揣勇气与力量。在沿途不断变换的风景中汲取力量，选择自己的道路，不断丰沛，不断成长。"

"完整儿童就像一棵棵小树，向阳而生，各自精彩。"

"脸上有笑，心中有爱，眼中有光，手上忙碌，遇事冷静。无论是生理还是心理都能适应环境的变化，充满自信，对自我有一定的认知。"

"完整儿童具有自我认同，他自尊，自信，自主。有展示自我的信心，有面对困难的勇气。有集体意识又不失个性。敢想，敢说，敢尝试，面对失败，也有再试一次的勇气。"

"在与同伴交往的过程中，看见身边的对手摔倒后能够停下自己的脚步，将同伴搀扶起来，再继续前进。"

……

(三)专家与老教师对课程研究的寄语

专家学者和老教师也对实幼人提出了殷切的希望,希望实幼优秀的文化精神在这片土地上扎根生长。

“实幼的文化是需要你们像接力棒一样接下去的,要让‘综合课程’这朵花越开越灿烂。”

“希望你们要了解实幼的历史,了解实幼的文化,了解实幼的课程,同时要不断给课程研究注入新的活力。因为课程研究并没有止步,也需要你们更有针对性地让这个课程随着时代的发展而不断发展,也相信你们能在实幼这一片土地上结出更丰盛的果实。”

“做一个思考者,做一个实践者,做一个创新者,去更好地推进实验幼儿园的课程研究。这个责任是非常重大的。”

……

当问及赵寄石先生对综合课程未来发展有何期待时,赵老如是说:“一般我们理论上很重视孩子,比如很多课题和文章,都是过多地考虑表层的东西。深层的东西,到底怎么促进孩子的发展,是要落实到孩子身上的。因为下面(幼儿园一线)的老师经常有一个体验——很多理论的东西一到幼儿园,很难去用。功夫没有下到点子上。幼儿教育就是要促进幼儿发展的。现在我们不是少理论,而是少实践,实践研究不够深入。”

回望初心,幼儿园综合课程改革发端于消除分科教学割裂儿童经验的弊端,是当时背景下实幼教师对儿童发展整体性的追求。一直以来,实幼人砥砺前行,支持儿童发展、培养完整儿童是综合课程改革和研究永恒的使命,因为课程只有落实在儿童身上才有价值。研究儿童、支持儿童、为了完整儿童,继续对综合课程进行研究,我们初心如磐。

第三节 诉说综合课程研究的故事

综合课程研究凝聚了南京师范大学几代专家学者、我园所有教师的智慧。2022年春,在镌刻着历史也孕育着生机的民国小楼(即由江苏省教育厅授牌的“幼儿园综合课程研究所”)中,我园数十位年轻教师参与,对引领综合课程研究的部分专家学者(南京师范大学唐淑教授、张慧和教授、张俊副教授)、在不同阶段参加综合课程建设和研究的部分教师(我园谢笛梅、陈国强、曲新陵、陈红霞、章丽、朱静晶、丛敏等老师)进行了访谈。在乍暖还寒的早春,阳光透过民国小楼的窗户洒在综合课程研究者与建设者的身上,一个个生动的故事被娓娓道来,研究历程中那些兴奋、困惑与砥砺前行的片段有了画面感。现以综合课程不同研究阶段为时间轴,选取具有代表性的访谈片段,将其呈现出来。让我们走进这段历史，感受幼儿园综合课程研究中动人心弦的力量。

一、赵寄石教授访谈实录

综合课程改革的引路人赵寄石教授因身体原因无法接受采访，经赵寄石教授应允，我们联系到2008年在我园进行硕士论文研究、就综合课程研究话题采访过她的杜丽静老师，感谢杜丽静老师慷慨提供访谈实录，让这段宝贵的历史被更多人知晓。

时　间：2008年11月20日下午3:00—4:30

地　点：赵寄石教授家

人　物：赵寄石教授①

访问者：杜丽静（南京师范大学学前教育专业2009届硕士毕业生）

杜丽静：在20世纪80年代初，南师大的学前教育系和南京市实验幼儿园合作，做综合教育课程研究，当时做这个研究的背景是什么？为什么会选择南京市实验幼儿园？您是怎么考虑的？

赵寄石：当时是幼儿园提出来的。幼儿园老师提出这个问题来，是怎么一回事呢？把历史要向前推进。我们做研究时是(19)83年，要推到(19)79年，我们开始准备招生。(19)79届是虞永平的上一届，是王坚红（那一届）。(19)78年，十一届三中全会提出拨乱反正。"文革"期间，幼儿园一直没有停（课），大学都不上课了。当时幼儿园给我们提出来（这个需求）……解放前（新中国成立前），南师大用的美国的教材，那个书是金女大的书，后来解放后（新中国成立后）用的苏联的，苏联专家讲课，后来到"文革"期间批得更多了，所有的东西都"批林批孔"，都是这样的一些东西。幼儿园就跟我们提出来：怎么办？我们该教给孩子什么？同时，我们学校准备招生，招生就面临一个给学生教什么的问题，所以幼儿园提出的问题，和我们要上（的）课、大学生用什么教材是一个问题——知道了幼儿园怎么做，我们就把幼儿园做的跟（大）学生讲。那个时候也不管它理论这些东西。那当时这个事情该怎么做？那个时候，刚好我和唐淑主持学前教育专业，所以我们让老师下幼儿园，自己找幼儿园，一门课找一个幼儿园，不要几门课找一个幼儿园。那个时候，各科老师我们先定下来，老师们就下幼儿园。幼儿园也很高兴，一个幼儿园搞（研究）数学，（研究数学课）怎么搞（开展教学），一个幼儿园搞（研究）语言，（研究语言课）怎么搞（开展教学）……所以到(19)82年，我们就出了各科教材教法，六科，汪老师（汪爱丽）兼两门课，体育和音乐，体育就没有研究，（她主要）搞音乐，因为体

① 赵寄石教授因身体原因无法接受访谈，本书中引用杜丽静2008年进行硕士论文研究而撰写的《南京市实验幼儿园课程文化研究——从教师课程行事方式视角》一文中相关访谈实录。被采访人的口述带有那个年代的语言特点，为保持其语言风格，未作刻意改动。

育还好弄一点，孩子做操啊，体育游戏啊；音乐，也是一个很难的事情，就这样出了一套（教材）。当时各个幼儿园都去做了，当时没有其他的东西，实际上就是把幼儿园的教材拿出来重新做，在幼儿园做。（对）当时（的情况，老师们）还心有余悸，拿出来的时候还要（担心被）批判。我和唐老师就讲："你们就不管！是我们提出的，要批判，我们两个人去！"当然后来没有批判过。这样做了以后，做了一年，（19）83 年实验幼儿园还叫代代红幼儿园，那个时候有一个老师，黄文奥老师——黄老师是什么情况，你知道吗？……（19）52 年我们幼教系成立，她分在系里当助教，汪爱丽是幼儿园老师。黄文奥一定要当幼儿园老师，所以她们两人就对调了。人家巴不得到系里，她还要下去，这个好故事我们一直流传。……她是很好的老师，"文革"以后她就被实验幼儿园要去。那么到了（19）83 年上半年，她就跟我提出来："前几年都是一个幼儿园做（研究）一门课，但是你们研究出来的（方案），放在一个幼儿园，需要在一个班上做（实施），这是行不通的，因为孩子吃不消，老师也吃不消。"所以减负，提出来减负，最后要减去孩子的负担。那么，她就跟我说："能不能把几门课结合在一起？……能不能用这个方法？"就是说（将）几门课组合在一起。怎么做我们还不知道……我说可能要做研究。

当时是黄文奥提出来这个想法。陈岚是我们的书记，说："你自己下去，自己做。"我想来想去，这一做的话，就三年，陷在这个课题里，恢复生产秩序。我和唐淑就认定一点，我们幼儿教育要研究的问题首先是幼儿园需要的。以前系里的老师下幼儿园做研究，做了研究后，有了成果就拿走了，不管（幼儿园）了，一直以来都是这样。我跟唐淑说："这个路我们不能再走了，一定要为幼儿园服务。"改变幼儿园为我们高师的老师服务，改变成（我们）为幼儿园服务。既然认可这一条，陈岚又提出这个问题，（那么）我就去做。刚好那个时候，（19）83 年，王坚红这一届毕业，我说系里工作那么忙，我们要一个年轻助手，记录啊，整理资料啊。当时（南京市实验幼儿园）业务园长是陈国强，园长是刘扬发。（19）83 年下学期，从秋天入园的小班开始做（综合课程研究），黄老师就是小班的老师，曲新陵是她带的新教师，是（19）82 年幼儿师范毕业的。这个研究就这样起家。怎么弄呢？我和王坚红一起去幼儿园，一周至少一个半天，有的时候要搞两个半天。不能天天去，还有其他很多的事情。十月份开始，去了一个月、两个月、三个月。从幼儿园回来，王坚红老问我："这么做下去怎么办？好像做不下去。"我就跟她说："做到一定的时候你的脑子里会出现该怎么做。"果真，到春节前，第一个学期快结束的时候，我说我们来看看，我们当时就是坐在那里看，黄老师怎么来教育孩子，特别是新进来的孩子。最好的一点是她对新入园的孩子怎么适应她有这方面的经验，并且在这之前心理学老师做过研究，怎么帮助孩子适应入园，她这方面，特别是对个别孩子的教育，她特别有办法。所以后来到春节前，我们就想，春节的时候放寒假，我们要做个改变，就做第一个主题"我爱我的家"，我们是小班下学期开始的。

杜丽静：当时怎么会想到用主题的形式呢？是幼儿园提出来的吗？

赵寄石：那个时候因为有单元（课程），（就）不再重复原来的，做别人做过的——不是说我们回头走老路吗？所以就想用一个主题。原来的单元是很小的，一个星期一个单元。主题呢，连续，时间可以长一点。那个时候已经第二学期了，后来第二轮回头过去搞的。小班搞的是"高高兴兴上幼儿园"，我们是第二学期，春季（节）以后开始（的）。一开始的时候，黄老师怎么做的呢？那个时候叫情境表演。黄老师开始（实施）以后，南通的小学那个时候有个老师提出来语文上情境课，（就是）在上语文课，（把学生）带到现场，（让学生）了解情境。当时听到这个的时候，黄老师说我们早就做过。她怎么做呢？让一个小朋友扮演妈妈，妈妈一天里面为我做什么，用两分钟三分钟表演，妈妈每天照顾我吃饭、穿衣、睡觉，送我到幼儿园，表演后让小朋友回家自己去观察每天你的妈妈为你做什么，这样就开始了。小朋友的积极性很高，因为让他自己做。我记得第一个（主题活动）搞了 6 个星期。

杜丽静：当时的主题是黄老师做（设计）的呢，还是（你们）共同做（设计）的呢？

赵寄石：共同商量，看看行不行。幼儿园老师设计的时候，是幼儿园老师做了以后看可行不可行。后来（我们）就半天（半天地到幼儿园现场），不是一节课两节课，因为你要把各个方面放进去，因为孩子各个方面都要提高的。小班下午就没有太多时间。弄完后就讨论。一个星期至少讨论一次，有的时候讨论一次还不够，讨论两次。有的是老师想的，幼儿园老师想出来的，题目是他们想的……我自己做的就是找理论，那个时候刚好介绍皮亚杰，皮亚杰有本小册子《结构主义》。

杜丽静：您当时是以马克思主义教育哲学、发生认识论、人类发展生态学为理论根基的，您当时是怎么考虑的？

赵寄石：那个时候我没有用马克思主义，到（运用）马克思主义是第二轮了。最早（用）的是系统论、结构，系统论里的"1+1>2"。就是说，我们把几门课的内容放在一起得到的效果比分开的效果好，当时（的目标）提高效果、减轻压力，实际上理论指导是在这个过程中间慢慢产生的，慢慢探索、不断累积的，是在做的过程中逐渐吸收的，因为人的脑子不可能（一下子转变），像我们这样研究国外的理论也不是很多，毕竟我们很忙，没时间仔细研究，就是抓到什么，有一点东西就试试看、做做。所以有一篇文章里写"学一点，做一点，懂一点"。孩子也是这样的，你要教他，你要教他怎么做，做了以后再跟他讲道理，不是先讲道理叫他去做。我们成人是一边做，一边思考，那么理论书靠我去看，因为王坚红第一轮做了一年后出国了，就只能靠幼儿园自己记录啊，我慢慢主要看理论。

杜丽静：您是什么时候接触到人类发展生态学，又把这个转化在我们课程实践中的呢？

赵寄石：《人类发展生态学》，王坚红第一次回国给我带的，有了这些观点，很自然就设计了。（布朗芬）布伦纳的基本观点是人是发展的，环境是变化的，人在发展，与环境（之间）有一个公式，人的发展是与变化的环境不断相互作用得到的发展，这个观点里面，有两个微观环境。（比如，）孩子上了幼儿园，原来在家庭，进了幼儿园就是另一个微观环境，两个环境交叉的地方就是中间环节（赵老师用手比画）。中间环节就是发挥幼儿园和家庭的作用,家园合作;再上面是宏观系统,还有外系统……这些都会影响孩子的发展。最上面就理解为国家总的观念,最重要的是我们国家要培养什么样的人,这个我们不能忘记。(鉴于)那个时候幼儿园和家庭的关系,"爱家庭"主题就要贯彻进去,家园合作,启发家长怎么参与幼儿园活动。边做边思考……我们没办法,就是一边做一边想。做什么?就考虑考虑。后来就看到一本书,叫《行动研究法》,我才知道这个名称。(20世纪)80年代,国外的课程改革正在从实验室方式的研究走向开放性研究,小学的(课程)改革到(20世纪)90年代才提"行动研究",而我们幼儿教育早就搞了行动研究了。

杜丽静:在做综合教育课程研究的时候,遇到了什么困难?是怎么克服的?

赵寄石:就是观念也没有,理论依据也没有。(困难)怎么克服呢?就是通过实践。实际上就是说整个过程是幼儿园提问题,你怎么做,就需要通过实践,做课题(研究)。(看)我们设计的方案,孩子反映什么,老师怎么反映。尽可能地让老师参加,让第一线的老师参加研究。一开始(活动方案)是我们设计的,慢慢(地)把设计方案,叫"定计划",(交)由老师做,我们判断老师接受(了)多少,孩子怎么反映。这个(困难的)解决(过程)就(是)这样。

杜丽静:第一轮是试点班,第二轮是验证班,第三轮是所有的老师都参与,在这个实践的过程中,怎么把综合教育的理念转化为老师的行为呢?

赵寄石:这不是我们去做的。因为幼儿园提出一个问题,我们给一个回答。先开始的时候是做研究要关门的——先行研究,不给别人看。关一年下来,陈国强就说:"不能老关门,一关关三年。要开门。"我说:"你们自己考虑,因为我们下来是回答你们提出的问题,你们提出这个问题,能不能几门课合起来一起做。这不是唯一的办法。"我几篇文章提到幼儿园提出的问题,我们做的是一种回答,并不是一种(直接的)解决(问题)的方法,不是唯一的解决办法。实际上,第一年我是每个主题盯着做,后面是他们自己做,中班不是我参加(指导),都是他们自己(摸索)。我们的观点是我们的参与慢慢退下来,让园长去做;园长应该慢慢退下来,让班上老师去做。开始是我们理论工作者带头,但是你尽可能退下来,园长能承担多少就承担多少;园长也不能老盯在那里,因为做改革是要落实到班上的,班上的老师能承担了,你就放手让她做。这是我们的观点。推广(课程的)也不是我们,(是)幼儿园自己。综合教育是一日活动,有集体活动,还有分散活动,要看就看半天……只重视集体教学,当时就是要改这一点,你的教育要贯穿到各种活动(中去),(幼儿)从第一天到幼儿园,到最后要离开幼儿园,这三年时间的整个的生活,你的课程要贯穿到所有的(方面),原来的分科教学只管科目,实际上又走回头路。

杜丽静:综合教育课程经历了20多年,已经开花结果了,您对综合教育课程有什么期待呢?

赵寄石:现在有很多理论,(很多人)搞课题,(却)经常忘记孩子。一般都是在理论上是很重视孩子,(讲)儿童观……我很多课题没有参加,(我)看了一些文章,很多地考虑表层的东西。深层的东西,到底怎么促进孩子的发展?要落实到孩子。因为下面的老师经常有一个体验——很多理论的东西一到幼儿园,很难去用。功夫没有下到点子上。幼儿教育就是要促进幼儿发展的,人类发展生态学是让孩子自己跟环境相互作用,得到发展,一部分老师要搞实践研究。现在我们不是少理论,而是少实践,研究不够深入。

二、谢笛梅老师访谈实录

时　间:2022年3月30日上午10:00—11:30

地　点:实幼民国楼

人　物:谢笛梅老师(建园"元老",综合课程第一批实践者之一)

访问者:周颖　谢雯静(实幼年轻教师)

周颖:谢老师,请问您是哪年来实幼工作的?在您工作之初,实幼的课程、课程研究是什么样的?

谢笛梅:(19)55年,实幼开办的那一年就来了,当时我已经工作了3年了。起初我们根本不知道还有这么一个幼儿园,后来来了以后才知道这是一所南京师范学院附属幼儿师范学校,附属的这么一个幼儿园,是专门给搞科研、给这些大学生和幼师生实习和见习的场所。

当时幼儿园全部是苏化的,苏联的房子(样式)、苏联的模式,有活动室、更衣室、盥洗室、活动场,这就是一个班。全幼儿园就只有4个班,小小班、小班、中班、大班,共4个班。那个时候,幼儿师范(学校)第一届的毕业生一次就分过来5个人,这5个人再加上我们几个,老教师就一个班带一个刚毕业的学生,(这样)来带领。当时,南师大的教授、幼师(学校)的老师,大家都来指导。我们过去的生活,全部都住在幼儿园里,早晨起来锻炼身体,大家哨子一吹,起来一起吃饭。幼儿师范(学校)的老师,他们分别指导我们一个班。我是一个"年轻的老教师",工作了3年的老教师,其他都是刚毕业的,我就带个小班,带一个刚毕业的老师,我们在一起(工作),就这样子。

周颖:当时的课程主要存在什么问题呢?

谢笛梅:在那个时候都是分科教学的。有数学、音乐、语言、图画、体育,就是各个科目,每个科目自成体系的,彼此没什么关联的,当时就处于这样一个状态。后来我们就感觉自成体系、各搞各的,每个科目都是从小班到大班,这横向没有联系。但是幼儿来时像一张白纸,对于社会、对周围的环境一无所知,他不懂,什么都想知道,因此分科教学的时候,我们都要从头来进行教学指导。

比如说叫小朋友画一棵树,他没有看过这棵树,怎么画?叫他画一个人,那人有多少组成部分呢?头、手、腿的比例,他都不认识、不了解。没有很好的认识,在这个基础上,你要他去唱去画,都有困难,都要从头教起。脸部笑的时候是怎么样的,哭的时候是怎么样的，他不认识，没有很好地去观察，去感知这些客观的事物，没有基础。

比如说，叫他唱个（关于）春天的歌，春天的样子他都没看到，你教他《小燕子》，但燕子什么样，他又不认识，你就教这个课。所以（科目）自成体系对孩子来讲是一个重复劳动，都要从头来教，先要告诉他（事物）什么样子，然后再告诉他怎么画，先要介绍春天是什么样子，再告诉他春天小燕子来了，花开了，小鸟来了。所以这里头就有个重复劳动，老师教学也很累——到底让孩子知道多少？我要（教）给他这个，（他）能不能接受？

周颖：改革之初，老师们是如何进行研究的呢？

谢笛梅：在南师大教授的指导下，我们感觉还是应该改革。南师大的教授们和幼师（学校）的老师们，把他们接受的先进的理念传递给我们，因此在观念上我们也比较容易接受一些新鲜的事物。当时就感觉分科教学确实是给我们带来一定的麻烦，重复劳动……何苦呢？后来我们（想）不如把它（们）整合起来，把所有的教学内容整合成一个整体，因此就产生了这样整合课程的想法。我们当时是叫"整合课程"。后来我们就说把课程整合起来吧。但是怎么整？以什么形式来整？我们成立了一个科研组，由赵寄石老师为主导，和我们幼儿园的一些老教师，有黄文奥老师、刘扬发园长、赵寄石老师（带的）一个研究生（王坚红）、我，我们就在一起搞了一个科研小组。那个时候赵老师知道国外的一些理念，至于我们怎么来整合，她毕竟是一个大学教授，她不知道幼儿园的具体情况，孩子们怎么来操作呢？她就说给我们一个指导思想，我们是摸着石头过河。那个时候什么东西也没有，因此很重的担子落在我们幼儿园身上。

大家就想：我们把它整合成主题的形式，各个科目融合在一起，变成一个一个的主题，把它们揉在一起来教孩子。因此就成立了一个研究班（实验班），从小小班开始。这个班原来是两个老师，后来增加了我，跟他们一起搞研究。从小小班开始，（再到）小班、中班、大班，是一个三年的研究。我们研究班的责任是什么？是要设计主题，确定主题的内容和每一个活动的教学的方式、形式、要求。

周颖：请您再谈谈改革之初的情况。教师们什么态度呢？都支持吗？

谢笛梅：那个时候是在一个实验班进行（研究）。这个班的老师先要学习，要知道她们的责任是要负责课程的设计、主题的设计，要把小班到大班（的教学内容）变成几十个主题，让孩子毕业的时候达到一个为入小学做好准备的这样一个条件。

这样的主题我们有几十个。我写过一篇文章，最后总结就是"对主题的设计与思考"。我们从小班一直到大班，几十个主题，这些主题我们当时是以尝试、以认识为主线，因为什么都离不开孩子的认识，其他都是反映的学科（内容），图画、唱，都是反映他认识的学科（内容），所以（一切）都建立在认识的基础上。正好在搞实验以前，我和南师大的王志明教授合作，搞一个科学教育的实验，我们主要研究"带领幼儿认识社会和认识自然"，做这样一个实验，主要是感官训练，就是让孩子知道如何去认识周围的环境，用什么样的方法去认识，怎样来提高孩子感知的能力……做了这个科研。（围绕）当时的研究，我和王老师合作写了一篇论文，是在全国幼教杂志上发表了，对国内的影响还是比较大的，主要研究结论是：(幼儿)认识社会资源是要通过直接观察(的)。所以，这种研究，对我们主题设计，以认识为主线来设计这个主题活动，起了很大的奠基的作用。

对我来讲，我也感觉我好像有一点了解了，尝试认知应该怎样带孩子来观察，怎样引导孩子在认识的过程当中运用他的感官，提高他的感知能力，认识社会的、自然的(事物)，认识各种东西。我们要有正确的方法，(引导孩子)运用多种感官去感知，得到的信息就是孩子们得到的最直观的认识，同时也发展了他(们)的能力，把认识事物的方法和能力融汇在这个里面，再通过各种学科反映他的认识、巩固他的认识，起到这样一个作用的。所以(将科目知识都)融合在一起，孩子就会发展得更好一些。

谢雯静：改革初期，我们幼儿园主要进行了哪些课程研究？

谢笛梅：我们课程研究有个科研组，教授挂帅，赵寄石老师带我们幼儿园的几个教师在一起，我们一个阶段要研究一次，(思考)一步一步怎样向前发展。研究了以后，再由我们实验班具体地去设计操作的方法，考虑实施课程的这种形式，确定每个主题的目标，(以及)很多具体的东西。内容的确定是参考我们国家有的课程的大纲，要把学前的教育大纲作为我们对主要内容的要求，由浅入深，由近及远，由具体逐渐到抽象，由简单到复杂，这样一点一点地来加深，给孩子们设计课程。

比如说小班小朋友整天生活在自己家里，他对这个家庭要有一个认识，他活动的范围就在这个家里，就面对着爸爸妈妈、家里的这群人，我们把课程内容重点放在对家里的认识上，设计了“可爱的家”[①](这个主题)，(小朋友)要知道爸爸妈妈是怎样生下他的，是从妈妈的肚子里生出来的，(要知道)妈妈爸爸怎样抚育你、怎样关心你的……逐渐对孩子有要求：你也应该知道关心妈妈爸爸，他们那么爱你，你也应该爱他们、关心他们。逐渐落实到对孩子的教学要求上，要研究教育的形式怎么进行，那么请妈妈过来给大家讲故事，然后就和孩子讨论我们怎么去关心他们——爸爸回来了，给他拿拖鞋；奶奶累了，我们给她摸摸，给她拍拍，给她拿凳子坐……这(些)孩子能做到的，(引导孩子)要学会去关心家人们。再扩展到慢慢地朋友变多了，怎么学会做小客人、小主人，请朋友到家里来玩，怎么招待他们。反正不离开这个家庭的范围，让他(们)很好地认识“家”。

到中班，我们逐渐加深，就超出家庭的范畴，去认识家乡。我们这里是南京，那就认识我们南京市的一些有名的地方，南京市的夫子庙、玄武湖等地方，扩大到对家乡的认识。到大班，就要扩大到对国家的认识，如北京、天安门、国旗，等等。

以认识为主线，但是内容(范围)不断扩大，要求不断地提高，其他的各科都融汇到以认识为主的主题活动中来。这个就比较自然了。

我们这个实验班最苦恼的是什么？每一个课题、每一个主题，它的目标要求是什么，各个领域的要求怎样融合进去，以什么形式来进行这个课题……我们是赋予了很大的创造性在里面，所以我深深地感觉到，作为一个实验幼儿园的实验班的老师，他一定

① 即“爱家庭”主题。

要思维非常的活跃，一定要很有创意，（因为）没有现成的东西。比如说提供一个观察（对象），我们要让孩子看得清楚，原来我们是老师拿一盆花，小朋友坐一个圆圈，大家来看一看：这盆花是什么样的，是红的花，叶子是什么样的……大家坐在远处来谈。后来我们就考虑：这样孩子不能直接感知，他的观察能力不能很好地提高。因此我们就考虑：教育的形式和提供的教材都要相应地为目标服务。首先从教材准备上来讲，我们就不是（只准备）一盆花，（而是）准备很多种的，比如说准备菊花，菊花有各种颜色的，红颜色的、黄颜色的、白颜色的、绿颜色的，（要准备）各种菊花；（准备的）菊花的品种也（要）不一样。我们在准备教具的时候，也应该准备多种的，孩子在认识时就比较能拓宽他的思维。这是在考虑主题活动时，确定了内容以后，（我们教师如何）准备教具。

还有，我们要利用来自孩子发展需要的（东西），孩子他的思维活跃了，看的东西多了，（水平）逐渐提高了，我们听到孩子提出很多“为什么”，很多的问题，孩子提出问题，说明他需要，我们根据这些来设计课题。我那时候到大班的时候真是很着急——再搞什么主题呢？有什么主题呢？因此，我（的思维）就从孩子身上的成长规律发展到孩子的需要，就形成我们设计的课题的内容。为此，我们就组织了为期一周的“小问号”主题（活动）。我们老师每人带一部分小朋友，让孩子自由地发问，老师专门做记录。我们记了孩子几百个的问题，然后我们把它们编排、梳理（出来）。这些问题有的是动物方面的，有的是关于植物的，有的是关于天空的，有的是关于人与人之间的事情的。各方面的问题都被梳理出来，因此我很高兴，我有主题设计（方向了），有主题内容了，（而且）是孩子所需要的。因此，我们就设计了一连串的主题内容，“神秘的天空”“有趣的动物”……孩子们就带着他们的问题进入到主题活动当中去，（这样）更符合孩子的要求，效果也一定是可以的。孩子得到满足，我们的（活动）形式都变得更加多样了。

那个时候，孩子们思维非常的活跃，他们会想以后长大了干什么。有的孩子说：“老师我想认识这个船，这个船只能在水里开，我将来要发明一个船，在水里碰到礁石，它要翻船的时候，就能够伸出几个轮子来，就能到岸上去，我们就把这个船在岸上开，这样也不会给礁石碰撞了。”还有孩子说：“我在家里看电视，妈妈要看故事，爸爸要看体育，我要看小动物，可是我们家只有一个电视机，怎么办？我将来要发明一个电视（机），三个人都能看，各人看各人的。”孩子的思维相当活跃。根据小朋友的想象，我们也提供了（材料）给孩子自己去设计、去制作。你愿意用什么材料（就用什么材料），几个人合起来做也可以，一个人（做）也可以。我们后来的课程，一个上午就可以组织一个活动，非常自由，很轻松的，大家一起合作。我想做个船，用什么纸、什么材料，我们几个人合起来，一起商量去做，这就叫“小小发明家”，我们自己来“发明”来制作。“发明”了（东西）以后，我们就尽量满足孩子，就搞一个展览会来展览，把孩子们的作品一起陈列在一个小房间，搞了一个展览台，小朋友的作品全都陈列在那里，由（孩子们）自己来给大家介绍：我们的这个作品是怎么一回事情，有什么样的（作）用。还邀请别的班上的小朋友（来参观）。孩子搞这些活动，他们好满足的。所以把课程设计成以孩子为主角，来完成他们所学习的一些知识、一些内容，同时（引导他们）自己去操作。

比如说，我们种了萝卜，一个上午，我就搞一个收获萝卜的活动，大家一起到田里去收萝卜，收好以后，去洗萝卜，再讨论萝卜有什么用。萝卜可以吃，那怎么吃？大家想。可以煮着吃，可以凉拌吃……接着大家就来做，就用萝卜做各种各样的菜，然后送给别的班的小朋友吃。我们就真的拿砧板、拿刀子，在班上来做（萝卜美食）。一个上午，小朋友好开心，我们的萝卜给大家分享了，给大家吃了，又知道这个萝卜有什么用处，萝卜是怎么长大的，萝卜可以怎么吃……孩子们的活动是非常之精彩的。

再比如，我们班上养了一只刺猬，是小朋友送来的一只刺猬。我们自己班上有个自然角，养护了很多动物、植物、花卉，我们又养了一只刺猬。它吃什么呢？不知道，（大家）没有看过。后来（小朋友）就查资料，回去和爸爸妈妈一起讨论，（发现）它可以吃苹果，吃野外的果实。孩子们天天带东西来，你带一点我带一点，来喂这个刺猬，给刺猬打扫，大家来清扫，老师带着他们一起。后来养了不久，刺猬死掉了。因为饲养了一段时间，孩子们对它很有感情，刺猬死了以后怎么办？我们就给刺猬开追悼会，我们就给它埋葬，我们还摘了很多的野花，给它献花，真的搞得非常的隆重。（让）孩子都知道有生，有死，死也是正常的，我们都很怀念它，我们都纪念它。这样的一些活动，搞了很多，就是用孩子感兴趣的、他需要的、要获得的这些知识来设计课程，来研究课程的形式。

比如说，到夏天，（小朋友把）各种各样的水果都带来了，我们就组织一个冷餐会。之前没有这些活动，到哪边去学？这都是我们老师自己创造的。小朋友每个人带很多的水果，带来以后，洗好弄好，大家一起聚餐。就是这样一个活动。再比如，秋天是收获的季节，收获哪些？孩子们认识什么？收获的那些芋头喽、山芋喽都有很多。收获期间大家一起收获，认识平常吃那些东西。这些活动也是孩子所需要的，都是从孩子发展的需要来确定主题的内容、目标、形式。

谢雯静：在课程建设初期，有没有清晰的儿童培养的目标？后来又发生什么样的变化？儿童培养目标是否逐渐清晰呢？

谢笛梅：儿童的培养目标，我们是分散在每一个主题活动当中的，这个目标是根据我们国家的课程总目标（设置的），但它只是分科的，比如科学什么目标、语言什么目标，音乐目标是怎样的……我们国家有一个这样的目标。我们要把这个目标重新来设计，把各科的资料融合，重新编排在主题里。

首先这个主题的名称要考虑好，（如果）是围绕天气变化的，比如现在是季节变化的时候，我们就以认识季节为主，这个阶段（开展的）就是涉及季节的主题。这个阶段节日比较多，我们就以认识社会活动为主，进行编创。这些主题是根据社会与外界形势的客观变化来确定的。这个主题（开展）的时间有长有短，有的是一两个星期，有的是三个星期甚至更多，我们就根据需要来确定主题开展时间的长短。比如说是认识有趣的动物，孩子对于动物的提问太多了，比如为什么长各种各样的羽毛，毛有什么用，尾巴为什么有的长有的短，尾巴长了有什么用……很多有趣的问题，因此“有趣的动物”我们也将其作为一个重点的研究主题，(关于这个主题的实施)也写了有关文章。总之是根据孩子的需要来确定主题时间的长短和安排。

谢雯静：作为老教师、老前辈，您想对实幼的教师说些什么？有什么期望和嘱托？

谢笛梅：我想了一下，我给实验幼儿园老师的寄语，我就写了这么几句——作为一名实验幼儿园的老师，思维一定要活跃，不能拿现成的去做，思维有创意是最重要的，你要有自己的创造性在里面；不论成功与失败，你只要努力，就一定会有成效。

我觉得作为一个实验幼儿园的老师，无论你带哪个班，你都要承担实验的、研究的、创新的、改革的这样一个责任，这是我的期望。

三、曲新陵书记访谈实录

时　间：2022 年 3 月 23 日上午 10:00—11:30

地　点：实幼民国楼

人　物：曲新陵书记(第一轮实验班教师、第六任园长、现任实幼党支部书记)

访问者：许晔　杨璐(实幼年轻教师)

许晔：您是哪年来实幼工作的？在您工作之初，实幼的课程、课程研究是什么样的？

曲新陵：我是 1982 年到实验幼儿园来工作的。我刚到幼儿园的时候，我们的幼儿园还是采用的分科教学的形式，按各个领域来组织教学的。我们刚进来的几位新老师，是在“文化大革命”以后，恢复幼师(教育)以后的第一届毕业生，当时在学校还是接受了比较专业的教育，所以我们进了幼儿园以后还是进行全科教学的，没有进行分科教学。

在我的记忆当中，好像我们幼儿园里的其他一些年长一点的老师，他们是进行分科教学的，他们会分你上哪几门课、我上哪几门课，而我们新进来的老师是全科教学。

许晔：为什么要进行综合课程的探索和改革呢？当时课程主要存在什么问题？

曲新陵：作为新老师，我们主要的精力还是放在如何实施好课程，怎么样把教学计划完成好。在 1983 年的时候，我工作的第二年，我们幼儿园开始进行课程改革，那我也非常有幸能被选到课程实验班，做第一任课改老师。在进行课程研究的时候，更多的是南师大的专家教授和幼儿园的园长以及教科研人员在思考幼儿园的课程到底要如何进行改革。原来的那种学科课程在当时的幼儿教育中还是存在一些不足的，所以针对这样的问题，他们在思考进行课程改革。

我在这个班里，我想我也跟着他们学习如何让我们的课程更加适合孩子的发展需要。原来我们教学科课程的时候，确实是感觉到不停地在变换，一会儿是语言课，一会儿是数学课，一会儿是科学活动。这些活动之间没有联系，都是分开的、割裂的，那么孩子也跟着我们变换频道去学习。他们进行综合课程改革的时候，感觉到他们的这些想法非常好，会围绕一个主题，进行各种各样的活动设计，不分散了，相对比较集中。通过各种的方法、手段、形式去落实教育教学目标，我觉得这点是一种新的变化。

许晔:请谈谈改革之初的情况。教师们什么态度呢?都支持吗?

曲新陵:当时是没有完全铺开,在幼儿园只是有课程实验班,在我们这个班组里,大家一起进行课程探索研究。大家都是挺支持的,愿意接受这些新的教育观和课程的理念,也愿意亲自去尝试,以主题的形式来组织活动。

在我们实验班里,我觉得大家思想还是比较统一的。我也感觉到我们周边的其他平行班的老师也很关注我们这个班的研究。虽然他们还是采取的分科教学的模式,但是他们也很关注我们这个班在做什么,好的地方也会模仿。我觉得这对他们是一种吸引,是课程改革对他们的一种影响。

许晔:当初幼儿园是如何开展课程研究的?请您从制度、培训、教研等角度谈谈。

曲新陵:幼儿园的课程研究,就像我刚刚讲的,没有一下子全部铺开,是从实验班开始的。由南师大的老师引领,我们幼儿园老师和教科研人员一起来研究幼儿园的课程如何改进,使课程更适应孩子的发展(需求)。在我的印象中,南师大的老师们至少一周就会到幼儿园来和我们一起看孩子的活动,一起研究我们的课程如何实施,如何推进下去。因为还是我(参加)工作的第二年,所以我没有感觉到明显的和过去比在教研等方面有明显的变化,因为毕竟还是工作第二年的新老师。除了幼儿园的一些业务学习以外,我们还有我们自己实验班的专门的课程研究小组活动。

杨璐:您主要亲历了哪些探索与改革?

曲新陵:我印象最深的就是我们课程实验班进行的第一个主题活动"我爱我的家"[①],这是一个综合的主题活动,在这个活动里,实际上也有很多领域的内容——语言上,怎么通过儿歌的形式、故事的形式来讲述"我爱我的家",让孩子在语言上有表达能力的提高。在艺术表现形式上,也有很多表现形式,比如美术活动、韵律活动,比如歌曲,有很多和"我爱我的家"有关的内容。当然,在各个领域都会有所渗透,这是我印象最深的。在进行第一个综合主题活动的时候,我们就把和"爱家""爱爸爸""爱妈妈"有关的内容都集中在这个主题当中进行落实。我们那时候不光在幼儿园里上课,还带孩子们走出去,到孩子们的家里去,请爸爸妈妈到幼儿园来。以前我们刚开始实施课程的时候,更多的还是"从书本到书本",但是从实验班开始,有"进来"(的资源),有"出去"(的资源),我们的课程活动的资源更加丰富了。

杨璐:对于儿童有没有清晰的培养目标?课程改革后目标有没有发生变化?

曲新陵:当年我作为一线老师,我主要还是一个执行者。我们的课程研究者,高校老师、我们的幼儿园的园长和教科研人员,我觉得他们应该是有目标的。我们作为班级的老师,具体的执行者,我们是依据这样的目标,通过一定的方法,把这样的目标实现好。

随着研究的深入,主题活动越来越多,从"我爱我的家"到"小主人　小客人",我们

① 即"爱家庭"主题,后来改称"我爱我的家"。

那时候是从小班开始的，还有“春天”主题。“春天”主题是和社会、季节联系的，这一类的主题还是比较多的。当然，有了第一个主题“我爱我的家”的模式以后，后面的主题在做的时候更加得心应手，选取更多的资源，利用更多的环境，来开展主题活动。这个变化还是比较明显的。

杨璐：研究中遇到什么困难？是如何解决的？有哪些收获或者成果？

曲新陵：我在课程实验班有一年的时间，后面因为有一些原因调到了其他班级。中间也有一段时间出去进修学习了。等我回到幼儿园的时候呢，已经是1992年了。1992年回到幼儿园，我做了行政管理工作。我想可能我前面是被动的一个执行者，到自己做了行政管理以后，就更多地成为课程研究的主导者，当然也是依靠着南师大的专家教授。

那么在后期的一些研究当中，我们的思路就转到架构一个综合课程的框架结构上。有了综合课程的框架结构以后，怎样推进综合课程的研究？大家还是照本宣科地去上？我想肯定不是这样子的。我们通过学习、理解，（觉得）要在建立基本框架的基础上，向着自主创新发展这个方向去推进研究。在这个推进过程中，我们想解放老师，也更加尊重儿童发展，（我们认为）老师应该有更多的自主权，有更多的创新能力，去依据孩子发展的需要实施我们的综合课程。所以，在后面的几个阶段，到我担任行政园长的时候，我们的课程研究在向着自主创新方向发展，向着和谐教育文化以及幼儿园课程文化方面推进。

当时的收获和成果还是很明显的。经过课程研究，以及关于课程文化的这样一种深入的思考，我们觉得应该将更多的时间留给孩子，让孩子在游戏当中去实践，去发展。首先，在课程模式上进行了很大的改进，由原来的一天上午两节活动、下午一节活动，变成每天保证一个集体（或分组）的教学活动，其他更多的时间让给孩子，让他们自主选择自己感兴趣的游戏，去自主发展。

其他的收获和变化，在于我们有一本比较固定的关于综合课程的蓝本，老师按照蓝本去组织教学。经过后面几期综合课程的研究，（老师们能）把预设和生成的活动比较好地有机结合起来。了解孩子的兴趣、关注点在哪里，老师就可以依据我们主题的发展目标去生成一些活动，和我们原来的预设活动相结合。这个改变也是（因为）在我们后期的研究当中进行了进一步的推进。这样子的课程设计更符合孩子的需要，我觉得这个改变也是比较大的。

还有一个转变就是幼儿发展评价也有了很大的改变。幼儿发展评价是课程当中的一个重要的组成部分，那么在我们过去的课程评价当中，或者是幼儿的发展评价当中，我们是以文本性评价为主，到学期结束了给孩子写一段评语，或者说依据某个领域的发展目标打个“好”“中”“差”等，用这样的方式评价。在课程改革中，我们觉得关注孩子的发展不光（要）关注结果，我们更应该关注孩子的发展过程，看他在学习的过程中是怎么变化的，我们就进行了（关于）幼儿发展评价的实验研究，这也是课程研究当中的一部分。从过去的文本式的评价变成了过程性评价，把孩子的作品、照片、发展的一些行为表现，通过记录的方式呈现出来，作为对孩子的一个发展评价。当然这个评价对我们老师提高课程(实施水平)也起到了很好的作用。老师们的目光聚焦到孩子的身上，这一点转变非常的明显和突出。

我觉得还有一个明显的变化在研究课程的过程中，我们的课程管理是不行的，光叫老师改还不行。作为行政(管理人员)，我们的课程管理也要有所改变。所以在后期研究中，行政管理也发生了一些变化。我们觉得要给老师自主权，要让老师自主创新，你要给他空间，给他时间，教学计划你可以生成了，可以预设了，那我的活动是不是也可以弹性执行呢？在老师组织活动的时候，(如果)孩子非常有兴趣，那么老师完全可以带着孩子继续去完成他手上的事情。

杨璐：当时社会各界(政府主管部门、科研人员、幼教同行、家长等)对我园课程研究的反应如何？

曲新陵：在这点上，我认为我们的家长非常认同我们幼儿园的综合课程。说实在话，在某一个阶段，我们幼儿园的硬件条件并不是非常的好，但是家长为什么会选择我们？(他们)看重的是实验幼儿园的软件，除了对我们的课程、我们的教育理念、我们老师的这种工作态度、敬业精神非常认同以外，我想我们的这种课程，我们的这些活动也非常吸引家长，我们的社会实践活动，我们的外出活动、请进来活动非常的丰富，家长就觉得孩子在这里能学到很多东西，在这里成长得很快，变化得很快的。这就是家长对我们最好的评价。

再一个，家长看到我们的孩子们的成长册也特别的感动，看到他虽然不能时时刻刻待在孩子身边，看到孩子(是)怎么学习的，但是他通过成长册看到了孩子在幼儿园里面有这么多丰富的活动和同伴的交往，这么的融洽，看到老师这么用心地在观察引导孩子，家长们还是很认同的。

当然，社会和领导对我们的认同也是很多的，因为幼儿园进行了很多的研究，取得了很多的成果，(他们)对幼儿园各方面的支持力度也是非常大的，无论是硬件的改造，(还是)师资队伍的培养，以及在幼儿园研究方面给予我们的支持，都是非常多的。

杨璐：现在回忆起课程研究的经历，哪些(件)事情让您印象最深？

曲新陵：我想到一个“小能人”的活动。有很多活动我印象还是非常深刻的。拿“六一”的庆祝活动来说吧。以前我们组织“六一”活动可能就是小朋友表演，(小朋友)高高兴兴地排点节目来庆祝自己的节日。当然，在排节目的时候，我们过去会相对集中请班级里少数几个有表演能力的孩子去排节目，大多数孩子还是(以)做观众为主，来参与这样的庆祝活动。

后来通过对课程的研究，我们慢慢意识到每个孩子都是一个发展的主体，我们要让孩子在六一节的活动当中能够更好地展现自我。所以我们在后来的六一节活动当中，我们每个孩子都是一个主人，都会参与到这样的活动当中去。当然有的时候我们是以游戏活动形式来组织，有的时候会以表演的形式来组织，但是这个表演是每个孩子都参与的，这就是我们对孩子发展的观点的变化。以前热热闹闹举行个庆祝活动，后来意识到了这不只是一个活动，还是孩子发展的一个最好的时机。所以让孩子在这样的活动当中，不管他扮演什么角色，不管他参与的深度有多少，每个孩子都要参与，这是我们掌握的一个原则。举办"六一"活动的时候，不管什么形式，都开始关注让孩子在活动当中能够更好地展现自我。后来我们又以"实幼小能人"的方式来组织"六一"的活动，大家还记得吗？"实幼小能人"是每个孩子选择自己擅长的项目进行展示，这样也让孩子不是在老师规定的项目当中选择自己擅长的项目去展示，(这)也增强了孩子的自信心，让孩子在参与的过程中能够体验到自己的进步和发展。我觉得这样的一些关于"六一"活动的变化，我印象非常深刻，这确实是(反映了)我们课程研究的推进，以及我们老师对儿童的观念，对教育观的一种新的认识和改变。

杨璐：作为老教师、老前辈，您对于我们有什么期望与嘱托？

曲新陵：实幼课程的深入发展，或者说是进一步的研究，还要靠我们的新一代的老师们肩负起这个责任。课程推进，首先要在原有研究的基础上再去找到问题，(找到)在实施的过程中还存在什么样的问题，再去思考怎么解决这些问题。我觉得我们实幼老师还是要做一个思考者，做一个实践者，做一个创新者，去更好地推进实验幼儿园的课程的研究，这个责任还是非常重大的。

四、朱静晶副园长访谈实录

时　间：2022 年 4 月 7 日上午 10:00—11:30

地　点：实幼民国楼

人　物：朱静晶副园长(第二轮实验班教师之一)

访问者：徐皓然　费宇帆(实幼年轻教师)

徐皓然：您是哪一年来实验幼儿园工作的？在您工作之初，实幼的课程和课程研究是什么样子的？

朱静晶：我是 1995 年 8 月份进入了实幼。其实我最早接触综合课程是在 1995 年的 1 月份，当时是作为应届的毕业生，市幼师的毕业生，来到了这所幼儿园实习。我以一名实习老师的身份，接触到这个课程以后，就产生了一个质疑：这个课程它到底和我们平时学的教学法有什么区别？带着我实习时候的疑惑(正式参加了工作)，我慢慢就知道了"主题"是什么样态。它不像其他幼儿园(的教学法)。其他的幼儿园，老师带班的形式通常采用的是上下午轮流制，而实验幼儿园的综合课程，它是以一个教师为主，去主带(组织)一个主题(的所有活动)。所以当时给我的感觉是非常特别的。(综合课程)为什么要这样去做？(我)带着这样的疑惑去问自己的师傅："实验幼儿园的综合课程为什么要以一个老师为主去带(组织)主题(活动)？"师傅说，从综合课程的实施路径，或者实施课程的模式——当时还没有出现这样的词汇——来看，以一个老师为主去带（组织）主题（活动），老师能够更加全面地去思考主题里面的活动内容，同时也能够让主题活动之间的连续性更好，老师也能更好地去了解儿童。

徐皓然：您主要亲历了哪些探索与改革？

朱静晶：1999年，非常荣幸，那个时候（我）跟我们现在的章园长（章丽）刚好组成了一个班组，我作为配班老师。当时我们就成立了课程组，专门的课程组，用这样的一种方式（开展教育实践）。研究的过程当中，南师大的专家教授，他们从园外带进来的一些学前教育观、儿童观，跟（我）自己（当时的一些观念）也产生了一些冲突。（我）去想我曾经的那些教育实践的行为，或者我做的那些（活动）内容，跟《纲要》里提到的，或者是说跟教育观之间，是否契合？好像还有很多还没有做到位的，所以就开始进行综合课程的探索和研究。……从幼儿园整体发展的角度上来讲，(19)99年的时候，（我）作为实验班的老师，也要对幼儿园综合课程的历程有意识地去回顾，（看）它曾经经历了哪些阶段、目前处于什么阶段。我参加了实验组之后，幼儿园希望通过（教育教学）实验，（看看实验组的尝试）对于综合课程的发展和推进会起到一个什么样的作用。

其实当时（我）是个年轻教师，也是一种比较懵懂的状态……我在想这样的问题：赵教授带领我们最先提出来了（幼儿园课程），（课程）从分科走向了综合，对于“综合”的一些机制，（已经）形成了一个主题式的课程实施模式，它已经到了这样的阶段，为什么接下来还要再做（研究）？

当时还有一个背景。(19)99年的时候，整个社会提倡自主、创新，无论在某行某业，还是某个领域，都提出了这样的要求。我们幼儿园也申请了国家的“十一五”课题，也是关于幼儿园自主创新方面的一个课题。作为班级老师，（我觉得）“自主”可能更多体现在怎样使儿童的主体地位在综合课程当中更加凸显。所以当时在实验班的时候还提到了一些词，就是“预成”和“生成”。年轻教师们（对此）还是比较蒙的：预成和生成怎样处理？我们已经有一套比较成熟的课程方案了，怎样在这套课程方案里更好地凸显儿童？

以前我们考虑的是老师怎样教，老师只要把主题依次教下去就可以了，但是在这种新的教育理念下，在大的发展趋势的引领下，（我就）在思考怎样体现儿童的自主，怎样更好地去创新。所以，在那个阶段，实施综合课程的时候，关键点就在这两个词上面，一个是“自主”，一个是“创新”。

费宇帆：我们都知道，改革和创新一定会面临很多不同的声音。请朱老师谈一谈，在改革之初，面对这样一个要求，老师们是什么态度？他们是不是都很支持这样的改革？

朱静晶：大家都知道，“第一个吃螃蟹的人”都是要经历那样一个（尝试）阶段和过程的。实验幼儿园，从它的名称就可以看出来，它自身的定位就是要去做这种科学研究的，所以我们幼儿园始终提倡以实验研究的精神进行办园（实践）。从实验幼儿园整体大环境上来说，老师们都是积极踊跃地去突破，去创新，但是突破和创新必然要经历一种阵痛的过程。

幼儿园遵循循序渐进的原则开展创新研究。(19)99年的时候，只选定了一个班作为实验班，而且(被)选中的那个班的老师，其教学不一定是多么优秀的。对此幼儿园有考量，幼儿园觉得应该是一个点、一个班地开始尝试。(我们在)尝试过程中也结合了南师大那些专家的指导力量，努力通过自主创新总结出一些规律或模式，然后再进行推广。

这个过程当中也接收到了一些不太理解的老师的想法，这是必然的。幼儿园从(19)55年创园，到(19)99年，经历了40多年时间，大家已经习惯于一些打破定式的行为，也知道必然会有一些不同的声音。当时实验班里，章园长是班组长，她自身的专业积淀(深厚)，专业技能非常强，她很明确我们实施综合课程的目的是什么；园部也给了支持的力量，老园长陈国强老师，还有曲书记，还有教研室的老师，大家都认为只要研究的方向是对的，我们就要去尝试，如果不尝试，我们就是墨守成规，永远只能按照前一阶段的研究结果去实施课程。所以幼儿园管理层坚持一个方向，坚持一种引领，起到主要的力量支撑作用。

在改革的过程中，也有老师觉得：你们这样去革新，跟我原来做的效果也差不多，还不如我原来的(教学法的)效果。因为有一段时间，我们更多地体现儿童自主，更多地放手，而孩子的天性就是好奇、好动、好玩的，所以当时实验班的常规还不如隔壁班平稳有序，我们(班)的孩子不停地在动，不停地在调整、在活动。其实我们要辩证地来看(这个现象)。但当时，在那个年代，在那个研究阶段，(很多老师)还是有一些困惑的。但是我们没有因为前方的目标还有一些不太明确就(轻易)放弃。我觉得这一点就是实验幼儿园特别难能可贵的，这是整体形成的一种氛围，坚守，不轻易放弃。

当时我跟章园长两个人经常说："真的是痛并快乐着！"当时的机制是每周都有一次教研，南师大的教研专家团队都要进入到一线，看班级的半日活动，看你的课程是怎么去设想的、(内容)怎么来源于儿童的，等等，(我们的)压力也是蛮大的。但是在这个过程当中，逐渐就明晰了我们的方向，就觉得以儿童为主体这样一种课程实施方法和价值观是对的。

费宇帆：听了您在探索和改革之中的故事，我们也感受到了你们当初稳扎稳打的脚步——从模仿到研究，从实验班推广到其他班。在课程建设初期，是否有清晰的幼儿发展目标？在这方面有什么样的发展和变化？

朱静晶：实验幼儿园从(19)83年开始决定做(研究)综合课程，经过前三年的实验期，对课程最终想培养一个什么样的人已经有比较明晰和确定的定位，就是要努力培养身心健康、和谐发展的儿童。

我们现在提"完整儿童"，之前的定义就是一个身心健康、和谐发展的儿童。可以说对这个目标的追求贯穿着实验幼儿园的所有课程实践。从(19)83年至今，40年的研究历程当中，这个目标是恒定不变的，是清晰的，我们始终朝这个目标去努力。其中所做的调整是：目标是既定的，但是达成目标的过程是一个动态的、不断调整的过程，会结合我们对课程的理解，以及各个阶段对课程研究的突破点不断调适。但最终我们的目的还是指向培养身心健康、和谐发展的完整儿童的。

费宇帆：现在回忆起课程研究的经历，哪件事情让您印象最深刻？

朱静晶：我经常会想到这样一件事情。在 2001 年《纲要》颁布初期，我们便遵循其中的理念来进行教育教学。其中说到，教育活动内容要体现以下原则：既适合幼儿的现有水平，又有一定的挑战性；既符合幼儿的现实需要，又有利于其长远发展；既要贴近幼儿的生活，选择幼儿感兴趣的事物和问题，又要帮助拓展幼儿的经验和视野。这句话看起来不长，但是如何通过老师的教育行为或者主题内容使它真正落地，还是有一定难度的。

记得在和章园长带班的时候，南京作为一个内陆城市，开办了“海底世界”（公园），这对孩子甚至对成人来说是一个非常大的惊喜。所以在那时，我们班的孩子谈论的话题就是海底世界，如去海底世界玩看到了什么，等等。因为我自己还没去过，也很好奇，当时章园长就说：“既然孩子们这么感兴趣，我们能不能把它作为一个课程实施的突破口？”但我当时的固化思想是：“动物”主题是在大班实施的，中班孩子可以进行吗？章园长表示试试看，于是我们便遵循《纲要》中的话去实施，既然孩子们这么感兴趣，我们就“摸着石头过河”，能做到哪就做到哪。我非常感谢当时宽松、自主的研究氛围，课程赋权给教师，并未让教师一定要恪守成规。

那时候“瑞吉欧”（教育理念）还没有进入中国，没有“项目活动”这个概念，我们就往“生成课程”上去靠。首先了解儿童的兴趣，他们谈海底世界，那海底世界到底有些什么？我自己就利用休息日去玩一次，当时门票费还蛮高的，我记得是 80 块钱一张。去了之后，我感觉真是大开眼界，也难怪孩子们那么喜欢。当时幼儿园也极力支持我们，用一个晚上的时间把我们班的教室刷成了淡蓝色，拉上了渔网。整个幼儿园给予科研的支持力度是非常大的。孩子第二天一进门，感到非常惊喜——我们班都变样子了！那段时间，孩子频繁地谈论他们看到了哪些海洋生物等话题，我当时真的很诧异，因为那些内容就算大班“可爱的动物”主题里都没有涉及，也很惊叹，我们的孩子这么能干，他们能知道那么多的内容！那个时候我还没有意识到，现在反观，就发现兴趣是最好的学习动力。我们请孩子们一起参与布置（教室），把他们了解到的海底世界通过各种方式做（表现）出来，悬吊的、挂的（东西）到处都是，班级里的地板上也放着各种各样的海洋生物……主题活动做（开展）完了之后，感觉那个过程确实很辛苦，双休日要去海底世界自己先体验，还得不断跟孩子的思想碰撞，去了解孩子，还要想着怎样去支持孩子，（比如）当他们需要做一个海星、海胆时，怎么去支持他们。当时还没有超轻黏土，只有硬硬的油泥。在这个过程中真的是教学相长。当时在做（实施）完这个班本化主题之后，我们班还邀请隔壁小班的弟弟妹妹来参观，大家都觉得不可思议。

现在回过头去看当时的主题，虽然过程并不是非常完美，还存在一些瑕疵，包括孩子的主动性、师幼互动状况……但在那个阶段尝试那样的课程，至少让我知道了孩子确实是在主动学习，也更加坚定了我们的信念。

我们秉持的综合课程的理念就是课程要来源于孩子的生活，要了解儿童的经验，要基于一个整体的主题目标来架构、思考，包括区域活动安排哪些内容，区域活动跟教学活动之间的经验衔接又是什么，怎么一步一步推进活动……现在回想2000年开展综合课程实践的情形，当时有那样的突破和举措，还是蛮激动的，是有成就感的，它为我接下来再做（组织实施）更多的基于儿童经验的主题活动明确了方向。

第二章　对“完整儿童”认识与培养的实践挑战

教育是塑造人、引导人和解放人的社会活动，教育本质上蕴含着对“人”的价值的期待。课程从诞生伊始就蕴含了育人的品性和价值。培养“身心健康、和谐发展”的完整儿童便是综合课程教育价值的体现，是综合课程对“培养什么样的人”的回答。什么是“完整儿童”？为什么要培养“完整儿童”？“完整儿童”在新的时空背景下被赋予怎样的新期待？对育人目标的持续思考，是综合课程对教育改革现实关切的回应。唯其如此，综合课程的前行之路才能更笃定。

第一节　“完整儿童”内涵的起源与发展

不同文化、时代背景下，对儿童的看法不同，对儿童的规范要求不同，对儿童的期待不同，因此，儿童发展的方向、质量和价值观也是有所变化的。在当今的时代背景下，“完整儿童”的内涵依然随着社会的发展而不断丰富。回溯“完整儿童”的发展历程，厘清其内涵定义，对教育实践中实现“完整儿童”培养目标具有指导意义。

一、引进：欧洲“新儿童观”的传入

19 世纪是欧洲教育界儿童观发生重要变革的历史时期。正是“在 19 世纪发展过程中，儿童的地位发生了改变。‘儿童的时代’趋于形成，其概念逐渐成熟”[①]。19 世纪中期起，在一批曾在欧洲学习、考察的教育家的努力下，包括福禄培尔（Friedrich Froebel）在内的一批欧洲教育家的思想被逐渐引介到美国。

1856 年，巴纳德（Henry Barnard）在他本人创办的《美国教育杂志》（*American Journal of Education*）中，以“福禄培尔的幼儿园体系”为题，转载了英国关于福禄培尔的“恩物”（Gifts）的报道，率先在美国介绍了福禄培尔的幼儿园体系。巴纳德在该文章

① ［意］艾格勒·贝奇，［法］多米尼克·朱利亚.西方儿童史（下卷：自 18 世纪迄今）［M］.卞晓平，申华明，译.北京：商务印书馆，2016：360.

中评价道：就初等教育方面的成就来说，没有人能够与福禄培尔相提并论。① 之后，巴纳德又在该杂志上通过多篇文章对福禄培尔的幼儿教育思想进行介绍，他成为美国经由理论路径推进幼儿园发展的先行者。

福禄培尔的教育思想是美国幼儿教育早期发展的重要理论依据。在美国幼儿教育理论之后几十年的发展中，实际上均以其思想为基础进行修订或补充。幼儿园是福禄培尔教育思想的主要实践场所。19 世纪中后期，幼儿园的广泛建立不仅为美国儿童提供了早期教育的专门场所，还以一种"幼儿园精神"影响着初等教育乃至整个教育系统②。这种精神的本质被世人概括为一种"同一的精神"(spirit of oneness)，有学者认为它能够激励教师，使他们帮助儿童进入一个充满仁爱与善意的世界。③

在福禄培尔的叙述中，他曾直接谈及"完整存在"(the whole being)以及"完整自我"(the whole self)。福禄培尔在介绍"完整存在"的儿童时，常将其与"自我活动"(self-activity)相结合。他认为，自我活动并未指向儿童的个人活动，也不意味着儿童只能从个人活动中获益。它指向的是积极主动的儿童自身，它代表着人生所有阶段完整自我的参与。④ 因此，自我活动并非以"单个儿童即可进行"作为标准，而是以无论何时何地均能使儿童完整地参与作为标准。福禄培尔的论述对后期海尔曼(William N. Hailmann)关于"完整儿童"的阐释产生了直接影响。

在宗教居于意识主导的时代，福禄培尔的思想主张中同样包含着神学色彩。他认为，尽管儿童拥有不同于世界上其他事物的特点，但对万物统一性的追求却是他们先天的本能。在福禄培尔的语境下，教育目标指向了儿童完整性的实现，指向了儿童自身与世间万物的统一。不过，又因为在更高层次上看，福禄培尔认为万物皆统一于上帝，因此他的儿童教育理论始终以达成与最高神性间的统一作为儿童完整性发展的最终目标。

当福禄培尔的教育思想因其神秘主义色彩受到质疑时，19 世纪中后期，幼儿园在美国得到了新发展。首先，幼儿园的类型不再局限于早期的德语幼儿园，抑或是以英语为官方语言的私立幼儿园。以 1873 年哈里斯(William T. Harris)与布洛(Susan E. Blow)在圣路易斯市共同创办的第一所公立幼儿园为起点，美国幼儿园的类型再次得到补充，并逐渐走向公立化发展历程。其次，在"幼儿园运动"发展中期，实践者们不再"唯"福禄培尔的主张为指导思想。以布洛、希尔(Smith Hill)等人为代表的教育家们对当时的幼儿园理论进行了改造，使之更适应儿童发展以及美国幼儿教育的现实状况。

---

① HENRY BARNARD. Froebel's system of infant-gardens[J]. American Journal of Education, 1856, (06): 449.

② 张斌贤，王慧敏."儿童中心"论在美国的兴起[J].北京大学教育评论，2014，12(01)：111.

③ National Educational Association. The journal of proceedings and addresses of the National Educational Association: session of the year 1885[C]. New York: Press of J. J, Little & Co., 1885: 367.

④ FRIEDRICH FROEBEL. The education of man[M]. WILLIAM N. HAILMANN (Trans.) New York: D. Appleton and Co., 1901: 11.

"幼儿园运动"的转向,为美国幼儿教育理论的更新创造了条件。

在"幼儿园运动"的影响下,加之众多教育家对不同教育议题的持续讨论和对理想目标的不断追寻,19 世纪中后期,儿童教育观念发生了诸多新变化,美国进入现代儿童观念的奠基时期。"完整儿童"的表达正是在这样的背景下被引入美国教育领域。实际上,在英语世界中,这一表达早在 19 世纪初期就已存在。只不过在早期语境下,它更多地被使用在医学领域,或与助产士以及母亲分娩相联系,彼时的"完整儿童",更多指向生理及物理空间意义上身体的全部,并未具备教育意义。直至 1880 年,海尔曼以福禄培尔的"恩物"为叙述对象,借助"完整儿童"对其创造原则进行说明,"完整儿童"观念才在教育领域得到了关注。他提道:"每一项活动,每一次练习,每个'恩物'的创造都必须能够促进'完整儿童'的发展,同时必须有助于儿童身体和精神、智力和道德各个方面的发展。"海尔曼还指出,儿童必须被视作最基本的完整整体。他们不能够被再次分割,成人也要以此为依据来对待他们。[①]

海尔曼曾于 1860 年参观瑞士的幼儿园,并以此为契机,成为推动幼儿园发展的倡导者。他不仅在归国后积极推动美国中西部幼儿园的建立,还于 1873 年在(美国)全国教育协会初等教育部(the Elementary Department of National Educational Association)设立的幼儿园委员会担任主席一职。福禄培尔的幼儿教育理论是海尔曼相关教育思想的直接、重要来源。在《幼儿文化四讲》一书中,海尔曼对儿童期的原则、"恩物"的内在本质以及幼儿园的效用进行了介绍。在其叙述中,福禄培尔的教育思想贯穿始终。海尔曼还于 1901 年翻译并注释了福禄培尔的《人的教育》一书。

不过,海尔曼并未全盘接收福禄培尔的教育主张。与哈里斯一样,海尔曼也认为福禄培尔的幼儿教育理论需要进行修改,以适应美国教育的发展现实。作为黑格尔式的福禄培尔主义者,他们希望以社会性观点对神学色彩浓重的传统福禄培尔教育思想进行改造。海尔曼从客观唯心主义的哲学基础出发,尝试以儿童内在自我的发展来取代福禄培尔叙述框架下希望儿童经由自我发展进而实现与外界、与上帝统一的理想目标。

除了福禄培尔的教育思想之外,英国生物学家达尔文(Charles Darwin)的"生物进化论"也对 19 世纪末期美国教育家的思想产生了重要影响。美国学者克莱佛雷(John Cleverley)和菲利普斯(Dennis Phillips)甚至直接以进化论为中心,将该时期某些教育家关于这一理论的态度串联,对美国儿童观念发展史进行回顾。[②] 杜威曾专门评价道,1859 年出版的《物种起源》一书是对绝对永恒之物的攻击,它证明了那些曾被看作固定不变的和完美无缺的东西是有起源的和会消失的。[③] 从生物进化论的后续发展来看,它的最大影响在于点明了包括人类在内的生物都是进化而来的,而非由上帝创造这一

---

① WILLIAM N. HAILMANN. Four lectures on early child culture [M]. Milwaukee: C. Doerfinger, 1880:23.

② [美]约翰·克莱佛雷,丹尼斯·菲利普斯.西方社会对儿童期的洞见[M].陈正乾,译.台北:文景书局,1986.

③ 杜威.杜威文选[M].涂纪亮,编译.北京:社会科学文献出版社,2012:49.

事实。不过，对于“完整”儿童观念的兴起而言，由生物进化论所带来的关于有机体的认识更显得直接而又意义重大。

“生物有机体”概念的传播与达尔文的生物进化论紧密相关。但实际上，在达尔文的语境中，生物所具备的有机性、整体性是一种默认存在而未被专门说明的性质。不过由生物进化论所带来的关于“生物整体性”的认识基础，的确使得人类关于自身的认识更为科学。在19世纪末期20世纪早期，“完整儿童”观念的真正兴起实际上正是始于这种对“人”的看法的改变。以对人的科学认识为基础而形成的“生物有机体”概念，成为“完整儿童”观念早期兴起时教育家们对其内涵进行论述的关键。

生物进化论的发展同时还影响着美国本土心理学的走向。在引入进化理论的相关原理之后，心理学的发展又转而推动了进化论中的“有机”概念向教育领域的转化。机能主义心理学的先驱詹姆斯(William James)曾直接指出，传统二元对立的身心观是错误的，个体在对环境的主动反应中拥有各部分协同运作的整体机制。[①] 针对二元对立身心观的批判，是“完整儿童”观念兴起后受到重视的极大原因。拉格(Harold Rugg)对此评论道：“在詹姆斯的心理学中回响着‘行为’‘生长’‘活动’等关键词，正是这些词汇被当时的教育革新者抓住了。人们以生长的观点看待教育中生理、智力、道德的全面生长，整体的儿童被构想出来。”[②]机能心理学关注人类的心理及身体功能，以及有机体与环境间的关系。这些讨论对于学者深入考虑“教育”的广泛内涵及其边界有着重要意义。

从达尔文对环境与有机体之间关系的强调，发展至机能主义心理学对个体、整体反应机制的认识，根据论述对象及范围的差异，“完整性”的内涵在不同语境下得到了补充。19世纪末期，在海尔曼的直接叙述出现之后，尽管“完整儿童”观念并未立刻成为教育领域的热点，但不同的教育家们开始陆续使用这一表达对不同内容进行阐释，不断丰富着该表达所代表的观念的内涵指向。

二、兴起：“完整儿童”观念的发端

1880年，海尔曼将“完整儿童”引入美国教育领域的论述是对福禄培尔主张的注解，而非其个人观点的直接阐释。在海尔曼之后，帕克在《关于教学的谈话》一书中也使用了这一表达，意在为儿童手工训练的必要性提供依据。[③] 从关于儿童认识的相关主张出发，加之赫尔巴特(Johann Friedrich Herbart)课程理论的影响，帕克在实验学校的课程设置中践行着“集中”原则。他努力尝试将儿童的心灵、精神以及身体的完整发展

---

① WILLIAM JAMES. Talks to teachers on psychology, and to students on some of life's ideals[M]. New York: H. Holt and Company, 1899:22－28,54－109.

② HAROLD O. RUGG & ANN SHUMAKER. The child－centered school: an appraisal of the new education [M]. New York & Chicago: World Book Company, 1928: 37,60.

③ FRANCIS W. PARKER. Talks on pedagogics[M]. New York & Chicago: E. L. KELOGG & Co,1894:347

与课程内容结合。为实现这一目标，他在实验学校开设了众多活动类课程，将课程主题指向儿童的全面、和谐发展。在帕克影响下建立的学校中，成长中的儿童被视作由身体、心灵和精神三重本质构成的有机整体。[①] 帕克还曾提出，儿童的身体、精神和灵魂的成长规律是最基本的教育参照点[②]，三重本质的共同发展应当被视作教育目标。

到了19世纪末，在达尔文生物进化论所提供的认识基础上，加之这一时期儿童心理学、医学等学科的迅速发展，“有机体”观念不久就被运用于专门针对儿童的分析之中。

不过，当时人们的认识还仅停留在认为“儿童是一个完整的有机整体，是在发展中的整体的人”[③]的程度。人们认为儿童不过与其他生物一样，会在对前代继承的基础上，继续作为有机体存在于世上。以霍尔（Granville Stanley Hall）为代表的学者认为，生物有机体演进历史的规律性，完全可以在儿童身上寻到踪迹。儿童与原始人有许多相似之处，时常展现出各类无意识行为，甚至“孩子开始写字时的动作，就已经可以追溯至更早的生命形式”[④]。

霍尔是哈佛大学首位心理学博士，他从心理学角度出发，认为“儿童是具有自发的生理本能的有机体”[⑤]。随着儿童心理调查研究工作的深入推进，他对成人关于儿童错误认识的纠正，体现在他反对不切实际的学校教育，关注“完整儿童”发展。他还结合了拉马克（Lamark）的遗传理论，进一步推进“复演论”（Recapitulation）。尽管这一理论存在较大的缺陷，但霍尔对“儿童”年龄范围的确定使得后续儿童研究的发展方向与研究范围更为明晰。从生理学或儿童心理学角度讨论儿童的整体性，这是关于“完整儿童”观念早期阐释的特点。

纽约普拉特学院院长亨德森（C. Hanford Henderson）同样在“有机整体”解释模式下认识儿童，但亨德森并未止于儿童生理上的整体性特征。在其1902年的作品《教育与广泛生活》中，他已经开始反复、直接强调作为“整体的人”以及人与环境的相互作用[⑥]。亨德森认为儿童是一个复杂的、多层面的有机体，儿童发展具有整体性特点。他提出，要实现儿童的有机发展，教育活动必须从“整体的人”的观点出发，使受教育者达

---

① EMMONS BLAIN. Francis W. Parker School yearbook Vol.1: Origins and aims of the Francis W. Parker School[M]. Chicago :the University of Chicago Press,1912:6.

② FRANCIS W. PARKER. The first yearbook of the Herbart Society for the scientific study of teaching: Discussion on Dr. F. M. McMurry's paper concentration[M]. Bloomington: Pantagraph Print and Stationary Co.,1907:156.

③ CATHERINE C. DUCHARME. The concept of the child:1890－1940[R]. U. S. Department of Education, 1995:18.

④ National Educational Association. The journal of proceedings and addresses of the Thirty－Fifth Annual Meeting[C]. Chicago: the University of Chicago Press,1896:861.

⑤ 张斌贤，等.美国教育改革：1890－1920年[M].北京：中国人民大学出版社，2019:79,86.

⑥ 钱晓菲，张斌贤.以儿童为中心：有机教育学校实验[J].教育科学研究，2016(07):75.

成身体、心灵和精神三者的统一。实现了有机统一，儿童的各个方面才能得到联合发展，才可能实现健康的人类有机体的培养目标。[①]

亨德森关于儿童整体性的阐释已经不限于生物学意义上的人体构成，对"完整儿童"的认识视域也扩展到了儿童周围的环境。这种观点出现的原因在于：他一方面与超验主义者观念相似，拥有对儿童内在力量的信任，因而他们会坚定地将儿童心灵的发展与身体发展一同列入教育目标。另一方面，他还认识到环境对于教育活动开展及有机整体培养的重要作用，因此会主动关注儿童与所处环境间的互动关系。亨德森的观点对玛丽埃塔·约翰逊(Marietta Johnson)"有机教育"体系的建构与完善有着直接影响，可以被视作后者教育思想的直接来源之一。

约翰逊吸收了亨德森的儿童观，并将其运用于"有机教育"的实践之中。她同样承认：作为有机体，儿童的发展具有整体性特征。因此，整个有机体的性质始终统一，部分健康、部分不健康是不可能的。[②] 此处与"部分"相对的"整体"已经清晰地包含双重指向，一是儿童自身，二是儿童与周边事物共同构成的环境。约翰逊认为儿童的完整发展包括两方面内容：一是儿童作为一个有机整体，其身体、心智和精神的统一、协调发展；二是儿童与社会之间的有机联系。[③] 与此观点相对应，实践操作中，儿童的发展一应注重身体各方面的全面协调，二要关注儿童所处不同环境间的联系及合作。约翰逊坚持按照"有机整体""有机联系"的原则指导有机教育学校的具体实践。在有机教育学校内，她与其他教育者合作设计了一种"连贯且相互联系的活动课程，以代替一般的学术课程体系"[④]。他们希望借此促进儿童各方面的生长与发展，并实现将学校教育与其他环境下教育活动相联系的目标。

可见，"完整儿童"观念的雏形此时已经出现，只是这一时期，教育家们对该观念的认识并不系统，围绕该观念进行直接叙述的文本数量也较为有限。

三、确立："完整儿童"内涵的界定

在"完整儿童"观念发展的过程中，杜威(John Dewey)扮演着重要角色，他和克伯屈(William H. Kilpatrick)关于"完整儿童"的主张使得"完整儿童"的内涵界定进一步清晰和完整。奥尔森(David R. Olson)曾评价道："个体与'完整儿童'之间的关系，因杜

---

① C. HANFORD HENDERSON. Education and the larger life[M]. New York：Mifflin，1902：97.

② MARIETTA JOHNSON. Thirty years with an idea[M]. Birmingham：The University of Alabama Press，1974：52.

③ [美]劳伦斯·阿瑟·克雷明.学校的变革[M].单中惠，等译.济南：山东教育出版社，2013：133.

④ HAROLD RUGG & ANN SHUMAKER. The child-centered school：an appraisal of the new education[M]. New York & Chicago：World Book Company，1928：37，60.

威而闻名。”[①]杜威在“完整儿童”观念方面的主张，主要体现在其关于“经验”的阐述上。儿童的经验具有连续性特征，这是杜威展开“完整儿童”观念相关论述的依据。

首先，在对教育活动的认识上，杜威认为教育本身是广泛的、无处不在的生长过程。由于经验连续性的存在，教育场所不再局限于学校内部，教育时段也不再被限制于学校教育阶段。教育活动可以纵向贯穿儿童的一生，也可以横向渗透进儿童生活的方方面面。儿童往往习惯于“通过一种‘整体取向’实现学习最优化与新材料的内化”[②]，因此，杜威提倡将儿童各方面的不同经验联系起来，将教育与生活联系起来，进而这些经验之间存在的天然联系将共同为儿童的整体认识提供养料。

其次，就理想状态下学校与社会之间的关系而言，杜威认为学校是社会生活的一种形式，学校教育应当使儿童能够以共同体成员的身份主动参与各项社会事务。杜威认为在当时的社会中，“儿童的思想与身体、理论与实践、社会与学校之间都存在着割裂，各个学科之间也相互隔绝”[③]，这些隔绝与割裂现象正是忽视儿童真实世界的结果。对各种“割裂”状况的解决是杜威倡导发展儿童的完整性的关键出发点，是他对时代现实问题的回应。而参与社会生活建设，则是杜威理想教育观念落实于现实生活的途径，也是他关于“完整儿童”观念论述的落脚点。

最后，杜威在早期同样承认达尔文进化论的理论价值，并在某些方面受其影响。他曾提出儿童是一个“有机体”，一个作为整体进行学习和行动的独特、完整个体。杜威认为儿童教育的完整性目标不仅体现在智力发展上，而且体现在社会性、道德和身体的共同发展上。在教育活动的具体开展中，学校不能只强调生物学意义上的进步与改善，更应该关注儿童心智的发展。因此，以最直接的方式来理解，杜威认为“完整儿童”观念的实现需要密切关注儿童的个人经验，这是儿童建构个人认识的基础。他以这种方式将儿童的个人经验与教育活动联系起来，也恰是这种“对教育和经验之间广泛联系的确信，确证了杜威与‘完整儿童’教育之间的关联”[④]。

杜威关于“完整儿童”观念内涵的阐释与其整体教育取向是相一致的。在杜威看来，学校与社会、儿童与课程等存在着天然联系的各个部分，但当时却相互割裂、分离严重。他的教育主张常被认为是为了解决这一问题而进行的建构。杜威曾写道：“儿童所关心的事物是与他的生活结合在一起的。它是儿童自己的世界，具有儿童自己生活的

---

① DAVID R. OLSON. Reprising John Dewey: A review of Andreas Demetriou, George Spanoudis & Antigoni Mouyi's "Educating the developing mind: towards an overarching paradigm"[J]. Educational Psychology Review, 2011(24): 10.

② DANIEL W. STUCKART, JEFFREY GLANZ. Revisiting Dewey: Best practices for educating the whole child today[M]. Lanham: Rowman & Littlefield Education, 2010: 193—194.

③ [美]约翰·杜威.民主主义与教育[M].王承绪，译.北京：人民教育出版社，2001:86.

④ 同②。

统一性和完整性。可是儿童一到学校,多种多样的学科便把他的世界加以割裂和肢解了。"[①]在当时的现实中,杜威以经验的连续性及儿童个人经验的独特性为根据,以学校与社会之间以及每个儿童的独特经验与教育内容之间的联系为桥梁,培养作为有机整体的儿童。他为"完整儿童"观念提供了哲学上的解释基础,并与其教育目的保持一致,将"完整儿童"的培养指向落在了民主社会的建设上。

对"完整儿童"的探讨以美国为主要阵地开展起来,但是可以发现,欧洲、日本等地的理论研究,包括教育实践中,也逐渐出现了"完整儿童"的价值取向。1919 年,斯坦纳(Rudolf Steiner)在德国创办了第一所华德福学校,后来日益发展壮大,形成了影响全球的华德福模式。华德福教育以"人智学"理论为基础,强调儿童是由身、心、灵三要素构成的完整个体[②],应关注儿童"头、心、手"和"社会、情感、心理、道德、生理以及智力方面"的整体发展[③]。由此可以看出,华德福教育的思想精髓也是坚持以人为本、贯彻"完整儿童"观念的。小原国芳是日本现代著名幼儿教育家,一生致力于对"全人教育"思想的研究,他认为真正的教育即"全人教育",应该使受教育者在学问、道德、艺术、宗教、身体、生活六个方面得到均衡、和谐的发展[④]。他的教育主张也为"完整儿童"的内涵丰富做出了重要贡献。小原国芳的"全人教育"思想在二十世纪六七十年代趋于成熟,并在八十年代后融于世界性的全人教育思潮之中[⑤]。

全人教育思潮,于二十世纪七十年代从北美兴起,自二十世纪八十年代开始,对世界幼儿教育的变革与发展产生了一定影响,使各国开始重视幼儿全面发展的教育,强调幼儿教育的目的是培养"完整儿童"[⑥]。全人教育即完整儿童的教育,批判片面重视知识传授与技能训练,重视人在身体、情感、社会性、认知以及创造性方面的多方位发展[⑦],关注经验和各个存在之间的相互融合[⑧]。"完整儿童"从全人教育理论中提炼出来,其内涵也在全人教育理论的支持下渐趋丰满。

四、完善:"完整儿童"培养的实现

自杜威之后,现代学者对"完整儿童"观念的内涵做出阐释,影响最大者是克伯屈,他的解释框架与理论模式在目前的研究中依旧被引用。克伯屈在 1934 年直接指出"完

---

① [美]杜威.学校与社会 明日之学校[M].赵祥麟,译.北京:人民教育出版社,1994:116.

② 赵金苹,曹能秀.全人发展的教育:华德福幼儿教育的精髓[J].教育文化论坛,2016,8(02):61-64.

③ FREDA EASTON. Educating the whole child—head, heart, and hands: learning from the Waldorf experience [J]. Theory into Practice, 1997, 36(02): 87-94.

④ [日]小原国芳. 小原国芳教育论著选(下)[M]. 刘剑乔,由其民,吴光威,译. 北京: 人民教育出版社,1993.

⑤ 杨洁,涂文娣.论小原国芳全人教育思想及现实启示[J].教育文化论坛,2020,12(01):18-23.

⑥ 曹能秀.全人发展的幼儿教育——世界幼儿教育的发展趋势之一[J].学前教育研究,2008(03):33-36.

⑦ [美]帕特丽夏·韦斯曼,乔安妮·亨德里克. 幼儿全人教育[M]. 钟欣颖,张瑞瑞,杜丹,译. 南京: 南京师范大学出版社,2015:129.

⑧ 刘宝存. 全人教育思潮的兴起与教育目标的转变[J].比较教育研究,2004(9) : 17-22.

整儿童”观念包括两方面的含义：“首先，我们绝对不能忽视儿童变动生活中各方面间的联系。其次，儿童会作为一个统一的有机整体进行恰当反应。因此，我们不能以儿童的视力为代价教授其阅读，也不能以他们的灵魂为代价发展其智力。由于第二个方面限制的存在，儿童的思想、感受与行动将同时发生。从心理层面看，他的整个身体均会以不同的方式参与到这一发生过程中。”①也就是说，儿童在接受经过现实世界“扭曲”的教育前，其自身在面对事物和事件时本是进行整体反应的；但在经过长期的“割裂式教育”后，特别是当他们成长为成年人、较深度地融入现实社会后，他们的行为和思想的“不完整性”就会越来越明显。这一观念也从侧面支持了洛克的教育“白板说”。因此，儿童应当接受的是“真实”“真正”的教育，这也是我们目前的教育应当努力追求和发展的方向。真正的教育所培养的就是自然、完整的儿童。

置于实际情境中理解，克伯屈认为，儿童的生活不局限于任何方面。在学校、家庭、社区等不同场所中，尽管儿童获取经验的地点或时间不同，但来自不同方向的经验始终共同构成儿童认识体系的基础。就实践活动而言，以“完整儿童”观念为指导对儿童进行培养，需要关注儿童所处的不同环境之间的联系，以及儿童发展的不同维度。显然，传统学校中对认知水平提高的单一追求不符合这一要求，将教育活动局限于学校内部的观点也不符合这一取向。克伯屈在谈到“完整儿童”的培养时，就将“活动”视之为关键途径，在其语境中，活动并非随意设置的简单游戏，而是有目的的教育课程。由此可见，课程在培养完整儿童的实践中扮演着重要角色。“完整儿童”育人目标要通过现实的幼儿园课程加以实现，这就要求幼儿园课程在目标、内容、实施和评价上都应切实关注幼儿的整体发展。

关于儿童的认识，克伯屈认为儿童是一个进行联合反应的有机体。他们会作为一个整体开展整体性活动②，作为一个整体获取经验，同时作为一个整体对外部环境做出回应。不过，承认儿童作为一个整体行动，绝不是否认变动的可能，也不意味着他们只能以一种固定模式展开活动。实际上，这是指儿童每次将不同的部分作为出发点采取行动时，所做出的反应一定是综合考量后的结果，是一种整体性反馈。

1918 年，克伯屈曾详细阐释“设计教学法”的理论基础及具体操作。该教学法认为，作为课程的各项活动，是以儿童的经验为依据，由他们自行设计的独特内容。这种活动并非随意设置的简单游戏，而是有目的的教育课程，并指向“完整儿童”的培养。克伯屈认为这种活动既是生活的最佳准备，又是独具价值的生活本身。③ 这一观点与杜威保持了一致。“设计教学法”能够使教师与儿童同时得到发展。对“活动”的关注是克

---

① WILLIAM H. KILPATRICK. The essentials of the activity movement[J]. Progressive Education，1934(06)：357，347－348.

② 同①。

③ WILLIAM H. KILPATRICK. The project method[J]. Teachers College Record，1918(04)：323.

伯屈的思想重点，也是他对“完整儿童”观念阐述的现实借力点。

在现代学者关于“完整儿童”观念的研究中，克伯屈的观点之所以产生如此影响，一方面是因为克伯屈是教育史上少有的直接提及“完整儿童”、有较大影响力的教育家。尽管前述几位学者在各自的教育主张中均对“完整儿童”观念的内涵进行了说明，但直接以“the whole child”的书写形式提及“完整儿童”的却并不多。虽然词汇表达与观念之间并非一一对照的关系，但当二者唯一对应，就更便于后世学者理解并进行传播。另一方面，克伯屈的论述可以被看作“完整儿童”观念发展以及分化过程的开始。克伯屈将“活动运动”作为观念回溯的现实出发点，以该运动为指向，“完整儿童”观念得以与各类实践活动相结合。前述教育家们积累下的思想基础，尤其是杜威关于“完整儿童”发展的教育思想，在克伯屈这里得到了充分阐释；克伯屈的叙述使得这一观念变得明晰，他的观点更像是一种指向以“课程活动”为核心的体系化的理论。①

国内的一些学者、幼教工作者又是怎样理解“完整儿童”在课程中的落实的呢？从课程设计的角度来看，在课程目标方面，巫蓉指出：全人教育视域下的幼儿园园本课程在目标上要表现出幼儿发展的生长性和多元性②。“完整儿童”是身、心、灵协调发展的人，这说明幼儿园课程目标应该兼顾幼儿多元化的发展需要，而不只是以知识传授为目的，忽视对幼儿在情感、社会性、创造性等方面潜能的挖掘。另外，幼儿处于动态发展过程之中，其经验、发展水平都在不断变化，要培养“完整儿童”，就要关注幼儿的完整经验，在课程目标制定时充分把握幼儿的发展水平，并根据其经验、兴趣有所生发。在课程内容方面，要体现综合性，应以整体性的思维综合幼儿学习与发展的不同领域，综合幼儿的不同生活经验，为幼儿构建有机联系、相互渗透、丰富多样的课程内容体系。在课程实施方面，赵金苹等人以华德福幼儿教育的实践为例，认为课程实施应该重视幼儿的亲身体验，发挥幼儿的主观能动性③。这反映了人们对幼儿是“完整、独特、主动的生物有机体的”的认识。此外，在课程实施过程中，要通过教学观摩、交流研讨等方式来对教师的课程组织与实施进行审议④，使课程综合化、合理化，从而有效保障“完整儿童”育人目标的实现。最后是课程评价方面，学者认为课程评价内容主要是幼儿多方面的发展情况，这启示我们不能用单调、统一的评价方式来评价幼儿与课程，应该坚持人本化的评价原则，采用多种评价方式、方法相结合的策略，真实了解幼儿的整体发展情况。

---

① 张斌贤，王蓝慧，祝贺.“完整儿童”观念在美国的早期演变[J].比较教育研究，2020，42(11)：35－44.

② 巫蓉.全人教育视域下幼儿园园本课程的构建[J].学前教育研究，2019(12)：90－93.

③ 赵金苹，曹能秀.全人发展的教育：华德福幼儿教育的精髓[J].教育文化论坛，2016，8(02)：61－64.

④ 李季湄.幼儿教育学[M].北京：北京师范大学出版社，1998：83.

第二节　“完整儿童”内涵的新时代特质

伴随综合课程研究的推进和深入，“完整儿童”的内涵、外延也在新的时代背景中发生着变化。在这一大环境下，我们“温故而知新”，重新分析其发展演变轨迹，对完善和革新“完整儿童”在新背景、新对象、新时代下的内涵有重要意义。

一、对“完整儿童”认识进行革新的必要

一个有生命力的儿童教育课程，必须是有使命感和责任感的，能够体现社会对未来人才的需要，体现国家进步、人类发展的诉求。课程设计的起点正在与此，即将课程放在时空背景中加以思考，同时，兼顾儿童作为学习主体的特征，关注儿童不断变化的兴趣、需要。基于这一思考，对“完整儿童”的认识显然需要深化和更新。

(一) 基于儿童发展的现状

培养完整儿童要顺应儿童发展本身的需要。综合课程的主体是幼儿园中的儿童，而儿童是发展变化的，受到各种因素的影响，每一时期的孩子都呈现出不同的特点。随着文化资源的丰富、家长综合素质的提高，在社会环境共同作用的背景下，当代幼儿园的孩子呈现出知识储备丰富、知识面广的特点，但是其身体素质、思维品质、学习深度仍需要关注和发展。

(二) 基于社会的育人期待

关于儿童发展的方向、质量和价值观，在不同的文化和时代背景下也是不同的，我们要在时空背景中思考社会的育人期待。《联合国教科文组织 LIBRE 课程设计》启示我们，在社会发展大背景中，基于社会问题与需求，建立课程建设的起点与目标。

随着全球化、信息化和知识时代的来临，我们要思考：到底应该培养什么样的人？社会期待学校培育什么样的人？国家的育人目标有了哪些新变化？虽然在不同文化背景下课程的具体内容有差异，但是对 21 世纪的学生应具备的核心素养各国已经达成共识，比如期望他们拥有批判性思维、质疑能力、环保意识、执行力等。

从 2002 年开始，美国、欧盟组织、世界经合组织、新加坡、芬兰等地区和组织都提出“核心素养”教育目标，核心素养是学生适应个人终身发展和未来社会发展所需的必备品格和关键能力。2013 年，林崇德教授在《21 世纪学生发展核心素养研究》一书中建构了中国学生发展核心素养总框架模型，界定了六大核心素养指标的基本内涵和主要表现，提出了人文底蕴、科学精神、学会学习、健康生活、责任担当、实践创新六大素养，具体细化为审美情趣、乐学善学、勤于反思、信息意识、自我管理、国家认同等十八个基本要点，将理性思维、批判质疑、勇于探究、劳动意识、技术运用、问题解决等作为科学探索

素养的关键。

核心素养是多维度的,是知识、技能、情感、态度、价值观等多方面的综合体,体现了全人素养或全方位素养,这与综合课程培养完整儿童的价值观念是契合的。但同时也提示我们,要关注儿童复杂思维能力的发展,要努力培养儿童批判性思维、创造性思维、系统性思维的能力,以及解决问题的能力,培养儿童良好的学习品质等,既要关注素养培养的稳定性,又要用开放的、发展的、终身可持续及与时俱进的动态眼光去审视素养培养过程。

(三) 基于国家纲领性文件

20 世纪 80 年代,我园结合当时的社会背景及国家育人目标,提出园所的幼儿发展目标;之后,又将这一目标完善为综合课程"三原色"素质发展目标,从"动作与健康""认知与审美""情感与社会"三个维度,分年龄段制定了细致的指标体系。

进入 21 世纪,我国相继颁布了《幼儿园教育指导纲要(试行)》《3—6 岁儿童学习与发展指南》等纲领性文件,对幼儿园课程目标、内容、实施、评价等进行了新的阐释,这反映了在国家层面上对幼儿教育的理解也在不断地调整与更新,如对"艺术"领域的目标从偏重技能转变为并重美的欣赏与感受,鼓励多样化的表现与表达,在《指南》中反复呈现"学习品质"在多个领域的具体表现,突出其对幼儿发展的重要价值等。

在新时代深化教育教学改革的总体部署下,国家坚持"五育并举",强调培养德智体美劳全面发展的社会主义建设者和接班人。

诸多文件与精神引领育人目标迭代,也引发我园教师对综合课程幼儿发展目标的调整和对"完整儿童"认识的更新。

二、对"完整儿童"内涵的新认识

我园的幼儿发展目标的建构,经历了从五六十年代按照社会对人的要求来塑造"好孩子",到在西方教育思想影响下刻意追求"个性的发展",直至确立"身心健康、和谐发展"的完整儿童培养目标这样一个过程。并且,对"完整儿童"的认识,也在深化研究中完成了从个体幼儿"各领域平均发展"、所有幼儿"同步调发展"的表浅片面认识,到幼儿"全面而富有个性发展"的立体多维认识的转变。通过对"完整儿童"内涵和基本特质的全面梳理,我们对"完整儿童"的认识也有所突破。

(一)"完整儿童"总体认知的革新

在综合课程研究中,"完整儿童"内涵的核心观点被归纳为:完整的身体发育,完整的人格发展,完整生活中情感、意志、想象、道德的和谐发展;认为完整儿童是合理儿童,具有创造力、好奇心,敢于提出问题;综合课程培养的应是个性得到发展的完整儿童,具有鲜明的、丰富的、道德的个性活力;同时,完整儿童是完整人形成的基础阶段,是有差异的,具有先天发展的不同倾向,充满各自发展的可能性。

第一，完整儿童既是人生发展的基础阶段，又指向持续、终身的完整人的形成过程。

发展心理学家从不同理论角度指出早期发展对人的一生的深远影响。同时，毕生发展心理学也认为，个体发展贯穿人的整个生命过程，个体的发展也是多层次、多方面的。对于学前儿童来说，发展既是奠基性的，又是初步的，既要重视完整儿童早期发展的重要性，又不否认终身发展的重要性。所以，我们应该从完整人须终身形成的角度来看待完整儿童的发展。

第二，完整儿童的培养，既兼顾各领域全面发展的机会，又尊重个体发展的差异。

虽然人和人的基因绝大部分是相同的，大脑也不存在本质的差异，但是个体发展受到身心内外诸因素的综合作用，每个人都有自己独特的发展轨迹，最终达到的发展水平也是不相同的。对于每一个具体儿童来说，发展是特殊的，有差异的，从进化论角度看，这种多样性代表着人类对变化中环境的适应性，是人类发展有力量、有前途的表现。

因此，我们必须承认和欣赏发展的多样性，保护儿童发展中的个别差异，为个性化发展提供条件。在完整儿童培养中，既有对完整人的向往，又有对差异性的尊重。

第三，完整儿童的发展既要正视教育的重要作用，又要尊重自身的先天发展倾向。

儿童带有一定的先天发展倾向，这种发展倾向使得儿童的某些神经通路更容易被激活，或更容易与某些输出发生联系，从而决定了儿童发展的可能性与主观性兴趣。大量研究表明，儿童并不是消极被动地接受环境刺激，而是在环境中主动寻找刺激、分化刺激，通过主动活动使大脑的结构和功能得到发展。儿童能在环境中发现问题，也能按自己的方式解决问题，可见儿童既是他自身发展的动力，也为其自身的发展获取丰富的资源。只有认识到这一点，我们才能正视儿童的主体性，真正做到尊重儿童、发展儿童。

第四，完整儿童的发展是不成熟的，是充满可塑性的。

人类的儿童期比其他任何动物的童年都要长，我们从儿童本身的视角来解读儿童心理，就能清晰地认识儿童早期心理发展的适应性，认识儿童“幼稚”行为特点的合理性。首先，漫长的成熟期有利于大脑和神经系统的充分发展，发展缓慢是人类个体童年的固有特征，延缓成熟期也是为了便于学习，使人类获得更多的可能性与机会；其次，儿童幼稚的表现之一是“自不量力”，在自我评价方面，儿童常常高估自己的能力①，“这种过于乐观的看法可能是有益的，并且有助于幼儿适应他们的环境”，儿童对世界充满了尝试和探索的勇气和兴趣。大脑发展有漫长的过程，这个过程保障了机体学习新知识、新技能和塑造新行为的可能性，也为在发展中因挫折和困难导致的失败提供补救的机会。鉴于此，我们主张采用正面描述的方法阐述儿童心理发展的过程和趋势，真正体现对儿童的理解和尊重，把握“幼稚”中的发展契机②。综上，人类发展存在幼态延续，发展具有非特定化的特点，我们需以发展和动态的眼光看待儿童的学习与发展过程。

---

① 王振宇.儿童发展心理学[M].北京：人民教育出版社，2004：406.

② 王振宇.儿童发展心理学[M].北京：人民教育出版社，2004：407.

（二）“完整儿童”具体形象的描摹

“完整儿童”的发展是“对立的统一”，日本教育家小原国芳论证了“全人教育对立的统一”问题，并把“对立的统一”引向全人教育的立场。综合课程在借鉴和实践的过程中，抽取幼儿各目标维度的典型表现，描摹“完整儿童”形象，帮助教师建立更直观、清晰的“完整儿童”印象，并自觉地使之与课程实施行为相对应。

我们认为，完整儿童不是完美的儿童。幼儿有各自独特的智能结构组合，这些结构内容是和谐的、可以相互转换和互补的。在综合课程理论框架中，我们认为完整儿童的形象是个性鲜活的、合理的、可持续发展的。

第一，学习品质与创造方面。完整儿童不一定有系统的学科知识储备，但是他好奇好问，充满尝试与探索的热情。良好的学习品质对幼儿一生的发展至关重要，对世界充满好奇，勇于探索，是21世纪人才应具备的核心素养，也是幼儿自身不断建构、发展新经验的重要动力；儿童的创造力中蕴含着他们对世界的创新性再加工，这项能力在认知能力中的地位越加凸显。因此，培养完整儿童，不应只关注儿童当前的知识储备，要更关注涵养儿童指向未来成长的核心能力，为其一生发展奠基。

第二，运动与健康方面。完整儿童不一定要追求专业的运动技巧，但是要有运动的习惯和态度。完整儿童不在于其运动技巧和能力如何出色，但要拥有良好、积极的运动习惯和态度，这会影响其终身的发展。

第三，语言与认知方面。完整儿童不一定有很高的知识水平，但要具备认识周围世界的心智技能。心智是人的各项思维能力的总和，心智技能是通过学习而形成的合乎法则的心智活动方式。相对于具体知识的获得，对知识经验进行整合、运用、迁移，逐步学习认识世界的方法，对于儿童的长远发展更加重要。

第四，个性与社会性方面。完整儿童不一定都是外向的，但要有健康的情绪和社会性适应能力。社会性的发展是儿童从自然人发展到社会人、逐步适应社会生活的重要能力。儿童有不同的气质类型和不同的表现表达方式，我们不能用外向的、善于表达作为衡量幼儿社会性发展的唯一标准，只要在人际交往和社会适应中儿童有积极态度和情感倾向，有良好健康的情绪，就表明他在不断发展适应社会生活的能力。

第五，审美与表现方面。完整儿童不一定十分擅长表现表达，但是有审美的情趣、能力和多元的表现表达方式。幼儿的审美与表达是多元的，不同的智能结构为幼儿多种形式的表达提供了可能性，儿童的表达以多种形式呈现出来，如绘画、泥塑、歌唱、舞蹈等，并且不同幼儿表现表达的水平也不尽相同，但是拥有感受美、欣赏美的能力是基础，是一切表达的起点。因此，对美的感受、欣赏、创造是我们培养完整儿童所要追求的核心能力。

总之，完整儿童在各个侧面呈现出丰富的特质，不局限于其当下具体的知识技能所触及的水平，而在于为其终身发展打好基础。完整儿童是整体的、综合的、各个侧面有机联系的，多个方面立体交融，共同描摹出完整儿童鲜活的形象（见下图）。

对完整儿童的新认识：表浅片面→立体多维

表浅片面的认识　个体儿童各领域平均发展，即“样样好”；
全体儿童同步调发展，即“同样好”。

立体多维的认识　全面而又富有个性的发展

运动与健康：不一定要追求专业运动技巧，
但是有运动的习惯和态度；
语言与认知：不一定有很高的知识水平，
但要有认识周围世界必备的心智技能；
情感与社会：不一定都是外向的，
但要有健康的情绪和社会性适应；
审美与表现：不一定擅长艺术技能，
但要有审美的情趣与能力，愿意进行多样化的表达；
学习品质与创造：不一定有系统的学科知识储备，
但是应好奇好问，充满尝试与探索的热情。

- 个体发展差异
- 先天发展倾向
- 发展可能性

对完整儿童的新认识

（三）“完整儿童”实践意义的发掘

21 世纪的幼儿教育，要主动适应社会发展和人的发展的需要，树立科学的儿童观和教育观，把幼儿如实地看作是身体、心理和谐统一，知、情、意和谐统一的整体，并通过教育活动中将儿童培育成身心健康、和谐发展的新一代。概括地说，培养“完整儿童”的教育观念已成为当今全球幼儿教育界的共识。我园著名教育家王国维早在 20 世纪 20 年代就已有培养“完全之人”的论述，他认为“完全之人是精神和身体两种能力全面和谐发展的人，其中精神能力包括了‘知力、感情和意志’。知，引导人求真；情，引发人求美；意，激励人求善。可以说，培养‘完全之人’，就是对人类真、善、美的理想境界和完美人格的追求”，我们必须以培养完整儿童为目标，把各种教育因素有机地结合起来，使幼儿在体、智、德、美诸方面整体地和谐地发展。[①] 因此，把对“完整儿童”的培养目标渗透进日常教育教学行动中，将对儿童自身、社会整体以及教育发展和课程建设产生深远的影响，具有极强的实践价值。

① 麦浪.确立培养“完整儿童”的教育观[J].教育导刊(幼儿教育版)，1998(02)：1.

1. 对儿童自身的价值:全面培养,实现促进个人成长与发展的育人价值

“完整儿童”观念的兴起,对教育观念产生影响,最显著的表现就是“教育”内涵的扩展。在学校正式出现之后,教育逐渐被限定在校园围墙之内,学校教育一度成为“教育”的唯一代名词。[①] 在这一倾向的长时间的影响下,加之随着知识信息按几何级迅速增长,现代学校教育开始忽视教育与现实之间的联系,走向了积重难返的“唯知主义”歧途,并走向呆板与机械。其实,理想的教育应该回归到以人为本的轨道上来,促进学生诸项素质的和谐发展。反观我们的课程,不难发现,传统课程主要是以认知为中心的、符号化、系统化的“形式课程”。事实上,在“形式课程”之外,还有空间更大的“非形式课程”,这种课程是以实践为中心的,是感性化、非系统化、非程式化的。打一个比方——课程就像营养配方,要想健康成长,仅仅靠单一化的食物是远远不够的,在儿童的营养配餐中,应该有更多的“五谷杂粮”,只有营养全面,体格才能强健。[②] 为此,我们应当在努力建设幼儿园课程教学活动的同时关注“非形式课程”建设的系统性和科学性,全面地提升儿童自身的素养,促进其全面均衡发展,实现对完整儿童的培养,避免幼儿对所处的世界只能形成单一层面的认识。同时,中国传统教育注重的是学生认知方面的发展,与认知不相协调的是学生的践行能力和情感水平。重认知、轻情感的“半面教育”,导致学生心如槁木死灰,对一切麻木不仁;重认知、轻践行的“颈上教育”,导致学生实际操作能力的缺失,不能适应社会需要。教育要转型升级,就必须突破“瓶颈”,冲出“唯知主义”的藩篱。基于这样的认识,我们追求对完整儿童的培养,大力开展教育教学实践活动,使教育教学工作以实践行动为轴心,有效改变我园幼儿实践能力较弱的现象,推动幼儿全面发展和素质教育。在这个过程中,实践不只是幼儿教育的内容,也是开展幼儿教育的手段。

完整儿童是课程追求的最终价值。《上海市学前教育课程指南》指出:让幼儿运用多种方式,积极地、有个性地、创造性地表达和表现在探索世界的活动中所获得的感受和认识,并体验表达与表现的乐趣。幼儿兴趣不同,看待周围事物的角度各异,创造性地表达事物的方式自然也不尽相同。[③] 因此,幼儿的教育活动应尊重幼儿的个体差异,满足幼儿的多元探索与多样表达,鼓励每位幼儿运用自己的方式探究。完整儿童是儿童发展的理念与需求,满足幼儿运用自己喜欢的方式探究世界的需要是其前提。完整儿童的教育,其主要特点是以儿童发展为本:把塑造具有健全人格的儿童作为教育目的,重视素质培养;把儿童看作是学习的主体,儿童的学习是主动建构的过程;在国家教育方针、政策指导下,根据儿童的年龄特点、发展需要,来组织知识,构成教学体系;用与

① 张斌贤,王蓝慧,祝贺.“完整儿童”观念在美国的早期演变[J].比较教育研究,2020,42(11):35—44.

② 乔新.非形式课程:“完整儿童”精神发育的必需营养[A].江苏省教育厅.2014年江苏省中小学课程规划与实施现场观摩研讨活动论文集[C].江苏省教育厅:江苏省教育学会,2014:6.

③ 何梅,武敏.课程视角下的幼儿园自然角活动的创设与实施[J].上海教育科研,2020(08):78—82.

儿童年龄特点、生活经验相适应的方式，来呈现知识，组织学习过程。[①] 对完整儿童的培养，不仅仅是幼儿教育发展的客观规律和必由之路，更是幼儿教育在我园本土化发展的成果和必然发展方式，具有适应我园幼儿发展需要的实践意义，能够更加有效地实现幼儿教育对幼儿个人成长与发展的价值。只有通过对完整儿童的培养，促进儿童获得完整的经验，才能在根本上实现对儿童的全面培养，实现新时代背景下我园长期要求的德智体美劳全面发展和素质教育的理想。

2. 对社会整体的积极促进功能："1＋1＞2"的社会集体价值

培养完整儿童，是培养完整人的第一阶段，凸显出人的完整性延续终身的特质。[②] 而人所生活的社会又是由无数个体组成的，对幼儿个体的培养价值实现之时，基本上也就是整个社会的文明水平由量变到质变之时。儿童是社会中的存在物，是处在一定社会关系中的现实的人，人是社会的主体。我们可以从人是社会生产和生活中的一分子来把握人的社会性。儿童处在一个完整的社会关系中，并遵循社会规范。[③] 完整儿童以完整的活动为实践载体，并以完整的经验为直接获得物，幼儿自身的认知与理解逐渐外显为行动，进而形成习惯、性格和人生。从个体角度来看，对完整儿童的培养与追求是一个完全的意义，对个体的成长与发展具有全局把控的作用，其影响会渗透于儿童行为与思想的方方面面。从社会角度来看，将主体对象群体在横向广度和纵向长度上均进行扩大，形成社会整体的概念，对儿童个体的素质培养最终能够实现整个社会现象的改观、社会风格的改变、社会问题的改善，使得社会作为一个集体的价值得到更充分的发挥和体现，实现"1＋1＋…＞n"。追求儿童的"完整"，能够从侧面推动社会环境的优化，而社会环境同样能够反作用于儿童的发展，促进儿童更好地成长。以生物学或儿童心理学为出发点，儿童应当被认为是完整的生物有机体，他们身体的各部分之间相互联系，协同合作。杜威在《心理学中的反射弧概念》中也曾提到，以人体的感觉和运动知觉为表现的反射弧之间是存在相互关联的，它们会共同构成一种整体性活动；而从儿童心理学与进化论的角度出发，关于儿童本质的认识不再止于"善"，而是偏向环境对儿童成长方向的引导作用。这一观点认为儿童可以在环境的影响下走上不同的道路，它同时为家庭与社区参与儿童教育提供了依据。因此，主体与客体间的相互作用时时刻刻都存在，儿童与环境的交互也无时无刻不在发生。

3. 对教育发展与课程建设的反向推动作用：从主体出发的客体约束与优化价值

教育要"以人为本"，儿童则是幼儿园教育的根本，作为幼儿园教育的主体，促进儿童的发展是幼儿园教育的核心目的。19 世纪末期，"完整儿童"观念兴起，由于儿童观对于教育认识及实践的走向有直接影响，甚至会决定其他教育观念及教育活动的变化，

---

① 方艳.什么是完整儿童的教育[J].郑州铁路教育学院学报，1999(02)：84.

② 朱静晶.完整儿童：30 年幼儿园综合课程的续进研究[J].江苏教育研究，2017(S1)：89－92.

③ 汤英峰.在评价中塑造完整儿童[J].学周刊，2012(06)：99.

因此，在“完整儿童”观念的影响下，学校课程、教师观、学生观等同样发生了不同程度的改变。在相互作用的关系下，培养完整儿童的思想对幼儿教育和课程建设也具有主体对客体的约束功能以及优化效果。

所谓以儿童为中心，坚持儿童立场，促进完整儿童的培养，就是要我们遵循儿童的身心发展规律和学习特点，关注和顺应儿童的天性，理解儿童的需要和兴趣，让儿童真正在丰富、有趣和富有挑战的活动中得到发展和成长。这一理念需要通过现实的幼儿园课程来加以实现；但可以认识到的是，在从幼儿的成长出发来改进幼儿教育课程时，幼儿教育和幼儿教育课程本身也得到了长足的发展。幼儿园课程不是静态的书面知识，教师的课程实施不是简单地传递书面知识，教师不是“教书匠”。以人为本在幼儿教育中则应当是“以幼儿为本”，从幼儿这一主体出发，教师在充分观察和了解儿童的基础上，为儿童创设适宜的环境，提供丰富多彩又充满挑战的资源，让儿童与周围环境相互作用，并获得有益的、完整的经验，从而实现“幼儿培养改进”向“教育发展与课程建设优化”转型的推动作用。儿童是在行动中通过获得新经验而不断发展的，为了培养完整儿童，所提供的经验也必须是完整的，因此，幼儿园环境的创设是幼儿园课程建设的重要环节，环境的状况往往会影响儿童发展的状况。在幼儿园课程实施中，教师的主要工作不是讲解，而是引导和鼓励儿童与环境相互作用，在观察中发现问题和契机，激发和鼓励儿童的深度学习。正是从这个意义上说，幼儿园教师的备课不只是书面功夫，大量的工作在于课程资源的准备和环境的创设。幼儿园课程实施从根本上说是引导儿童通过多感官参与活动，从具体而丰富的资源和环境中不断获得新经验。所以，儿童的学习不是端坐静听，而是具有主动性和创造性的活动的相互作用。

在幼儿园教育中，需要树立“师幼共同生活”的理念。教师不仅要照护幼儿的生活，还要参与幼儿的生活，与幼儿共同生活，在此过程中理解儿童的生活需求和向往，把握幼儿的生活趣味，变“审视儿童的生活”为“体会和反思儿童与自己的生活”。在与幼儿共同的生活中，教师要充实幼儿的生活环境，扩展其生活的范围，创造活动的机会和条件，让幼儿不断获得新的完整的经验。师幼共同生活意味着教师要感受幼儿的心灵，向幼儿学习，让幼儿成为课程的重要决策者之一。

幼儿园课程改革的重要任务就是改变重知识和重传授的教育倾向，改变只重统一行动和只重集体教学的倾向，改变“小学化”甚至“成人化”的倾向。让幼儿园课程更符合儿童的身心发展规律和学习特点，采用多样化的活动方式，关注全体，注重个别差异，让儿童更投入，更有热情，更能满足儿童发展的需要，更加有趣，更加有效，真正培育完整的儿童。①

由此，我们可以更加系统性地看到，对完整儿童培养目标的终极追求，首先提升的是作为主体的儿童的素质，这也是最直观、最浅显的培养意义；之后，通过对儿童个体的

---

① 虞永平.今天，我们如何培育完整儿童[J].教育家，2018(43)：1.

素质培养，最终实现整个社会现象的改观，使得社会集体价值得到更充分的发挥和体现。在对面向主体的培养活动实践进行改进的同时，这一过程的客体也间接实现了系统性的进阶与提升。培养完整儿童的追求，推动了幼儿教育发展和课程建设的进步，这既是完整儿童培养的实践路径，也是教育教学的直接目标和行动方向，这些都为综合课程的建设提供了可能性。

第三节 “完整儿童”培养面临的实践挑战

在幼儿教育中，如何以儿童整体发展的观点去理解完整儿童培养的新观念，不但制约着幼儿教育事业的发展，而且直接影响幼儿的发展。围绕“完整儿童”这一理念，对已有的研究进行综合性的认识，我们清楚地看到：幼儿在发展中是一个不可分割的整体，是主动发展的主人，是有多种发展需求的主体，又是具有巨大发展潜能的个体；基于这些深入理解与充分认识，结合已有研究中的实践经验，我们在幼儿教育中可以通过应用综合课程来实现完整儿童的培养目标。幼儿园综合课程的研究，为完整儿童的培养和班本化课程的建设提供了巨大的发展机遇，但在将综合课程引入完整儿童培养实践的过程中，也出现了新的挑战。本节将梳理实践层面的问题与挑战，并通过强化“完整儿童”与“综合课程”二者在理解与认识上的深度融合来解答所面临的问题。

一、对“完整儿童”的笼统认识不利于课程目标的确立

以综合的教育造就完整的儿童，是综合课程的重大诉求。但在课程实践中，教师对完整儿童形象的认识并不清晰，简单化地将“完整”理解为“面面俱到”“同步发展”，忽略了完整儿童发展结构与特点上的差异，忽略了对“完整儿童”内涵的解读。认识的混沌状态在课程实施中导致教师在课程目标设定上产生偏差，缺乏针对性，进而导致完整儿童培养目标落空。

对“完整儿童”育人目标的认识，应包括对其丰富内涵和具体行为表现等特质内容的理解和明确。因此，厘清“完整儿童”的内涵是综合课程发展的应然之需和必然之义。只有更新对“完整儿童”的认识，把握“综合课程”与“完整儿童”之间的逻辑关系，达成对两者认识上的突破，才能更加明晰综合课程所提出的“全面而富有个性发展”的具体内涵，尊重幼儿发展水平、速度、结构上的差异，在课程目标制定及实施的全过程，有重点地“着力”；才能更加理解儿童学习与发展的整体性，帮助儿童发展整体经验，引发儿童心智发展中“质”的转变，达成“平衡—不平衡—平衡”的发展过程。

二、同一的课程无法呼应儿童个性化发展的差异性

经过长期的探索，当前国内幼儿园的综合课程已经形成了相对成熟的课程模式，并

形成了相对成熟的课程实施方案。但有了成熟的实施方案就标志着课程的发展吗？课程建构的出发点和最终目标都是为了孩子的最优化发展。幼儿园课程自身的特点要求我们对幼儿园课程不能仅仅满足于采用统一的实施方案阶段。课程不是一个模式，不该一成不变；课程是动态生成的，是围绕着教育对象和教育理念而不断地“破”与“立”的过程。儿童有各自独特的智能结构，发展的速度、结构和水平都有差异，在完整儿童的培养过程中，我们必须尊重差异，利用差异，最终促进幼儿基于自身差异达成不同水平的发展。

实践中发现，成熟的课程实施方案，若用得不好，也会成为制约课程发展的枷锁。由于对综合课程核心理念和活动方案蓝本的认同和依赖，教师们一定程度上形成了仰仗经典、忠实执行文本的思维定式和行事方式。忠实执行文本的弊端在于统一的课程不能呼应孩子发展的差异，活动方案与现实生活脱离，教师与课程资源开发分离，教师主体性价值缺失，课程失去了生命和活力。教师忽略对当下儿童经验、生活、兴趣的了解，未能将班级幼儿作为课程实施的起点，不重视研究儿童，从而导致课程目标意识不强，在课程实施中存在“重内容轻目标”等问题，难以落实完整儿童培养目标。

因此，要打破“一园一本”的课程实施现状，将建构课程的权力下放到班级，允许教师根据班级孩子的情况调适或生成课程。

三、手段与形式表浅的整合难以支持儿童深度学习

儿童的学习和发展是连续的、整体的，有高级思维参与的深度学习更能促进儿童连续、整体经验的建构。因此，我们重视培养儿童良好的学习品质，注重儿童关系思维、辩证思维、可持续共享思维等复杂思维能力的发展。

深度学习必须有充分的时间、整体连续的经验、有助于引发相互关系的实践机会作为保证。综合课程灵活整合学科知识，为幼儿提供完整的精神世界；综合课程是包容的、民主的，有助于幼儿深度学习的发生。但是，在以往的课程实施中，教师对综合课程的理解和把握仍处于比较浅显的阶段，活动各环节缺乏整体意义，“整合”停留在手段和形式的联系上，割裂的、碎片化的课程组织和统一的作息时间安排难以支持儿童的深度学习。

基于综合课程机制能引发幼儿深度学习这样的思考，我们努力探索将时间管理权下放给班级老师，鼓励教师依据课程内容，根据幼儿探索发现的进程，去调整课程的时间与空间结构，在制度、管理、教师角色转变等方面，使综合课程对完整儿童培养目标起到支持与保障作用。

四、指向检核的评价未能有效发挥调适课程的作用

课程是落实完整儿童发展的重要载体。有什么样的课程，就会造就什么样的儿童。完整儿童是个性鲜明、和谐发展的，需要民主、开放的课程来培养，而开放的课程由于摆

脱了统一的课程实施框架要求，更需要适切的评价来给予指引与调整。因此，用科学有力的工具衡量课程实施的效益，让课程不断走向适宜和优质，是综合课程发展中的一贯追求。

综合课程一直关注对儿童发展水平的评价。从每学期开学前关注幼儿多个维度水平的终结性评价，到成长档案形式的过程性评价，都是对个体儿童的分析和把握，帮助教师了解儿童发展水平。但以往评价的结果更多的是用于检核，未能作为调整和改进课程的依据，这就割裂了评价和课程的关系。

2001 年颁布的《幼儿园教育指导纲要(试行)》，淡化了 1981 年《纲要》中对课程内容的要求，但将课程评价放在了重要地位。当课程变得开放，当教师被赋予一定的权力，成为课程的研究者与建构者之后，利于课程改进的评价必须跟上，否则课程就会失去方向，在随意、盲目的低水平状态中徘徊。因此，我们改进了以检核功能为主的评价方式，不简单地判断儿童，而更加关注教育的过程，在过程中更加关注形成性评价，通过形成性评价不断为儿童的发展提供支架，让儿童获得适宜的发展，以实现评价对课程发展的“鹰架”作用。

有了以上的认识和理解，一以贯之地将“综合”的理念转变为实践的模式，使综合课程与培养“身心健康、和谐发展”的完整儿童相呼应、相匹配，就成了我们不断前行的方向。

第三章　基于完整儿童培养的综合课程观念体系与实践模式变革

综合课程经历40年的改革与研究，积淀了丰富的实践经验。我们不断探索综合课程的基本理念、目标体系、内容体系、组织体系、实践策略体系及评价体系，尤其是在综合课程机制及综合课程文化的研究方面，已有一些突破。但是，在深化教育改革的背景下，我们始终在思考一个问题，那就是：如何结合《指南》、新《规程》的精神，一以贯之地将"综合"的理念转变为实践的模式，使综合课程与培养"身心健康、和谐发展"的完整儿童的目标相呼应、相匹配。

我园立足国情，继承陈鹤琴教育思想，遵循综合课程改革的初心，依托国家社科基金"十三五"规划课题"完整儿童：30年幼儿园综合课程的深化研究"，描摹出更加丰满、立体的"完整儿童"形象，厘清了"综合课程"与"完整儿童"的关系，并在此基础上调整、革新了综合课程观念与实践体系。这是综合课程对教育规律、教育本质与价值的不断求索，更是努力回答好"培养什么样的人""怎样培养人""为谁培养人"这些教育根本问题的时代担当。

第一节　确立"以综合的教育造就完整的儿童"核心主张

"以综合的教育造就完整的儿童"是综合课程的核心主张。综合课程明确提出：完整的生活孕育完整的生命成长。综合课程面向幼儿完整的生活领域，让幼儿在一个真正属于自己、能让生命得到萌发的现实的、感性的和真正能彰显主体性的环境中生活和学习。

"以综合的教育造就完整的儿童"这一核心主张，本质是一场涉及课程价值体系的深层变革，重塑了融儿童观、课程观、教学观、教师观等为一体的稳定的观念体系，树立了"以整体发展为核心"的儿童观，形成了"注重有机联系"的课程观，彰显了"以幼儿经验生长为主旨"的教学观，明确了"具有整体课程建构意识和建设能力"的教师观，从而发挥教育观念对课程实施的引领作用。

一、树立“以整体发展为核心”的儿童观

儿童观是指社会看待和对待儿童的看法或观点。儿童观是课程观及教学观的基础，也是影响教师观的重要因素。

综合课程旨在培养“身心健康、和谐发展”的完整儿童。我们初步归纳了“完整儿童”内涵的核心观点：完整儿童包括完整的身体发育，完整的人格发展，完整生活中情感、意志、想象、道德的和谐发展；完整儿童不是完美儿童，而是合理儿童，具有创造力、好奇心，敢于提出问题；完整儿童是独一无二的，具有鲜明的、丰富的、道德的个性活力；完整儿童是完整人形成的基础阶段，是有差异的，具有先天发展的不同倾向，又充满各自发展的可能性。

换言之，我们认为儿童不仅是独特的个体、正在发展中的个体，还是完整的人，是学习的主体，是知识的建构者，也是自己身体的主人、自己行为的主人、自己精神的主人。儿童的生活是一个整体，其发展也是一个包括身体、认知、情感等多方面相互联系、彼此制约的有机整体。我们期待儿童“整体”发展，并非要求儿童在每一个项目上都取得均衡的进展，或这些项目都是儿童的“强项”，而是追寻教育目标和内容的整体性；我们不仅关注一个具体主题的、活动的完整性，更要关注一个儿童整个幼儿阶段经验的完整性。综合课程是一个统一于生活的整体，努力使不同的经验之间尽可能地相互关联，避免人为割裂，它通过幼儿园的整体生活促进完整儿童的发展。

二、形成“注重有机联系”的课程观

课程观是对课程的各种认识和看法的总称，包括对课程的概念、课程的编制、课程的实施、课程的评价等各个方面的认识。课程观往往隐含着不同的课程思维方式，直接或间接地影响到人们对那些重要的实质性的课程问题的思考和解答。[①]

综合课程改变了学科林立、相互割裂的现状，形成了一个全面的、有机联系的整体系统。强调从整体性入手，依据幼儿已有经验和兴趣、学习特点和认识规律，灵活、综合地组织，发挥手段和方法的交互作用，形成各种教育力量的合力，达成课程各要素之间的有机联系，提高课程实施的效益。

对幼儿而言，学习的逻辑就是生活的逻辑，而不是学科知识的逻辑。幼儿所接触的事物和感兴趣的问题通常包含了多个学科领域的内容，他们需要的是对事物有一个较为整体、全面、生活化的认识，而不是互相之间孤立的知识。“注重有机联系”意味着重视课程内容与儿童经验之间、学习情境之间，以及其他内容之间的相互联系。

① 夏正江.论课程观的转型及其对新课改的影响[J].课程·教材·教法，2005(3).

三、彰显"以幼儿经验生长为主旨"的教学观

教师的教学观是指教师从实践的经验中逐步形成的、对教学的本质和过程的基本看法。教师的教学观一旦确定,就会在他们的头脑中形成一个框架,影响到他们对教学过程中具体事物和现象的看法,影响到他们在教学中的决策和实际表现,进而影响到学生的学习。①

3—6 岁幼儿的身心发展特点和学习特点决定了该阶段幼儿的学习是经验不断丰富与生长的过程,而不是以系统知识的习得为主。《3—6 岁儿童学习与发展指南》指出:"幼儿的学习是以直接经验为基础,在游戏和日常生活中进行的。"知识来源于经验,儿童发展的逻辑和人类进化与发展的历史是一致的,儿童获得知识的逻辑和知识诞生的逻辑是一致的。儿童是在感性的直观感受中、在活动中、在工作中、在做中获得经验的,这些经验虽然是粗糙的、浅显的,却并不是无用的、无意义的,它们正是伸向理性知识的"阶梯",是认识世界的"必经之路"。让儿童获得经验,既符合认识的逻辑,又符合儿童心理的逻辑,既符合尊重儿童的教育原则,又符合效率效益原则。

因此,综合课程珍视幼儿以累积直接经验作为成长路径的方式,引导幼儿通过有计划、有组织、有目的的活动来获得有益的经验。经验获得的途径是做事和活动,包括一日生活中正规和非正规的活动、计划与非计划的活动等。综合课程支持和满足幼儿的活动需要,让幼儿在行动中学习,在行动中感受,在行动中发展,通过直接感知、亲身体验、实际操作,获得自身经验的不断丰富和螺旋式上升。

四、明晰"具有课程整体建构意识和建设能力"的教师观

教师观是人们(包括教师自身)对教师及教师职业的基本认识和看法的集中体现,它随着社会的发展不断变化。随着我们儿童观、课程观、教学观的更迭,教师观也随之革新。幼儿园课程不是静态的书面知识,课程实施也不是简单的知识传递,教师也不是"教书匠"。我们认为,综合课程中的教师是知识的传递者、课程设计的建构者、为幼儿创造机会的引导者。

综合课程的特殊性与规律性,决定了综合课程建构与实施中的教师必须具有超越分科教学的、对整体课程进行驾驭的能力。对整体课程的驾驭能力不仅体现在观念层面,体现在对课程整合意识的理解和对课程整合知识的感知中,更应转化为整体建构课程的能力,应渗透在课程的整个实施进程中。因此,实施综合课程的教师,除了需要具备基本的职业素养,还需要具备有别于分科课程模式的素养,包括具有坚定的综合课程信念,具备进行课程设计、课程组织、课程评价等方面的综合的课程基本组织能力,拥有课程审议、课程资源开发、随机展开活动、多主体和谐创生的综合课程动态实施能力等。

---

① 高凌飚.教师的教学观——一个重要而崭新的研究领域[J]学科教育,2003(07).

第二节　深化“整体、经验、生活”的综合课程理念

课程理念是幼儿园课程编制与实施的基本立场和指导思想，是课程编制者和实施者的儿童观和教育观的反映。树立正确的课程理念是幼儿园课程建设的起点。

在长期的课程实践与反思中，我园不断积累、生发，明晰了综合课程的理念：整体、生活、经验。伴随着研究历程的演进与研究内容的深化，我园不断建构对综合课程理念的新理解。同时，我们清晰地感受到，课程理念需要通过传播而让园内外公众识记和认同，如果不能体系化为具体的操作性指令，是很难在实践中发挥实际力量的。因此，我园围绕核心主张，将“整体、生活、经验”课程理念细化成操作性指令，通过具体和丰富的诠释，将理念简洁、清晰而又有个性地呈现出来，充分发挥其对教师行为和课程的引领作用，成为教师实施课程的抓手。

一、课程整体观

幼儿的生活是一个整体，幼儿的发展也是一个包括身体、认知、情感等多方面相互联系、相互制约的有机整体。幼儿的身心发展特点和学习特点决定了幼儿教育必须是整体性的教育，幼儿教育需要高度的整合。

借助“课程整合”让幼儿获得“完整经验”，这是综合课程的重大诉求。综合课程关注幼儿全面发展，关注全领域的发展，关注各种教育途径的价值，关注家、园、社区三方的教育合力，强调从幼儿发展的整体性出发，思考教育效果的整体性，从而整体地思考教育目标、教育内容、教育方法和手段之间的联系和作用，使幼儿园教育更好地发挥整体功能，从而促进幼儿全面和谐发展。

在深化研究中，我园突破以往综合课程实施中仍存在的形式和手段上表浅整合的现象，横向关注多领域内容的有机联系，纵向关注幼儿经验的连续生长，并细化了关于“整体”的操作性理念。如下图。

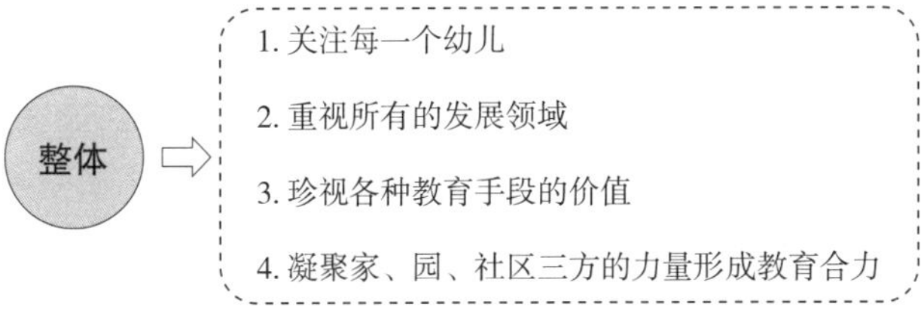

关于“整体”的操作性理念

课程整体观，体现为课程内容的有机联结，幼儿经验的有机联结，人、事、物的有机

联结。这种整体观体现在幼儿园课程的方方面面。

首先，幼儿园很多教育活动都渗透整合的理念。例如：一次集体教学活动中，李阳老师和幼儿谈野营趣事，很多幼儿对牛粪极为感兴趣，李老师敏锐地捕捉到幼儿的反应，因势利导，引发幼儿谈论牛粪，并从科学的角度给予支持，请幼儿关注牛粪与其他动物粪便有什么区别。这是教师在备课的过程中没有预设的环节，幼儿在活动中的反应为教师提供新的想法、线索。李老师拥有极敏锐的课程整合意识，能够捕捉到幼儿的兴趣，把语言与科学有效融合，为幼儿生成更有价值的课程。

其次，整合是园内各方面人员为了促进幼儿发展而做的有效配合。中班“秋天的悄悄话”主题就要开始了，教师们在进行课程审议的时候，认为应该让幼儿充分感受秋天树叶掉落的自然景致，便向后勤园长提议：“幼儿园可不可以最近不要扫落叶？”不扫落叶，孩子们就有更多的机会观察到幼儿园的秋景，可以更深刻细致地感受秋天。进入主题后，后勤人员果然没有扫幼儿园内的落叶，但其他方面的工作量加大很多，可他们认为后勤部门能够更好地帮助促进幼儿发展，所有的辛苦都是值得的。

此外，整合是幼儿园外部人力的整合。幼儿园有效地整合社会资源，把社会资源转化为课程资源，进而丰富幼儿的经验，提升幼儿的能力。在“我是中国娃”主题中，班级孩子对中国神话故事十分感兴趣，如“西游”故事、嫦娥奔月的故事，以及神农尝百草的故事，等等。教师就积极邀请艺术团来幼儿园进行《西游记》皮影戏表演，这种表演形式使灯光、音效、皮影造型相结合，生动有趣，让更多孩子被传统故事吸引，还极大地激起了他们探究传统皮影艺术的热情。一位在南京博物院工作的家长得知班级正在开展这个主题活动后，还带来了很多有特点的皮影偶，帮助孩子直观感受皮影工艺。接下来，孩子们自发模仿、制作各种神话人物皮影，尝试排练、表演皮影戏，在多层次的探索中获得了丰富的关于传统工艺的经验……由此可见，综合课程因需为幼儿不断整合各方面的课程资源，丰富了孩子的主题探究过程。

最后，充分利用周边自然、社会资源，对自然、社会资源进行融合与整合。我园地处南京市经济较为发达、高校资源丰富、行政机关较多的地区。幼儿园家长中不乏高校教师，他们可以积极、合理地配合幼儿园的工作，为幼儿的发展贡献力量，他们更是幼儿园课程的外援，综合课程在专家引领与教师实事求是的探索中逐步走向成熟。此外，高校的自然环境、人文环境、科学环境等，都是幼儿园可以利用的条件。此外，社区中幼儿园的每一个邻居都是社会系统中不可缺失的部分，是幼儿现实生活的本原，幼儿累积的知识就是生活知识，幼儿的学习就是对生活的学习，每一处渗透生活气息的社区环境都是幼儿园的课程资源。生动的课程就是把幼儿园周边的资源利用充分，挖掘到位，为幼儿的发展提供无限的可能。

二、课程经验化

幼儿的学习以直接经验为基础，注重幼儿的经验是综合课程的基本立场之一。经验是指在实践中获得的知识和技能。对幼儿来说，他们是在与周围的人、事、物的相互作用中获得自身的发展的，他们的学习就是经验生长的过程。幼儿园课程实施从根本上说是引导儿童通过多感官参与活动，从具体而丰富的资源和环境中不断获得新经验。所以，儿童的学习不是端坐静听，而是具有主动性和创造性的。关注经验，意味着强调幼儿是活动的主体，强调幼儿在活动中的作用，强调活动的过程。

因此，综合课程珍视幼儿以获取直接经验为基础的学习方式和特点，注重创设丰富的教育环境，最大限度地支持和满足幼儿通过直接感知、实际操作和亲身体验来获取完整经验的需要，促进幼儿在与客体相互作用的过程中获得自身经验的不断丰富和螺旋式上升。同时，关注幼儿经验生长的连续性，让教育活动成为一个"基于经验—联系、拓展经验—巩固、提升经验"的完整过程。

基于幼儿已有经验，在尊重幼儿兴趣的基础上，帮助幼儿建立不同领域和维度经验之间的关联，使幼儿获得多方面经验与能力的增长，这是综合课程中教育者身体力行的追求。

开学已经一个多月了，顺顺在区域活动时间里总是在读书。李老师走到他面前，蹲下来说："你想玩'医院'的游戏吗？你看，他们医院缺一个牙医，你试试看，好吗？"顺顺点点头。顺顺穿上医生的服装，坐在钢琴凳旁边，琴凳上摆着'牙医游戏'的各种材料。大约过了3分钟，没有人来看牙。李老师走到钢琴凳前面，蹲在顺顺对面，笑着说："你好，我是来看牙的。你看我的牙有什么问题？我最近觉得牙齿很疼。"顺顺拿出放大镜，说："张开嘴，我看一下。"李老师张嘴，他用放大镜对着李老师的嘴认真检查，说："你的牙有个蛀牙，需要拔牙。"李老师装作很疼的样子问："那疼不疼啊？"顺顺："不疼，一会儿就好了。"李老师说："好吧。"李老师张开嘴，顺顺拿出小钳子，给她"拔牙"。

小班的时候，顺顺就显得不太"合群"，经常一个人做事情，从来不和其他小朋友一起玩。"喜欢看书是一个很好的习惯，但是社会性、与人交往也是很重要的，否则上了小学会有点苦恼。"李老师认识到这一点，就引导顺顺多参与集体游戏，锻炼与人交往的能力。当她发现没有幼儿参与"牙医"这个游戏，又担心顺顺第一次参与区域游戏会失落，产生不好的游戏体验，于是以"病人"的角色介入游戏。在这个游戏当中，李老师是幼儿的合作者，与幼儿共同完成了一个游戏环节。这样的合作，带给幼儿的不仅仅是游戏的满足，还有心理的充实，以及对教师的信任。

上述过程，教师巧妙地将区域游戏内容从语言游戏转向角色游戏，也在帮助孩子建构新的经验，扩展其发展的边界。对于语言能力的发展来说，最好的方式是阅读和语言运用的经验交织在一起；对于幼儿的整体发展来说，他的能力发展从语言领域扩展到了社会维度。总之，教师帮助幼儿在与游戏环境的互动中迁移生活经验，又将各方面的经验统一于生活中。

在对完整儿童和综合课程的深化研究中，我园还突破对直接经验的简单感知，更加注重引导幼儿在直接经验的基础上进行整理与反思。通过集体分享、讨论，帮助幼儿回顾和反思经验，整理同类型经验，对零散经验进行联系、比较、归纳，从而提升经验，形成概念，通过整合经验的方法，促进幼儿深度学习。下图是细化的关于“经验”的操作理念。

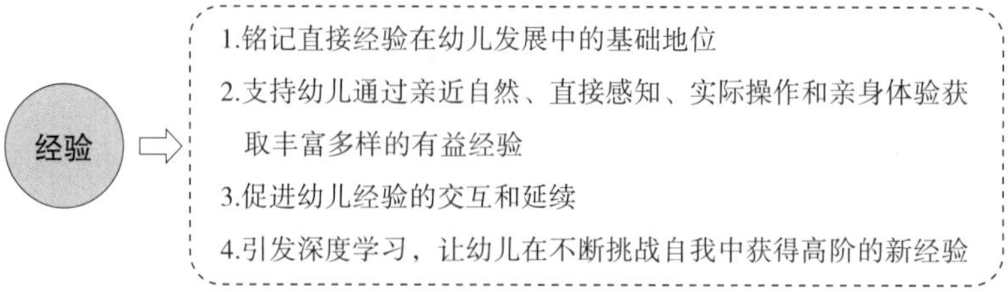

关于“经验”的操作理念

三、课程生活化

综合课程一直秉持“教育要回归生活”“幼儿园一日生活皆课程”的理念，旨在通过课程让幼儿在一个真正属于他，能让他的生命得以萌发的，现实的、感性的、真正能彰显其主体性的环境中生活和学习。

课程生活化有利于幼儿的生命成长。幼儿的身心发展水平和特点决定了幼儿园课程必须贴近幼儿的现实生活，是可以感知的、具体的、形象的，是符合幼儿的成长逻辑的。与幼儿生活相割裂的课程不可能引起幼儿的共鸣，不可能触动幼儿的心灵，更不可能给幼儿带来精神的愉悦和享受，是没有美感的课程，也就是不能激发幼儿生命成长的课程。其次，课程生活化有利于实现幼儿园教育的目的。幼儿教育力求培育本真的、完整的儿童，而要实现这个目的，就必须明了，儿童自出生之日起就从来没有离开过真实的生活世界，幼儿真正的发展是在与生活的交融之中，通过丰富的童年生活源源不断地滋润着情感、增强着智慧、收获着幸福和快乐。幼儿园课程承载着实现幼儿园教育目的的重任，必须体现幼儿真实的生活，才能发挥其应有的价值。

因此，综合课程珍视生活的价值，幼儿的现实生活、感兴趣的生活既是综合课程整合的基点，也是综合课程重要的课程资源和实施路径。综合课程关注幼儿的兴趣和需要，顺应幼儿的天性，合理安排一日活动，引导幼儿在感性的、直观的、生动的、可参与的日常生活中不断积累和丰富对周围世界的经验，因为只有让幼儿享有美好的童年生活，才能促进幼儿生命和谐健康地成长。

通过深化研究，我园突破对幼儿笼统的生活的关注，目光更聚焦于幼儿对生活的理解、困惑、感受，以及他们觉得有价值的生活内容，并且细化了关于“生活”的操作性理念，如下图。

生活

1. 关注幼儿的现实生活，以此为基础构建课程
2. 与幼儿共同生活，在生活中感受幼儿的需要和愿望
3. 在情境中支持和促进幼儿学习
4. 遵循儿童发展的规律和教育的规律，与幼儿共同开创美好的新生活

关于“生活”的操作性理念

这是大一班下午的区域活动时间，美工区的孩子们正专心地忙着制作美工作品，涛涛准备把没有用的双面胶背纸扔进垃圾桶，可他围着美工区绕了一圈，也没有找到垃圾桶。他将搜寻范围扩大到整个教室，不一会儿，他跑进厕所，随后大喊了一句：“我们班的垃圾桶怎么变样了？”简单的一句话，吸引了大家的注意力，许多小朋友跑进厕所里一看究竟。大家纷纷议论起来：“原来的垃圾桶去哪里了？”“这个垃圾桶为什么分成了3个？”“垃圾怎么扔呢？”

“垃圾扔进哪个垃圾桶”这个问题来源于幼儿的真实生活——垃圾桶和以前的不一样了，以前所有的垃圾都丢在一个垃圾桶里，为什么现在要分成3个装垃圾的袋子呢？“垃圾分类”话题是儿童关切的、每天都会面对的真实生活，是儿童提出的生活困难和生活问题。教师对幼儿的兴趣点进行了甄别，认为垃圾分类是当今社会生活的一种趋势，也是需要引导公民遵守的社会规则，让幼儿了解垃圾分类是非常有必要的，围绕“垃圾分类”话题展开探究，是追随儿童的兴趣，能产生应和儿童需要的系列活动，从而解决孩子的问题并服务于他们的生活，因此，大一班决定开展“垃圾分类跟我来”主题活动。

第三节　综合课程实践模式的整体重构

在对“完整儿童”的认识进行更新的基础上，我们重新审视综合课程的观念与结构体系，重新思考如何一以贯之地将“综合”的理念转变为实践的模式，使综合课程与培养“身心健康、和谐发展”的完整儿童相呼应、相匹配。我们从实践模式层面进行了综合课程重构。

综合课程是一种打破科目界限，有机组织课程内容，灵活使用多种教育手段和方法，让幼儿在与周围环境的相互作用中获得完整、有益经验的新型课程。我园形成了以“主题活动”为主要形式，将课程理念、目标、内容、组织及评价融为一体的综合课程实践模式。如下图。

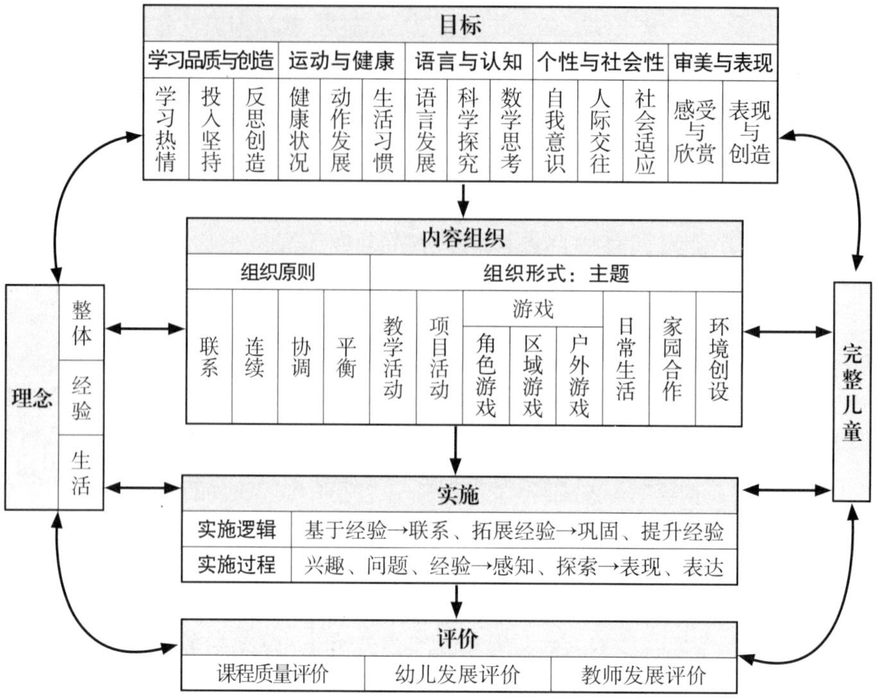

综合课程实践模式框架图

其中，主题活动是指：将各种学习内容围绕一个中心有机连接起来，让幼儿在一段时间内，通过对中心话题中蕴含的问题、现象、事件等进行持续、深入的探究，以获得新的、完整的、有益的经验的课程组织形式。

一、从“三原色”到“五维”的课程目标更新

课程目标是课程的方向，不仅是课程内容选择、课程实施及课程评价的主要依据，而且直接关系到“培养什么样的人”这一核心问题。伴随对“完整儿童”认识的更新，与时俱进对目标体系进行研究势在必行。原有的课程目标体系需要进行怎样的调整？如何使目标更适应新时代的育人需求？我园进行了从原有的“三原色”幼儿素质发展目标到“五维”幼儿发展目标的深化研究。

在综合课程架构之初，我们根据社会发展的客观要求、学科知识以及儿童身心发展的规律与需求，确定了“身心健康、和谐发展”的完整儿童培养目标，又根据幼儿身心发展规律，将幼儿园的培养目标转化成“三原色”幼儿素质发展目标，突出了“动作与健康”“语言与认知”“情感与社会”这三大块面，原各维度下的分析参见下图。

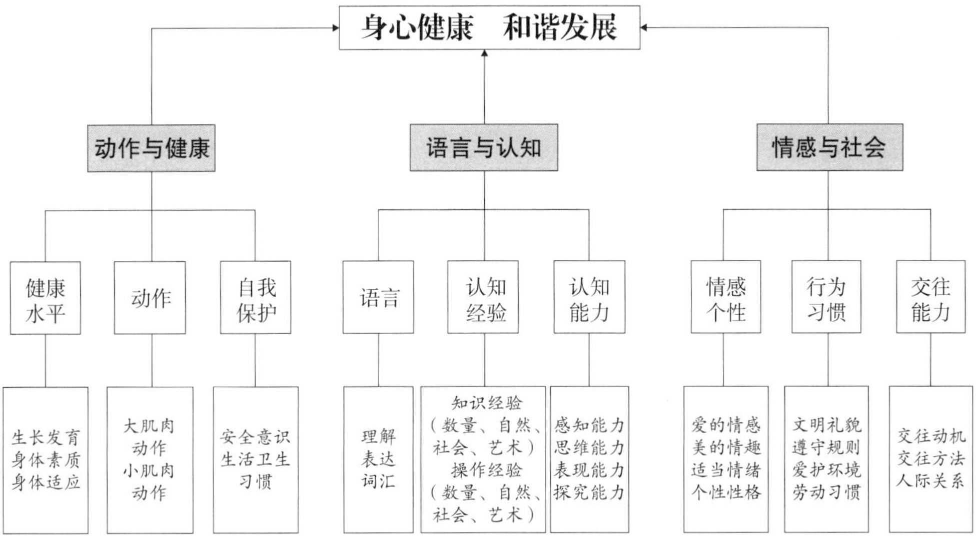

“三原色”幼儿素质发展目标分析示意图

在参与国家社科基金“十三五”规划课题研究期间，我们应和新时代社会育人期待，尤其是2012年颁布的《3—6岁儿童学习与发展指南》，更新了对“完整儿童”的认识，描摹出“全面而富有个性”的“完整儿童”形象。我们认为，完整儿童是身心健康、全面发展的；是不断生长，蕴含无限发展潜能的；是有各自独特的智能结构，不同智能之间又是可以互补与转换的。这就要求我们必须关注儿童发展的所有方面，而非单领域；应当关注儿童发展的过程，而非结果；应当关注每个儿童发展的独特性，而非一般水平。

我们深刻感受到培养“未来人才”的紧迫感，深切体认到指向未来核心素养的完整儿童的重要价值，洞识良好的学习品质对儿童终身发展的意义。我园依据对完整儿童的新认识，完善和细化原有“三原色”发展目标，形成丰满、前瞻的综合课程“五维”（“学习品质与创造”“运动与健康”“语言与认知”“个性与社会性”“审美与表现”）发展目标。在与南京师范大学学前教育系专家和学者充分研讨的基础上，我园教师团队协同反思，拟定14个子维度目标、36个细化指标。五大维度的子维度，既遵循学科发展规律和儿童认识特点，更注重从儿童发展的整体性、前瞻性角度统整目标，确保指向未来的核心素养可以在目标中充分体现。新的“五维”目标更加聚焦于儿童生活的完整性，应和儿童发展的核心素养，更有前瞻性。详见下图。

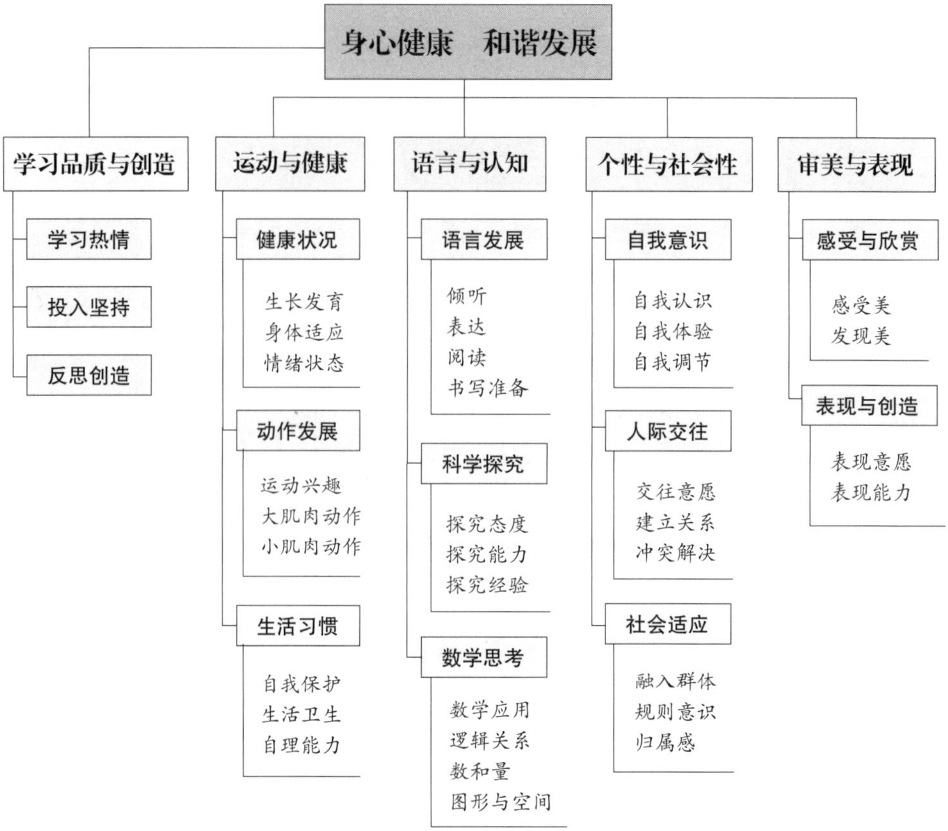

调整后的综合课程“五维”幼儿素质发展目标体系框架图

在拟定的具体指标的基础上，我们根据儿童发展的典型表现，设定 I、II、III 层幼儿发展台阶，帮助教师理解每一个目标在具体情境中的含义，便于根据幼儿的实际水平做弹性调整。教师团队协同，对“五维”目标下 14 个子维度、36 个细化指标做出“发展脉络”“拓展与阐释”等具体描述，并丰富行为表现实例。下图以正在探索的“学习品质”维度下“学习热情”子维度为例，呈现目标具体内容。

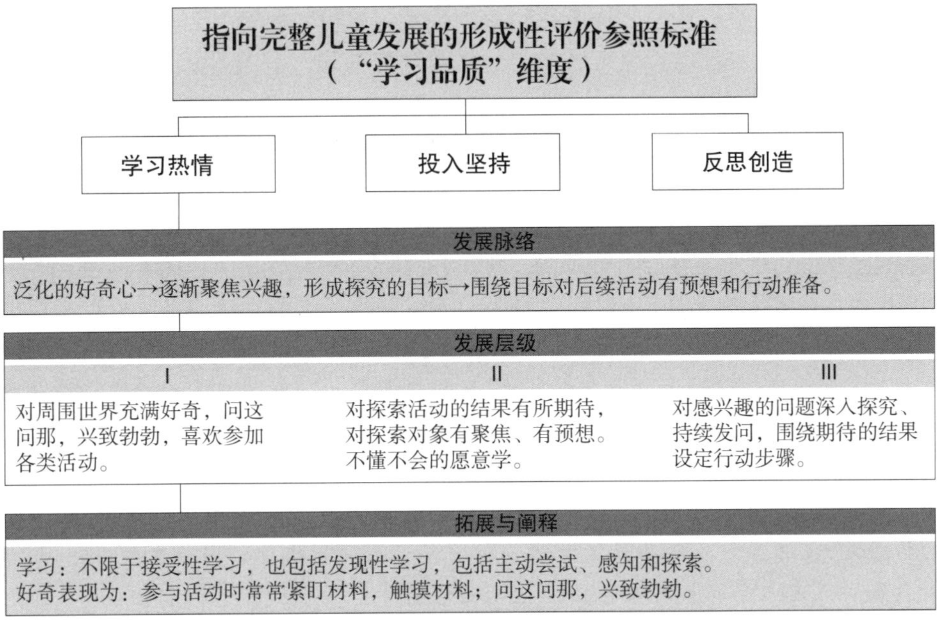

“学习品质”维度下“学习热情”子维度分析示例

在将总目标分解、转化为发展阶梯的层级目标时，我们努力处理好横向维度和纵向维度之间的关系，既考虑幼儿的年龄特点因素，也考虑目标所指向的幼儿发展领域，使分解后的阶段目标在横向上全面关联，共同指向幼儿的整体发展，涵盖实现目标的载体——幼儿园课程的全部内容。同时，分解后的阶段目标在纵向的年龄段上又有一定的序列，将幼儿发展领域的内容在各个年龄段层面上进行不同程度发展结果和状态的描述。这样做，较好地处理了目标分解后横向与纵向的关系，使课程阶段目标在横向上全面，在纵向上有序，从而使总目标得以顺利落实。

二、从“笼统生活”到“具体关切”的课程内容选择

课程内容是核心，是可以达成课程目标的教育经验。课程内容的选择与组织，决定着课程目标能否达成。综合课程是以儿童的生活世界为基点来选择课程内容的，即从幼儿的生活出发、为了幼儿更好的生活，这是综合课程设计的出发点。随着研究的深入，我们发现一些原有的主题已不能回应当下幼儿的生活。那么，什么样的生活应该成为课程内容？什么样的生活是儿童真正感兴趣的？从“笼统生活”转向幼儿生活中的问题和关注点，是课程深化研究阶段我园探索的重点。

综合课程强调以“儿童的生活为基点”来整合内容，把教育过程划分成一个个相互独立又相互联系的阶段，以主题活动的形式帮助幼儿积累经验、发展能力。教师在设计综合课程的主题时，始终将幼儿周围的生活作为基础，既有幼儿与周围自然环境相互作

用的主题，如“我找到了春天”“种子的秘密”“可爱的动物”“神秘的天空”等，也有与幼儿社会性发展相关的主题，如“高高兴兴上幼儿园”“好邻居”“我爱我的家”“我们的家乡”“我是中国娃”等，还有从幼儿自我认识角度开展的主题，如“我有六个宝”“天冷我不怕”“生日列车”“准备上小学”，等等。我园的园本课程方案由30多个主题组成，这些主题活动让幼儿感受并建立起学习与生活之间的联系。

在关注幼儿笼统的、真实存在的生活的基础上，我们进一步筛选与聚焦，将幼儿真正感兴趣的生活，他们在生活中的困惑、问题、关注点，作为当下课程内容重要的组成部分，尊重幼儿对生活的选择，让课程内容为幼儿过好每一天的生活服务。

在实施“春天里的活动”主题时，幼儿对野营活动特别有兴趣，我们就将野营活动作为主题的核心活动开展，让幼儿自己思考“野营想做什么”“野营应带些什么”，并用自己的方式呈现出来，让孩子的自主性和参与性得到充分发挥。

在计划“有趣的植物”主题时，有个班级的教师发现孩子的话题始终围绕着“植物的种子”，教师就把“植物的种子”作为实施该主题的切入点，幼儿在探索种子的多样性、种子的传播方式、品尝种子食品等活动的过程中充分感受到植物王国的生动有趣，增强了对大自然的热爱之情以及对大自然进行探究的热情。

如上，教师能因时、因地、因儿童的实际情况，思考和选择主题活动内容，使计划处于动态发展中，有较强的灵活性，这就更能应和不同时期幼儿不断变化发展的实际，较好地体现了综合课程动态发展的过程。

此外，我们还关注主题内容的时代性，适切不同时期幼儿不断变化发展的兴趣和需要，适时生成和开展一些新的主题活动，如“垃圾分类跟我来”“神州十三上天啦”等，使主题活动更加具有时代感，也更加贴近幼儿的生活。

三、从“多样化”到“优化”的实施路径整合

综合课程实施的过程是从幼儿的身心发展规律和学习特点出发的，是多种活动、多种途径相互配合的过程。在综合课程长期的实践中，我们形成了多种活动、多种途径相配合的主题实施路径。多样化的实施路径丰富了主题活动的形式，但怎样合理使用这些路径，让各路径发挥整合的作用呢？从多样化到优化的实施路径，是我园提升课程组织效益的重要探索。

综合课程强调综合利用和系统把握以下各要素的力量：家庭、社区、幼儿园的教育力量；一日生活中起居、自我服务、劳动、种植、饲养、散步等各环节的教育力量；集体教学、区域游戏、小组学习、个体学习的教育力量；实践、参观、探索、发现、交往、体验、表达等学习过程的教育力量；班级活动、年级组活动、全园活动的教育力量。综合课程凝聚各种教育力量，形成合力，提升课程实施的效益。

在充分思考路径多样化的基础上，我们聚焦如何根据课程目标和幼儿的需要合理利用各种路径，判断各路径对目标达成的适宜性，从而发挥各路径最大化的效益，发挥

整合的力量。我们通过梳理主题目标的实施路径来强化教师的课程整体观。在每个主题实施前，我们通过年级组课程审议，围绕主题核心目标，思考哪些目标适宜通过集体教学活动来完成，哪些适宜通过区域游戏来完成，哪些在日常活动的渗透中就可以实现……使一日活动各环节的组织都紧密围绕着主题目标的实现而努力，同时又发挥了不同实施路径各自的作用。这样的课程审议机制，已成为教师课程审议的必要环节和重要内容。

自然测量是大班幼儿在数学领域的关键经验，其中，从起点开始测量、量具首尾相接、感受不同量具和不同测量结果之间的关系等都是重点。大二班的苗老师将测量经验的学习融入"做植物观察记录"日常活动中。孩子们在小菜地种植了一些西红柿，要定期照顾它们并做观察记录，记录西红柿的生长高度便是孩子们的一项任务。怎么记录呢？在兴趣驱使下，大二班孩子开始围绕"自然测量"进行探究。在这个过程中，问题接踵而至：选择什么样的测量工具合适？为什么有的工具要两个人合作使用，而豆豆用乐高积木一个人就可以测量？为什么记录下来的高度数据，矮的西红柿反而比高的西红柿大？为什么同一棵西红柿，用同一种工具测量，不同小朋友记录的结果却不同？用水彩笔量，测量的结果是 3 根半水彩笔，该怎么记录？……教师利用晨间谈话、日常交流、餐后到小菜地散步、区域游戏等环节，组织小组或个别化的学习活动，引导幼儿解决问题。西红柿从幼苗渐渐长大，其持续生长的过程也是孩子持续学习探究的过程，比起一节集体教学活动中的浅尝辄止，在这样的基于种植活动的观察记录过程中，孩子们充分体验到为什么要从起点开始量，为什么量具要首尾相接，如何根据西红柿的高度选择合适的测量工具。有了小菜地里的测量经验后，孩子们又进行了"小彩虹[①]有多高"测量活动（详见本书第四章）。

集体教学活动是幼儿进行学习的主要方式之一，但并不是唯一的形式。幼儿思维发展处于不同水平，他们的数学能力呈现出明显的个体差异；幼儿各自的学习速度与节奏不同，要求他们在同一时间掌握相同的关键经验显然不现实。通过小组化和个别化的学习，利用区域游戏、生活活动等合理地分层次制订活动目标，提供有层次、多样化的操作材料，对于幼儿掌握数学核心经验来说，这样的方式可能更加适宜。这便是综合课程尊重幼儿的学习特点、遵循教育规律、优化课程实施路径的一个体现。

由此可见，要让儿童获得丰富、完整的经验，必须更新观念，超越传统的课程设计与实践路径，关注幼儿的行动与思维，关注幼儿的体验与感受，通过课程实施路径的多样化和组织形式的最优化，使课程实施的效益日益放大。

四、从"学科逻辑"到"心理逻辑"的主题运行依据转向

遵循幼儿的天性，以儿童的心理逻辑为线索开展主题活动，是综合课程的重要突

① "小彩虹"为大二班幼儿为班树乌桕树起的名字。

破。我们改变了初期重知识逻辑的倾向，重视研究每个主题中幼儿探索认知、建构经验的心理逻辑，完成从“学科逻辑”到“心理逻辑”的转向。

一是对主题活动根据幼儿的心理逻辑进行改造，梳理主题发展线索，使主题活动更顺应幼儿经验的发展趋向。原先在设计主题活动时，教师更多地从学科视角安排活动，比如考虑语言、艺术、科学各领域在一个活动线索中的平衡，或者将活动线索内容固化在计划的周次内完成，比如一个线索的内容必须用一周时间完成。那种机械追求领域平衡、固化活动时长的做法，不仅限制了主题的发展，更制约了幼儿经验的发展，它人为地将儿童的经验“封锁”在一定范围内，使经验无法顺着其需要的方向发展、延伸下去。因此，遵循幼儿的心理逻辑设计主题活动、梳理线索，是综合课程的一大转变。

在大班“垃圾分类跟我来”主题中，围绕幼儿提出的“我们班的垃圾桶怎么变样了”“有三个垃圾桶，美工区的纸屑应该扔在哪个桶里”的疑问，教师从儿童的问题入手，确定了四条活动线索。线索一：垃圾桶变样了（为什么会更换垃圾桶、现在的垃圾桶什么样）→线索二：我们周围的垃圾（身边哪些地方会产生垃圾、这些垃圾是什么）→线索三：垃圾分分类（弄清楚可回收垃圾、厨余垃圾、有害垃圾等分别是哪些，尝试进行垃圾分类）→线索四：我是垃圾分类宣传员（让更多的人知道垃圾如何分类）。四条线索，清晰地提示教师儿童的经验已发展到了哪个阶段，又将沿着怎样的方向发展。每条线索都是开放的，线索中的活动也可根据班级幼儿经验发展的需要自由延伸，预设和生成活动交织在一起。线索呈现儿童经验发展的内在心理逻辑，满足幼儿经验生长的需要，并且每条线索不固化时长，使主题更加富有弹性。

二是根据幼儿经验成长的连续性，加强系统研究，关注主题与主题目标之间的联系，关注小、中、大班幼儿经验之间的连续性，关注一日活动各环节之间经验的连续性，关注活动之间幼儿经验的连续性及领域内部幼儿经验的连续性。下文以“秋天”主题活动为例，展现综合课程如何架构小、中、大班幼儿的连续经验。

每年秋天，各年龄段幼儿都会开展观察秋天、认识秋天的活动，如果只是相同经验的简单重复，将削弱课程的意义和价值。我们合理规划小、中、大三个年龄段有关“秋天”的主题目标：小班幼儿，从秋季最典型、最直观的“秋叶飘飘”现象入手，感知秋天来了；中班的幼儿，考虑到其活动范围扩大，就以“多彩的秋天”为线索，通过感知农作物、树木、花卉等颜色的绚丽多彩来丰富对秋天的认知；大班的孩子，自主探究能力强，就围绕“种子的秘密”展开自主探究、发现的旅程。虽然三个年龄段都在开展关于“秋天”的主题活动，但孩子们获得的经验却是相互联系又螺旋上升的。

通过从学科逻辑到心理逻辑的转向，主题活动摆脱“拼盘现象”，更具内聚力，成为一个“基于幼儿经验、联系拓展经验、巩固提升经验”的动态生成过程，让幼儿在基于真实问题、主动积极探究的过程中，对各种信息进行深度理解和加工，进入有意义的学习。

五、从"检核"到"鹰架"的课程评价变革

课程评价是幼儿园课程建构中的重要环节和内容，由于其本身所具有的导向和教育作用，对于促进儿童的发展和成长有重要的意义。《基础教育课程改革纲要》中指出，要"发挥评价促进学生发展、教师提高和改进教学实践的功能"。我园前期的课程评价更多的是对儿童发展水平的检核。怎样发挥评价对课程的调适作用？怎样让评价更好地服务于儿童的个体发展？我园也同步革新了评价体系，使其功能从"检核"到为儿童的发展提供"鹰架"。

首先，让评价伴随课程发生和发展的全过程，发挥评价的伴随和嵌入作用，提高课程实施的效益。我们鼓励教师结合日常课程的设计与实施对幼儿进行过程性诊断与评价，及时发现当前课程设置与实施中的不足，并及时反馈、调整。如：在主题实施前、中、后期，围绕不同侧重点开展评价。主题实施前，注重对幼儿已有经验、兴趣需要的了解、分析；主题实施中，关注幼儿的学习方式和行为表现，及时调整目标、内容、策略和资源等；主题结束后，加强反思，反扣目标，反观课程实施的效益，为下阶段的课程设计提供依据。课程评价始终伴随课程的发展而进行，使课程处于动态建构与发展中。

第二，创新以成长记录册为载体的过程性幼儿发展评价，通过收集幼儿参加活动的照片、作品、观察记录等，分析和把握幼儿的发展状况；引入信息化平台，借助大数据、互联网、云媒体等现代化技术手段采集和记录幼儿真实、动态的学习过程，通过对其学习方式、兴趣倾向、专注性等学习品质的大数据分析，对幼儿开展形成性评价，帮助教师做出更科学合理的课程决策，实现从感性到理性的评价分析。

第三，形成立足课程实践和教师专业成长的教师发展评价，帮助教师达成与综合课程要求相匹配的知识、能力的发展。对教师进行发展性评价是为了促进教师的发展，对教师做发展性评价的过程，即促进教师发展的过程。因此，综合课程努力建构一个指向儿童发展、教师成长与课程质量精进的评价氛围，遵照民主协商、平等对话的原则，通过教师（包括评价人自己）对教育教学工作做出客观评价和有深度的反思，来发挥评价的导向、激励和改进功能，帮助教师真正得到发展。

以上三者构成了综合课程评价的范围和对象，它们分别从不同角度对综合课程的设计与实施成效进行判断，既各成体系，又相互联系、互为补充，最终都指向幼儿的发展。这是综合课程重要的反馈机制。

第四章　课程班本化是完整儿童培养的必由之路

在40年的研究中,我园确立了培养“身心健康、和谐发展”的完整儿童的育人目标,建构了涵盖课程目标、内容、组织与评价为一体的综合课程实践模式,积累了较为成熟的系列主题活动,并于2013年出版了园本课程方案《幼儿园综合教育课程·主题活动》(第四版)。但由于诸多原因,在实施园本课程的过程中,我园陷入了“课程方案等于课程”的尴尬境地。原本依据我园教育目标、基于我园幼儿的兴趣和需要、依托我园特有的课程资源、由我园教师共同开发的园本课程方案,在后来的实践中,却因其经典和成熟,一定程度上成为桎梏教师创造性的“枷锁”,这有悖于我们的初衷。

一些教师过于依赖园本课程方案,将课程实施视为忠实执行课程计划的过程,忽视当下班级儿童的真实兴趣和需要,忽视儿童的真实生活,忽略儿童发展的差异性。这种僵化的做法,与完整儿童培养目标相去甚远。

如何超越园本课程方案文本?如何让综合课程永远贴近当下儿童的兴趣、需要和生活经验,永葆生命活力?综合课程研究将走向何处?我们不断思考、探索。以班级为基点的课程班本化实施,成为综合课程回应完整儿童培养目标、谋求儿童全面发展与个性化发展的必然选择。

第一节　从“一园一本”到“一班一本”的审思

同一年级在同一时期进行同一主题内容,这种“一园一本”的课程实践现状,不能很好地呼应孩子发展的差异性,课程方案与现实生活脱离,教师与课程资源开发分离,教师主体性价值缺失,使课程失去了“生命和活力”。我们不禁追问“一园一本”背后的逻辑:所有儿童的兴趣、需要、经验、能力都是一样的?所有班级的资源、环境完全相同?儿童的学习与发展不存在个体差异?这显然有悖于我们的儿童观及教育观。于是,在幼儿园课程管理中,我园及时做出改变,允许并鼓励教师根据本班幼儿的实际情况对原有课程方案进行调整和创新,进行“一班一本”的尝试。

一、综合课程发展的必然之需

从“一园一本”到“一班一本”的转变，这基于我们对课程设计与其运行普遍规律的理解，基于我们对教育原理及教育要略的遵循。

从处理课程计划与课程实施的关系来看，幼儿园课程实施本质上是一个课程的“再设计”过程，是教师富有创造性的劳动。课程实施不是仅仅将预设的课程计划落实的过程，而是一项包含改变和创生的过程。《幼儿园教育指导纲要（试行）》也明确指出：“教育活动的组织与实施过程是教师创造性地开展工作的过程。教师要根据本《纲要》，从本地、本园的条件出发，结合本班幼儿的实际情况，制定切实可行的工作计划并灵活地执行。”因此，即便是本园开发的园本课程，在实施过程中，也不应照搬照抄，而应根据幼儿的情况灵活加以调整，必要时应果断弃旧创新。

从处理课程的预成与生成的关系来看，课程并不是一种固定的框架，而是一个持续发展的动态流程。教师在预成课程设计的基础上，应该根据课程实施中的实际情况，自觉地引进生成课程的思想。[①] 比如，在考虑教育活动方案时，多几种假设，多几种课程发展的可能性，以便在实施过程中能够对孩子的不同反应有所应对；当发现孩子真正感兴趣且有教育价值的事物时，大胆打破原来的计划，调整教育活动内容；当发现既定的活动时间、进度不符合实际情况时，不要拘泥于原定的计划，应顺应事情的自然发展，因势利导。如果教师忠实执行园本课程方案，那么它必将沦为如美国太平洋橡树学院约翰·尼莫教授所说的“罐头式”课程或“木乃伊式”课程，将因针对性不强而失去生命力和有效性。因此可见，对既有的园本课程进行多样化实践，理所应当。

从园本课程与班本课程的关系来看，园本课程建设应以班级为基点，应从各班幼儿和教师的实际出发，充分利用幼儿园和班级的各种资源，切实关注班级生态，并以教师为主体主动建构。虞永平教授指出：幼儿园以班级为基点的课程建设，其最终的结果是课程更多样；对于特定班级的幼儿来说，课程更适宜于他们的发展；对于教师来说，课程更具挑战性，更能引发教师的学习和发展。[②]

因此，打破当前“一园一本”课程实施的僵化现状，将课程建构的权力下放到班级，增加课程实施的灵活性和多样性，达成综合课程从遵循文本的统一实施到多样化及适切性的转变，是综合课程发展的必然要求。

二、完整儿童培养的应然之举

培养完整儿童是综合课程矢志不渝的追求。随着对“完整儿童”的认知不断更新，我们愈发明晰并坚定综合课程的目标与方向，也更加理性地去调适、建构更能应和完整

---

① 冯晓霞.生成课程与预成课程[J].早期教育（上半月版），2001(15).

② 虞永平.以班级为基点的幼儿园课程建设[J].早期教育，2005(05).

儿童发展的综合课程，以“一园一本”“一班一本”的转变，去应和完整儿童培养的需要。

儿童是一个完整、立体的人，是其自身发展的主人，是有多种发展需求的主体，又是具有巨大发展潜能的个体。儿童的经验是整体的，发展也是整体的。综合课程基于“整体、经验、生活”基本理念，努力整合不同领域的经验、多种教育路径的价值、各种社会资源的力量，以“主题”的形式帮助儿童在一段时间内围绕话题展开探究，用完整的方式来培养完整儿童，给儿童完整的生活经验、完整的一日生活。

在转变为“一班一本”之后，教师更能把握本班孩子的实际发展状况，根据每个孩子的兴趣、需要，让话题与经验更契合孩子，让孩子的参与和发展更具主动性，更加凸显其作为学习主体的作用。教师在帮助幼儿获得完整经验的基础上，尊重不同班级、不同个体发展的差异性，让完整儿童既有整体、丰盈的经验，又姿态多样、个性鲜明。

第二节　从“同一”到“适切”的班本化调适与创生

我们认可“课程并不是一种固定的框架，而是一个持续发展的动态流程”[①]，其中蕴含着教育对象和教育理念不断“破”与“立”的过程。因此，我园以培养完整儿童为目标诉求，针对忠实执行同一活动方案的课程行事方式做出改变，改变原有的课程实施形态，鼓励教师进行以班级为基点的班本课程建设。

但新的问题又随之产生：如何区分教师在课程调整与创新过程中的“随性行为”和“适性行为”？如何支持教师做出更科学合理的课程决策？从“一园一本”走向“一班一本”，道阻且长，综合课程开启又一段充满挑战的研究之旅。

在课程班本化实践中，我们针对每个阶段出现的问题，不断研究、调整与凝练，从2017年至今，大体上经历了三个阶段的研究，如下表。

南京市实验幼儿园班本化课程研究的三个阶段

阶段	教师对班本化的认识	实践困惑	达成的共识
第一阶段：混沌期	简单地等同于“与众不同”	1. 否定园本课程 2. 为了班本而班本	以班级为基点，从本班幼儿和教师的实际出发，探寻适时、适切的课程活动。
第二阶段：焦虑期	关注真生活、了解真经验、发现真问题	1. 如何识别幼儿的真兴趣和需要 2. 如何筛选和设计班本化课程的内容	多路径了解幼儿的经验和需要，遵循幼儿学习和发展的特点，结合关键经验、发展目标等进行甄别和预设。
第三阶段：明朗期	放慢节奏、回归目标、动态优化、应和共生	如何判定班本化课程实施的适宜性	树立课程实施的过程性意识，开展形成性课程评价研究

① 曲新陵，章丽.幼儿园综合教育课程·主题活动[M].南京：江苏凤凰教育出版社，2013：001.

通过实践，我们对“班本化”的认识不断蜕变，明晰了建构班本课程并不是否定园本课程，也不是标新立异，而是根据孩子的需要和问题，去选择综合课程的主题和内容。

在此过程中，我带领我园教师，从转变教育观念入手，以班级为基点，更加关注儿童的兴趣和已有经验，追随儿童的发展需要，使实际施行的课程更具动态性和生成性，为儿童的完整发展而存在。在综合课程的班本化实施中，明晰了以下几点：

首先，探索课程班本化，是在忠实取向下的调适与创生。儿童身心发展具有整体性、阶段性和顺序性，每个班级课程资源的可获得性及便利性也各不相同。综合课程主题与活动的编排具有完整的结构和系统性，因此，在进行班本化调适时，必须把握核心理念、完整结构，对综合课程改革和研究精神要忠实，对课程计划所反映的课程理念和课程观也要忠实，在这一基础上，再进行班本化课程建设。

其次，建设班本化课程，也是不断丰富园本课程的过程。在综合课程建构初期，教师们机械地根据综合课程活动方案的文本来实施课程，产生了刻板应用的弊端，因此我们提出打破“一园一本”、建构班本课程的要求。同时也认识到，建构班本课程并不是否定园本课程，而是根据幼儿的需要和问题，去选择综合课程中适合的主题和内容。高质量的园本课程并不是年级组统一执行同一种方案，而是灵活调整的，是适合各个班级的。同样，课程班本化的探索也让园本课程在班级呈现适时、适切的样态。班本课程建构的过程，也是高质量园本课程的建构过程。

在课程班本化研究过程中，为了保证课程的适切性，提高科学决策的能力，我园教师达成了在忠实取向下进行调适与创生的共识，厘清了课程班本化实施与调整的行动路径。详见下图。

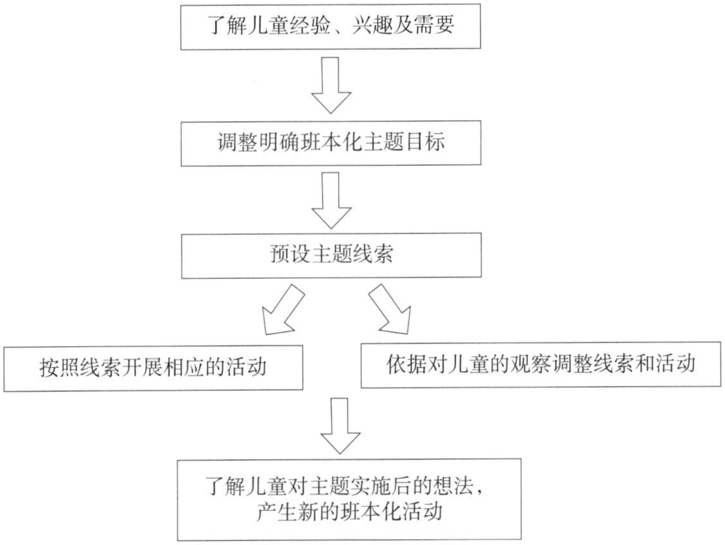

班本化课程实施与调整的具体步骤

一、筛选主题内容:聚焦兴趣需要,建立共同经验

班本化课程的起点就是幼儿的问题、经验和兴趣。在完整儿童的培养中,强调帮助儿童获得完整的经验,而综合课程中这些完整的经验就是以幼儿感兴趣的话题组织起来的,支撑这些话题的便是幼儿的真实需要。儿童是主动的学习者,只有感兴趣、有问题、有探索与实践的强烈愿望,儿童才有可能投入地参与其中,积极地、饶有兴趣地在与事物、人物的关系中建构自己完整的经验。但是教师在捕捉幼儿的兴趣时往往会面临这样的困境:孩子们的兴趣像满天星,不能每个兴趣都兼顾,怎样甄别儿童真正感兴趣、有价值的点或方向?

精准识别儿童真正的兴趣,就是综合课程进行班本化探索中需要解决的一个难点问题。教师们应在探索实践中形成一些策略,使得班本化课程既符合幼儿的兴趣,又给儿童的经验生长提供充足的空间。

(一)了解儿童前期经验、兴趣及需要

在建构班本化课程的实践中,往往有这样两种路径:一是教师在参考综合课程蓝本的前提下,认可某一主题对班级孩子发展的价值,调查将园本课程进行班本化建构的适宜性,了解孩子关于这一主题内容的已有经验,对园本课程中的主题活动内容进行调适;另一种是教师基于班级孩子感兴趣的事件和发展需要,在尊重孩子年龄特点和能力、思考主题前后经验联系的基础上,创生新的班本课程。

基于不同的主题活动类型,调查儿童前期经验的方式也略有区别,详见下表。

不同类型的班本化主题中,了解幼儿经验、兴趣和问题的策略

主题类型	方法策略
预设主题	谈话、调查、情境引发、自然观察等
生成主题	松散了解、偶发事件生发、师幼共同引发等

1. 预设班本化主题时,如何了解儿童前期经验、兴趣及需要

综合课程在长期的研究和实践中,积累了一系列识别幼儿经验和兴趣的方法,如师幼谈话、教师自然观察、请幼儿或亲子完成调查表、教师通过设置情境来观察幼儿的言行,等等。当教师对将要开展的主题活动有预设的时候,选择什么样的教育内容、在什么时机开展活动,就是教师需要考虑的问题。此时,教师会综合运用调查表、谈话、自然观察等形式了解班级孩子的经验,为主题实施做好准备。

谈话多在幼儿园进行,可以由教师引发话题,也可基于幼儿的自由谈论来发现和聚焦话题。调查表也是收集幼儿关于该主题的经验的常用方法之一,家长和幼儿都可能是调查的对象。在实践中,教师会根据不同的目的来选用这两种方法。

谈话法、调查法的使用策略

	谈话法	调查法
调查主体	幼儿、家长	幼儿、家长
组织形式	幼儿(集体、小组、个别)、家长	幼儿独自、家长独自、亲子合作
调查地点	幼儿园、家庭	幼儿园、家庭
调查次数	一次、多次	一次、多次

根据不同的调查目的,教师可以选择不同的调查方法,灵活变通。可以根据不同的调查主体调整策略,如大班幼儿进入"上小学的准备"主题,教师既要了解孩子关于"小学"的问题和经验,也要了解家长对孩子即将升入小学的态度和担忧,了解孩子在家的行为表现等。教师可以选择不同的活动组织形式,如通过集体或小组谈话来了解全体幼儿的经验,或采用个别谈话的方法去了解个体儿童的经验,避免幼儿经验之间的相互影响。可以在不同的调查地点开展调查,如教师可以在幼儿园内调查幼儿感兴趣的问题,也可以请家长和幼儿采用亲子合作的形式在家完成相关调查和记录,但实践中会发现这两种方式调查出的结果可能会有差异,往往是幼儿在园内独立完成的所反映的幼儿的前期经验更为客观,但有时家长的参与和记录也是必要的。教师还可以根据需要调整调查的次数,如大班外出参观活动,可以先调查了解幼儿想去参观的地点,在聚焦确定参观地点后,再进行第二次调查,了解幼儿在该参观地点想做的事情,将幼儿的兴趣和需要具体化。

中班"数字乐园"主题,教师认同该主题对于中班幼儿发展的价值,也在日常观察中发现孩子们对数字的兴趣,因此,在开展该主题活动前,教师分别通过集体谈话和个别谈话的形式,了解幼儿关于数字的经验——"幼儿园里哪里有数字?""数字有什么作用呢?"随后,教师又设计了《我身边的数字》调查表,请幼儿带回家,亲子填写(由孩子寻找数字并表述,家长记录),通过这份调查表,继续了解幼儿对家中、对社区中的数字的经验。此时,家长的参与是必要的,是对幼儿在幼儿园中已经获得的经验的补充。通过两次调查,园内谈话与亲子调查相结合,将幼儿对园里和家里的数字的经验进行汇总,教师基本就能把握较丰富的、参考性较强的幼儿前期经验。

除此之外,在进入主题活动之前,教师观察幼儿在游戏、生活、学习中自然发生的行为,预设与主题相关的情境,引发幼儿去谈论、操作,都是常用的收集幼儿前期经验的方法。

总之,教师在对园本课程进行班本化调整时,要基于调查目的,充分考虑如何综合使用谈话、调查或情境引发等多种形式,渐进式、深入地了解幼儿的前期经验,为主题实施积累依据。

2. 生成班本化新主题时,如何了解儿童前期经验、兴趣及需要

当教师没有依据综合课程蓝本预设主题,而是基于幼儿的兴趣和问题创生新的班本化主题时，我们常常使用更加松散、灵活的了解儿童兴趣与需要的活动形式。

首先，在一段时间的共同生活中，瞄准幼儿的兴趣与需要。除了常用的调查法和谈话法之外，自然观察、情境引发、在和幼儿共同生活的过程中不疾不徐地发现，都是了解幼儿兴趣、经验的重要方法。幼儿的兴趣发生在幼儿的真实生活中，教师可以安排一段时间，轻松地与幼儿讨论，抛出话题来看孩子的反应，观察他们的兴趣点在哪里，从而逐渐瞄准幼儿真正的兴趣。

在小班将要开展“春天”主题活动的时候，孩子们和教师围绕“季节”这个话题进行了一周的松散交流，教师抛出“现在是什么季节”这个问题，引导幼儿讨论，利用日常散步、游戏等环节，和幼儿一起，在幼儿园里寻找、发现大自然的变化。孩子们在香樟树下发现很多落叶，发出“现在是秋天吗”的疑问。孩子们还发现，香樟树下虽然有落叶，但树上还有很多很多绿绿的新叶子……在一周时间内，教师带领孩子们一起慢慢探寻，发现了孩子们的很多关于季节的困惑，于是，教师基于儿童立场，带着孩子从解答“现在是秋天吗”这个问题开始，来观察春天的落叶，从而开启了特别的、给予幼儿回应与满足的“寻春之旅”。

其次，在偶发事件中，捕捉幼儿的兴趣和需要。偶发事件中往往蕴含着儿童丰富的兴趣和问题。《纲要》指出：“教师应成为幼儿学习活动的支持者、合作者和引导者。”要“善于发现幼儿感兴趣的事物、游戏和偶发事件中所隐含的教育价值，把握时机，积极引导。”这就要求教师能通过偶发事件随机应变，有效捕捉随机事件中儿童的兴趣和问题，使该事件发挥其教育价值。

小班的孩子偶然间在幼儿园操场上发现了一个小洞洞，他们围着洞洞七嘴八舌地议论着。教师发现孩子们兴致很浓，便抛出话题：“怎么会有洞洞呢？”幼儿奇思妙想，有的说是虫子咬的，有的说是小石子砸出来的，有的说是被雨水冲破的。教师继续追问：“洞洞里有什么？”“哪里还有洞洞呢？”在教师的引导下，幼儿在幼儿园里寻找各种洞洞，在观察与发现中丰富自己关于洞洞的经验。

再次，师幼双方都可以表达出兴趣和需要。在班本化课程实施中，教师知道要尊重儿童的兴趣，但是有些时候幼儿的兴趣和教师认为的有价值的内容之间关联性不强时，有些教师就会陷入这样的困惑：孩子没有自发提及，教师可以激发吗？有些经验对幼儿来说是这个时期应该掌握的，但是如果孩子并没有表现出兴趣和关注，教师可以适当引导，以实现对儿童的培养目标吗？

这种“孩子不提我也不提，孩子提了我才能提”的想法，其实是失之偏颇的。班本化课程可以由幼儿发起，也可以由教师发起。班本化课程实施的过程，是一个师幼双方共同建构的过程，师幼共同将主题推向深入和丰富。教师发现有价值的内容、合适的教育契机，可以激发幼儿的兴趣，但是在激发之后要观察孩子们的反应。如果孩子们饶有兴趣，积极投入，就可以继续开展此主题活动；反之，则说明活动内容不符合孩子的需要，或者活动开展时机并不成熟，就需要及时调整或更换。

（二）筛选与判断幼儿的兴趣、经验及需要

儿童自主形成的，或者聚焦某个话题而产生的兴趣，都能作为新的主题活动或项目活动的核心话题吗？围绕这一兴趣点能否进行有价值的探索？在课程实施之前，教师还需要对幼儿的兴趣、需要进行价值判断，看其能否形成活动主题。

1. 是否有触手可及的丰富资源，能支撑幼儿不断生发经验

《指南》中指出，儿童是通过直接感知、亲身体验、实际操作来探索世界、积累经验的。要想推进课程的实施，课程资源至关重要。当幼儿萌发并聚焦兴趣之后，教师要关注实施该主题所需要的资源是否易于获得。资源既包含物质资源，也包含文化资源、人力资源（如班级教师、家长、幼儿园工作人员等）。丰富的、随手可得的课程资源，将支持幼儿随时去观察，能为幼儿不断生发经验提供基础，能支持主题不断向前延展，这样的资源就可以转化为幼儿的经验。

一场秋雨过后，孩子们从户外走进了教室。教室的地上为什么会留下一个个黑黑的脚印呢？乐乐伸出小脚蹭了蹭，黑脚印瞬间变成了一摊散落的泥土，原来这是他从户外草坪上带回来泥土。中班的孩子，对泥巴既熟悉又好奇，产生了玩泥巴的想法。教师因势利导："你们知道泥土是什么吗？你们知道哪里有泥土吗？"

"幼儿园大草坪上有泥土。""湖底有泥土。""房子下面有泥土。""马路下面也是泥土。""我家的院子里有泥土。"……原来泥土就在孩子们的身边！孩子们每天进行户外游戏时，可以踩泥巴、玩泥巴；幼儿园外面，泥土也随处可见。丰富的、随处可得的泥土，就可以让孩子充分体验、感知，不断使他们获得新经验，于是孩子们和教师共同开启了"泥土奇遇记"班本课程。

2. 是否符合一定年龄段幼儿的学习与发展特点，便于幼儿认知和理解

幼儿的兴趣是比较泛化的，也许对同一个话题就会产生不同的兴趣点。幼儿园阶段的孩子，其发展表现出典型的阶段性，不同年龄段的孩子认知水平差异较大。当幼儿对某个事物萌发兴趣的时候，教师应结合幼儿当前的年龄特点来进行分析，思考即将开展的主题是否符合该阶段幼儿的认知水平，是否基于该阶段幼儿的已有经验，是否有适合该阶段幼儿的学习方式，是否便于该阶段幼儿认知和理解。

大四班因手足口传染病而停课了，原定的秋游活动延期了，目的地也有变动。但秋游活动的前期准备工作没有停，教师通过微信群，围绕"秋游去哪儿"话题，与孩子们进行"隔空对话"。孩子们通过网络投票确定了秋游的新地点——南京博物院。因为南京博物院地方很大，为"一院六馆"（"六馆"分别为历史馆、特展馆、数字馆、艺术馆、非遗馆和民国馆）格局，孩子们又再次投票选出了数字馆、非遗馆和民国馆这三个他们最感兴趣的场馆。

主题的容量是有限的，一次秋游活动不可能三个场馆都参观。幼儿的兴趣是主题实施的重要因素，但是不能作为确定主题内容的唯一取舍标准。教师在筛选和确定主

题活动内容的时候，还有一个重要原则，就是要判断这些内容是否便于幼儿认知和理解。因此，教师对照《指南》，分析该阶段幼儿的关键经验，并结合上一主题幼儿发展目标的落实情况了解幼儿当前发展水平，最终舍弃了数字馆和民国馆，确定了秋游时参观的场馆——非遗馆。

幼儿刚经历了“我是中国娃”主题，他们萌发出作为一个中国人的自豪与骄傲，对中国传统文化十分向往和崇敬，一进入非遗馆，孩子们立刻被制作精美的中国结、栩栩如生的彩泥塑像、色彩丰富的脸谱等吸引住了，孩子们围在不同的展台前欣赏，展馆工作人员（有的就是该非遗项目的传承人）一边讲解，一边示范操作，让孩子们目睹了非遗作品手工制作过程。这样的秋游经历是如此特别，孩子们游走在每个展台前，每个孩子都那么专注、入神。

秋游南京博物院非遗馆，给孩子们带来了太多惊喜与新发现，秋游活动结束后，班级又开展了“走进非遗”班本化主题活动。在深入探究后，新年前夕，孩子们模仿南博非遗馆宣传中国传统文化的形式，将自己制作的中国结挂饰、水墨画团扇、扎染T恤等以“爱心义卖”的方式在社区进行售卖，并将义卖的全部款额捐献给了南京市红十字会。

主题活动的目的是促进幼儿的发展，活动内容如果符合相应年龄段幼儿的学习和发展特点，就便于幼儿认知和理解，就会在师幼共同经历的课程实践中迎来一个又一个“哇”时刻。

3. 是否有利于幼儿关键经验的获得，并在前后脉络中不重复、不遗漏

为了引导不同年龄段幼儿进行更适宜的主题活动，教师还必须通过儿童的兴趣去解读其背后可能蕴含的发展价值和关键经验。如果一味顺着儿童的兴趣随性而为，不站在幼儿发展的整体角度思考，就会使课程滑入随意、随性的境地。幼儿兴趣的背后蕴含着怎样的教育价值？这些经验能否指向幼儿能力的发展？对关键经验的获取，在之前的主题活动中是否有过？当前的兴趣指向，是不是经验的简单重复？……这些也都是教师需要思考的问题。

冬天的雪花、新年的礼物，是所有人童年最美好的回忆。孩子们都喜欢在雪地里追逐玩耍，还会好奇地用手接过飘落的雪花询问“为什么雪花不见了”。冬天带给孩子们的，除了有趣的打雪仗、堆雪人游戏，还有热闹的新年。基于幼儿如此浓烈的兴趣，“冬天”“新年”成为许多幼儿园选择实施的活动内容。

选择活动内容是一个价值判断过程，依据幼儿兴趣确立的主题内容，教师应关注其内涵是否与该年龄段幼儿的发展目标相一致，活动过程中是否能让幼儿积累在成长中所必须获得的关键经验。因此，我园在小班开设“天冷我不怕”主题，引导幼儿初步感知冬天的基本特征，体验季节的变化和冬季生活、活动的乐趣。主题实施过程中，孩子们穿上“不怕冷的大衣”去迎接冬爷爷，与小雪花共舞，与小冰块嬉戏，和北风爷爷赛跑，与新年老人共享欢乐。中班幼儿则在“冬天来了”的线索中，从周围环境的变化中感知冬天明显的季节特征，并投入各种迎新年的活动，了解中国新年传统的民俗活动，在“冬天里的活动”线索中更加热爱自然，热爱生活。大班幼儿的经验更加丰富，视野也更加开阔，在冬天里，他们围绕“新年”话题开启“世界年，中国年”主题探究。

在初步判断主题价值的基础上，教师和幼儿共同寻找到适合的话题。但是在主题实施过程中，幼儿的兴趣是变化不居的，教师还要懂得用动态的眼光识别、追随幼儿的兴趣。

(三) 聚焦、延展幼儿的兴趣、经验及需要

每个孩子都有自己感兴趣的话题，但是未经聚焦的零散的兴趣点不利于幼儿搭建对话平台，难以实现经验共享。如何在有限的时间内，引导全班幼儿聚焦一个或几个大家感兴趣的话题和问题进行活动，形成持续、深入的探究氛围，这是教师在发现幼儿兴趣点之后应做出的专业反应。

1. 创设情境，让儿童的兴趣聚焦

儿童是主动的学习者，只有当他们有兴趣、有问题、有探索实践的强烈愿望，才有可能投入地参与到学习与体验中，才会积极地、饶有兴趣地通过了解各种事物的关系来建构自己的完整经验。但是，如果没有成人或适宜环境的支持和引导，幼儿兴趣的持续时间会比较短，且深入的探索也较难发生。教师应该通过引导幼儿将探究焦点清楚地聚集在某一个共同的兴趣上，并给幼儿提供更深入的学习机会，来推动幼儿主动学习。

大班孩子秋游南京博物院归来了，他们被非遗馆中各种各样丰富有趣的非遗物品吸引，迸发出不同的兴趣点：剪纸、陶艺、花灯、中国结、戏剧脸谱、皮影、香包、活字印刷，等等。在“走进非遗”主题活动中，孩子们对自己喜欢的非遗物品进行研究，并分享交流相关经验。由于每个孩子对其他人的研究内容并不了解，彼此缺乏共同的经验基础，导致每个孩子的兴趣都难以获得同伴的共鸣，他们的探究不能获得持续的推动力。

这时候，教师基于自己所了解的幼儿已有经验，对幼儿众多的兴趣点进行价值判断，在活动室中布置了“走进非遗——中国结”展区，借助各种中国结实物、图片等，丰富幼儿对中国结的了解。接着，购买了编中国结的彩色线绳、配饰等材料，将它们提供在区域活动中。由于幼儿已有扫码看视频等自主学习的经验，教师还特意制作了中国结编织视频，以二维码的形式呈现，幼儿喜欢哪一种中国结式样，就可以扫描其下方的二维码，看着视频，自主学习这种中国结的编织方法。孩子们还发现，每一种中国结都有名称，在进一步了解了中国结的名称后，他们也变身为“中国结设计师”，自己绘制中国结，不仅给自己的作品命名，还解读其美好寓意，大家真实感受到中国结传递祝福与美好愿望的内涵。幼儿还在区域活动中迁移剪窗花的技能，创作出中国结剪纸作品。

有一天，教师穿着的一件有中式盘扣的衣服，在晨谈时引起了孩子们的关注。孩子们议论：“中式盘扣是不是也是中国结?”确实，盘扣也是一种中国结，盘扣所用的结饰，如纽扣结、琵琶结等，都是中国结的基本结饰。于是，孩子们开始寻找有盘扣的服饰，发现盘扣不仅仅出现在服装上，它已变成一种中国风装饰元素，在许多物品上都会采用盘

扣作为点缀。接下来，幼儿使用彩色线绳在平面底板上盘绕出盘扣的图案，当初为编织中国结而购买的线绳再次被使用。此外，孩子们还发现，色彩鲜艳、易于塑形的纸黏土和毛根也可以被用来制作盘扣。这样一来，活动室非遗展台上的作品越来越多。在角色游戏中，中国结饰品也开始出现在“小超市”的商品柜台上。

当幼儿兴趣点较为分散的时候，教师通过创设相关的情境引发幼儿讨论、交流，并提供可供实际操作的材料，让幼儿有充分的实践机会，使他们的兴趣逐渐聚焦。通过丰富的材料和环境支持，给予幼儿持续探究与深度学习的可能性。综合课程造就完整儿童，一定程度上就是“无中生有”，不断制造机会与条件，使幼儿“有事可做”。情境化的活动，不仅给予幼儿更多聚焦兴趣点的机会，而且逐渐瞄准幼儿真正的兴趣。

2. 充分倾听，尊重多样化的想法与愿望

幼儿的兴趣丰富多样，不仅体现在主题活动开始前，也体现在主题实施过程中。在主题活动前期，幼儿零散的兴趣点汇聚成集中的话题，随着主题的深入，集中的话题也可能产生新的分化。追随着幼儿的兴趣进入主题活动后，教师仍然要用动态的眼光去识别、追随，支持幼儿多样化的想法与愿望。这样做，不仅能为主题积蓄前行的动力，而且能使幼儿更投入地参与其中。当然，这个过程，对组织实施主题活动的教师来说是很大的挑战。

在实施“春天里的活动”主题时，大班幼儿对野营特别有兴趣，围绕白天的远足和晚间的夜宿幼儿园活动，每个孩子都有自己的想法。针对远足活动，教师提问：“到了公园可以干什么？”引导幼儿根据自己的愿望组成“远足活动小分队”，并以小组的形式制定“远足活动计划表”。到达目的地后，幼儿按小组计划开展活动，有的放风筝，有的捞蝌蚪，有的扑蝴蝶，有的捞小鱼，有的观赏野花，还有的写生绘画。这些小组活动，使孩子的自主性和参与性得到充分的发挥。晚间夜宿幼儿园，这是幼儿第一次离开家，和小伙伴、老师住在一起，想要做的事情就更多啦！教师充分倾听幼儿的想法，并判断、选择可行的实施方式。比如，有全班幼儿举行“睡衣 party”，有小组幼儿三五成群打着电筒在幼儿园小菜地里找虫虫，还有在大家都睡觉时像卫兵一样站岗的“小守卫”、拉小提琴用音乐声作为铃声唤同伴起床的“小绅士”……

孩子们有趣而奇特的想法一一得以实现，不仅为野营活动注入了更多难忘的回忆，更让由兴趣导入的主题活动具有持久的力量。

主题实施过程中，幼儿根据自己的兴趣和需要去生成新的内容，主题活动因人而异，因地制宜，适应不同幼儿群体的需要，这正是其有生命力的体现。

构建对话、合作的师幼关系，教师充分倾听且尊重幼儿多样化的想法与愿望，才能因时、因地、因儿童的实际情况，思考和选择主题活动的内容，使计划处于动态发展中，更切合不同时期幼儿不断变化发展的实际，较好地体现综合课程的动态发展过程。

3. 问题推进，拓展兴趣的广度和深度

在主题实施过程中，幼儿基于兴趣产生共同话题，教师应精准识别其兴趣，才能不断把幼儿原始的兴趣推向深入，让基于兴趣的活动承载更多的价值。问题的推进，拓展了幼儿兴趣的广度和深度，也聚焦和延展了幼儿的兴趣，使幼儿全身心地投入其中。

美丽的南京是孩子们的家乡，一名中班孩子向大家介绍了她和家人去南京玄武湖游玩的趣事，引发了孩子们对南京好玩的地方进行探究的愿望。两轮投票后，得票最多的是宝船公园，于是，宝船公园最终被确定为大家将一起去参观的目的地。

参观前，教师预计宝船公园里有很多可以引发儿童兴趣的地方，为了让儿童个体的参观目的得以聚焦，就引导幼儿先提出自己最想了解的问题，如："为什么叫'宝船'？是不是里面藏有很多宝贝？""宝船是用木头做的，木头是怎么连接的？"……参观中，儿童带着自己的问题进行参观，积极寻找问题的答案。川川提的问题是"木头怎么连接起来的"，果然他在第二展厅里看到了木榫的实物。随着参观的深入，孩子们一边寻找事先提出的问题的答案，一边也产生了新的问题。

上述案例中，教师用让幼儿提问的方式了解幼儿的兴趣，并鼓励幼儿自己寻找问题的答案，还借助参观引发幼儿产生新的感兴趣的问题。然后，通过集中分享交流的方式，将个体的兴趣点在集体中进行提炼，最终班级幼儿的兴趣聚焦到两个方面：郑河下西洋的历史和船的发展史。这个过程中，不管是教师主导的问题，还是幼儿自己的问题，都逐渐聚拢到统一的方向。就像给一只四散发光的灯泡罩上了一个灯罩后，光源就集中而明亮地指向了一个方向。

在主题进行的过程中，高水平的问题能促进幼儿的深度学习，推动主题不断向前发展。接下来，幼儿基于兴趣形成问题研究小组，带着问题再次进行参观宝船公园的活动，将原有零散的关于宝船的兴趣点进行整理和提炼。通过系列活动，让幼儿不断带着问题建构新经验，幼儿的经验自然地在动态生成的过程中不断生长和提升。在幼儿分享经验的过程中，同伴也来补充经验，幼儿被同伴的发现和问题激发，产生持续研究的动力，参与主题的兴趣就会更浓。

4. 丰富资源，引发持续的行动

课程内容是实现课程目标的手段，而课程资源是将课程内容变成具体的活动的实施保障。"成人的职业"是一个离孩子们很近又很远的话题，怎样在有趣的活动中让幼儿积极运用感官去感知周围世界，形成尊重人们的劳动、爱护劳动成果的情感和态度呢？在中班"好邻居"主题中，教师通过不断丰富资源来引发幼儿持续的行动，让主题活动深入下去，实现从"无言"到"对话"的转变。

主题从"你好，好邻居"进入，教师组织幼儿走出幼儿园，通过实地参观，了解幼儿园周边社区里的各种场所和人们的工作，并在幼儿参观社区时拍下相关照片，将照片与"社区地图"等相结合，布置"我们的好邻居"主题墙。班级还收集一些常见的、易于幼儿使用和操作的成人劳动工具、材料，让幼儿进行操作体验；开展亲子活动"爸爸妈妈的职业"，将幼儿对自己父母职业的记录单陈列在主题墙中，引导幼儿感受成人职业的多样性。接着，教师邀请家长志愿者加入，以"医生""工程师""厨师"等职业身份走进幼儿园课堂，帮助幼儿更深入地“探秘好邻居”。除此之外，还邀请特警、消防、民警等不同身份的“阳光警察”进入幼儿园，向孩子们展示各自不同的“特殊装备”。在幼儿更加直观、具体地了解成人劳动的内容后，根据他们对成人劳动的认识和兴趣，师幼共同商讨和调整班级游戏的内容和情节，幼儿在角色游戏中扮演“好邻居”，“医院”“理发店”“超市”“小吃店”等游戏的内容和情节更加丰富起来，还增加了“旅行社”“消防局”“110 巡逻车”等新的游戏内容和元素。

社区是幼儿生活的场所，这里有医院、超市、理发店……生活着各行各业的人们，有着各种各样的设施设备，其中蕴含着大量的教育资源和教育契机。教师充分利用社区资源，组织幼儿进行“体验式”参观，如使用 10 元钱在超市自主购物、教师或个别幼儿理一次发、在糕饼店购买点心等。在直接感知、亲身体验和实际操作中，幼儿进一步感受各行各业人们的工作和生活的关系。资源的充分运用，为主题后续的活动提供更丰富的经验来源，引发幼儿持续的行动，最大限度地给予主题前行的动力。

综合课程强调以幼儿的生活为基点来选择课程内容，幼儿的现实生活、感兴趣的生活即综合课程要整合的资源。幼儿的兴趣不等同于活动内容，将幼儿的兴趣发展为适宜的主题活动内容需要经过价值判断。从发现幼儿兴趣到确立主题内容，教师一定要不断寻找可能延续探究兴趣的方向，以防主题迷失。

二、调适主题目标：动态调整建构，明晰发展方向

课程目标是引导课程编制者所有活动最关键的标准。[①] 课程目标决定课程内容，有什么样的课程内容，就会培养出什么样的儿童。课程目标的制定至关重要，完整儿童培养目标是依托每一个具体的主题的目标去达成的。在班本化课程实施中，如何制定目标，对很多教师而言也是难点。在不断研究和建构班本化主题的过程中，教师把幼儿发展目标结合在一起，去设计和反思课程：班级孩子的发展状况如何？本主题设定的目标是什么？活动和主题的关系是什么？预设的主题目标有没有达成？……教师围绕班本化的幼儿发展目标进行探究，尝试将教育目标化为幼儿的需要。

无论是经典的主题活动，还是新生成的活动内容，要想将其作为一个主题来实施，教师就要思考：其核心价值在哪里？怎样遵循“来源于儿童”的原则进行课程设计？怎样通过课程的实施给予孩子充分的体验？社会环境在变，幼儿的生活在变，幼儿关注的事物和话题也在变，如该主题或内容仍有价值，又该从哪个角度切入？可引导幼儿经历怎样的经验获取过程？对幼儿发展目标的期待也依旧吗？……这些都是班本化课程设计中绕不开的问题。我们认为，在尊重幼儿兴趣的基础上，班本化课程设计的目标既要依据《指南》等国家纲领性文件、紧扣园本“五维”素质发展目标体系，还要放置在幼儿长期发展的阶段中来审议，同时关注领域内部目标之间的逻辑性，从而达成幼儿兴趣与发

① [美]拉尔夫·泰勒.课程与教学的基本原理[M].罗康，张阅，译.北京：中国轻工业出版社，2020：63.

展目标之间的平衡。

（一）主题目标的来源

1. 以《指南》《纲要》等纲领性文件为根本依据

完整儿童的培养目标与国家的育人期待一致，因此，在具体的课程目标的制定中，《3—6岁儿童学习与发展指南》《幼儿园教育指导纲要（试行）》等国家纲领性文件是重要的依据。教师确定推进一个新的主题时，不管它是园本课程中既有的，还是师幼创生的，首先都要参照文件中对不同年龄段幼儿在各领域的典型表现和核心要求，以整合的视角，调整或制定课程目标，力求让这个主题承载尽可能丰富的、适宜的发展目标，以期通过主题活动帮助幼儿获得完整经验。

2. 落实各年龄段幼儿发展目标

在深化研究中，我园优化了"学习品质与创造""运动与健康""语言与认知"个性与社会性""审美与表现"五大块面的幼儿发展目标，并对3—4岁、4—5岁、5—6岁幼儿的发展目标进行了细化。

我园的幼儿"五维"素质发展目标体系清晰地勾勒出对幼儿在各年龄段关键领域的发展期望，呈现了儿童发展的脉络，是《指南》《纲要》具体化的、园本化的落实。这个目标体系，既与国家的教育目标一致，又兼顾各年龄段幼儿能否完整达成。主题活动是落实学期发展目标的重要载体，各主题的目标就要与园本的年龄段素质发展目标保持一致性和连续性。因此，教师制定主题目标时，要回到这个园本目标体系中去，通过园本目标的引领和支撑，落实对各年龄段幼儿的核心经验的培养，除了横向上对照某年龄段幼儿在各领域的发展目标之外，还要纵向考虑，往幼儿在园三年参与的课程中合理分配目标，从而保证主题目标既不重复，又不遗漏。

3. 结合班级幼儿当下的发展状况拟定目标

不管是《指南》《纲要》，还是我园自主构建的幼儿"五维"素质发展目标体系，都只是宽泛的、普适性的目标，主要目的在于指明具体的方向。而每个班的孩子，其素质发展的实际情况都不一样，教师必须依据班级孩子当下的发展状况，去制定班本化的、有针对性的目标。

小班"我爱我的家"主题中，教师根据班级孩子的实际情况，对园本课程方案中该主题的目标进行了调整。在进入主题活动前，教师了解本班幼儿的经验，并通过日常观察发现很多孩子能感受到父母对自己爱，比如："爸爸妈妈会亲亲、抱抱我，会关心我。"幼儿也会用"亲亲""抱抱"等动作去表达自己对父母的爱。但是在生活中遇到一些问题时，就会不理解父母，甚至责怪父母，比如："我不会穿衣服，因为妈妈给我穿带拉链的衣服。""我没带水杯，因为妈妈忘记了。"……教师透过现象发现本质，认为促进小班幼儿理解父母、理解他人，是本主题活动的教育价值所在。同时，本主题活动还要促使祖辈家长更好地参与育儿过程，所以也应该设计一些活动，促进幼儿与祖父母之间的互动。

经过这样的分析，教师基于本班幼儿的现状，调整了园本课程方案中的一些目标，详见下表。

“我爱我的家”主题目标班本化调整前后对比

园本课程方案主题目标	班本化主题目标
1. 能情绪愉快地参加亲子活动，在各种活动中感知与家人一起生活的甜美，体验家人对自己的爱。 2. 知道爱家人并尊敬他们，学习关心、爱护家人，并能用适当的语言、行为等多种方式表现出来。 ……	1. 能情绪愉快地参加亲子活动（与父母、祖父母一起活动），在各种活动中感知、了解自己的家人，体验家人对自己的爱。 2. 知道爱家人（父母、祖父母）并尊敬他们，学习关心、爱护家人，并能用适当的语言、行为等多种方式表现出来。 ……

我园教师在审议班级幼儿的发展状况时，在根据幼儿的行为表现判断其是否达成一定的目标时，都会依据典型的证据，而非泛泛的“总体印象”。对班级孩子的了解，植根于教师的观察，教师平时尽可能多地收集孩子各方面的表现，解读孩子表现背后的原因，来印证分析和判断的客观性。将幼儿当下的发展水平反扣目标，做出具体分析，从而制定出相对科学、适宜的班本化主题目标，具体步骤详见下图。

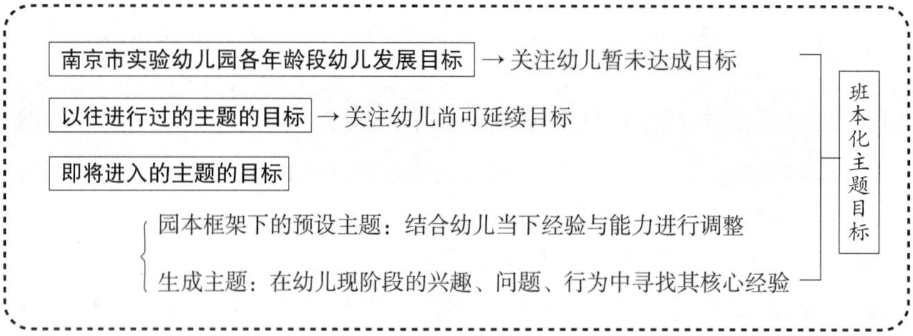

我园幼儿发展状况审议步骤图

大班“我要换牙啦”主题，是教师根据幼儿的实际生活经验，与幼儿共同创生的新主题——最近一段时间，班级有近一半的孩子陆续开始换牙，他们谈论换牙的感受，观察掉下来的牙齿，对换牙现象十分感兴趣。教师结合这一现象，考虑到前后主题关键经验的延续性，围绕“换牙”话题设计了丰富的主题活动。在制定主题目标时，教师进行了详细、全面的思考。本学期已经开展过主题活动“我是中国娃”“可爱的动物”，在这两个主题的活动中，班级幼儿的总体目标和个别幼儿的发展目标达成情况如何？教师进行了梳理和思考：要针对幼儿尚未达成的目标“在活动中有一定的专注力，能克服困难完成任务，尝试用自己的方式（创编儿歌、创编歌曲、宣讲活动）记录发现”继续开展相关活动，还要结合幼儿当下对动物仍然很感兴趣，成立了“动物研究小组”的实际情况来开展活动。于是，教师确定了“探究动物和人类牙齿的秘密，对换牙现象充满期待，体验成长的喜悦”这一目标，同时结合《指南》中提出的大班上学期幼儿在健康和社会领域的典型表现，确定了“能运用多种方式(如制作宣传小报、念诵儿歌、情景表演)表现自己了解的有关牙齿的小知识，知道要爱护牙齿，并能用正确的方法刷牙”的目标(目标制定过程详见下图)。在这些班本化目标的制定过程中，教师既基于幼儿的兴趣，又从幼儿兴趣的教育价值的角度进行了理性思考，《指南》目标、园本课程目标、领域核心经验都有涉及，且该主题目标与已进行过的主题的目标之间呈现出延续性和一贯性。见下图。

结合已开展过的主题“中国娃”“可爱的动物” → 延续园本“幼儿发展目标”中尚未达成的目标；

结合当下幼儿对动物感兴趣的现状 → 设计“探究动物和人类牙齿的秘密，对换牙现象充满期待，体验成长的喜悦”的目标；

结合《指南》提出的健康和社会领域的典型表现 → 确定“能运用多种方式（如制作宣传小报、念诵儿歌、情景表演）表现自己了解的有关牙齿的小知识，知道要爱护牙齿，并能用正确的方法刷牙”的目标。

“我要换牙啦”主题目标的制定思路

如上所述，对照已进行过的主题的目标，对幼儿经验的建构情况进行梳理，这是确定下一个主题的目标的一个参照。这样，教育就具有连续性，目标的设计和制定也能支持幼儿经验的连续生长。

(二) 提高主题目标适切性的原则

1. 主题目标要有上下一贯性和连续性

我园幼儿发展目标体系是按照“幼儿发展目标→具体年阶段目标→主题目标→活动目标”的层次来架构的。主题目标属于中观层面的目标，是对园本幼儿发展目标的落实，也是对具体活动的目标引领，是在我园幼儿发展目标和具体活动目标之间架起的“桥梁”，因此，主题目标必须具有一贯性和一致性。

一些教师在制定主题目标时，缺乏对上位目标体系的整体把握，也缺乏对主题目标价值和作用的理解，常常将主题目标制定得过于细碎、具体，将其与活动目标相混淆；或者过于宽泛、模糊，对幼儿核心经验的指向不清晰，难以为具体活动目标的制定提供指引。所以，只有充分理解主题目标在目标体系中的“承上启下”作用，制定时上有依据、下有指向，才能发挥中观层面目标的引领作用。

2. 主题目标要达成横向主题推进和纵向学科逻辑发展之间的有机编织

主题活动是建立在一定的学科背景上的，制定目标时要达成 展之间的有机编织，才能有效促进儿童经验的生长。综合课程的主题目标包括主题性目标(和当下主题紧密相关,更具综合性的)和学科性目标(与主题联系松散但蕴含学科关键经验)。制定目标时,要处理好二者之间的关系,在关注学科自身逻辑的基础上,对主题目标进行自然整合。

(1)促进主题目标横向和纵向之间的联系

为帮助幼儿获取关键经验组织活动时,需要考虑两种角度。一是纵向角度,即从时间角度,让幼儿的经验得到更深、更广的发展;二是横向角度,即从一个领域到另一个领域,让经验之间相互促进、强化,便于形成更有意义、更统一的观点。在此基础上,形成更有效的教学计划。

综合课程在针对幼儿三年在园学习时间所编制的课程方案中,按照语言、音乐、美术、数学等学科背景,梳理出小、中、大班不同年龄阶段学科的关键经验。以音乐领域为例,我园按歌唱、韵律、打击乐和集体舞这四部分内容来梳理幼儿应获得的核心经验,之后将纵向的学科经验融入横向的主题中。有时可以自然融入,如小班"秋天"主题,教师为这个主题选择的歌曲内容既和主题匹配,音乐的难易程度又和小班幼儿的能力相匹配,这就可以和主题自然融合。有些学科内容可能与主题内容联系不紧密,就会以主题中"其他活动"的形式来落实关键经验。这样就保证将学科性目标完整融入三年的学习活动,不遗漏也不重复。

如何将与主题内容相关度不紧密的学科性目标整合至主题目标中?图示如下:

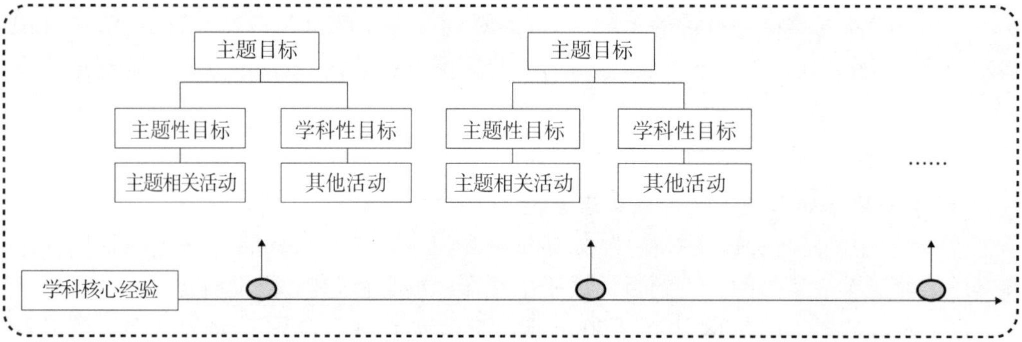

将与主题内容相关度不紧密的学科性目标整合至主题目标中的逻辑示意图

(2)提升对领域目标的认知水平,让主题目标更合理

教师既要明晰一个阶段整体的课程目标要求,也要明晰具体的领域目标蕴含哪些方面的关键经验。有些学科,如数学、科学,有其内部完整的逻辑结构,教师必须关注学科经验的递进性,对学科经验的进阶要求有清晰的认识,在制定目标时才不会造成遗漏、前后倒置或重复。综合课程强调目标之间有机联系,在此基础上,也要求教师加强对学科基本规律的认识。也就是说,教师只有从整体的角度,将目标串联成清晰的线

索，才能前后联系地去审视每一个目标所处的逻辑顺序，才能掌握课程推进的节奏和火候，知道什么时候可以放慢速度，什么时候可以大而化之，什么时候应帮助梳理经验，什么时候应给予孩子时间和空间，让他们慢慢体验。

3. 目标是动态建构的，在实施中不断调整与细化

主题目标制定之后，并不是一成不变的，而应根据儿童不断深入探索的进程，去思考活动带给儿童的新发展价值，在不断丰富活动内容的同时，也让动态的目标更具有适宜性。主题活动开始初期，目标的制定是给教师指明一个大致的方向，使教师在设计活动、选择内容时有一个"抓手"；在追随儿童的活动过程中，教师通过具体活动把目标细化、清晰化；在主题活动结束后，教师反思、分析该主题帮助幼儿达成了哪些具体目标，或实现了哪些预设目标的延展。通过动态的建构与实施，主题目标逐步清晰，最后聚焦到儿童的发展上来，为下一个主题目标的制定提供依据。此过程的要点详见下图。

主题开始前　为活动的设计和选择，提供方向、抓手

主题进行中　通过活动实施，使得目标细化、清晰化

主题结束后　审议预设目标的达成情况，判别实践中延展的新目标

主题活动开展的不同阶段主题目标调整要点

三、创生主题线索与活动：遵循心理逻辑，呼应认知特点

综合课程以主题活动的形式来帮助幼儿建构经验，主题活动又是通过若干条线索来组织与幼儿核心经验相关的系列活动的。设计线索的过程，也可以理解为选择、编排幼儿学习经验的过程。任何一种单一的学习经验都不能对学习者产生深远的影响，只有将学习经验综合在一起，围绕它们形成连贯的教学计划，才能产生"累积效应"，才能使学习经验被有序组织起来，相互强化。但在班本化课程实践中，线索之间，以及线索内部的活动之间，还存在随意的低水平拼凑的现象。有时候看似教师设计了线索，但是线索内部的活动之间并无逻辑关系，呈现一会儿进行这个活动、一会儿进行那个活动，学习经验前后割裂，活动顺序可随意调换，经验只是简单的重复或者零散孤立的现象。

线索是将连续的学习经验组织起来的重要活动形式，能推进主题目标逐步实现。在目标确定之后，教师应结合幼儿的兴趣与课程资源，根据幼儿的心理逻辑去考虑主题实施的线索。依照主题内容的来源、主题脉络的不同呈现方式，跳出学科逻辑的框架，以儿童的认知特点、心理逻辑去设计和编排活动，是在这一过程中应遵守的基本原则。也就是说，要帮助幼儿达成"基于经验—联系、拓展经验—巩固、提升经验"的经验生长过程。

(一) 以核心经验为框架来设计活动线索

有许多特定的经验都能用来实现同样的教育目标，只要教育经验能满足有效学习的各种不同标准，它们就有助于实现所期望的目标。为了实现特定的目标，我们能想到和确定的经验是不计其数的。[①] 这说明教师在计划特定工作时具有广泛创造的可能性，同时也面临着诸多选择。

在园本课程的班本化实施中，教师会产生对课程内容难以取舍的苦恼，"这也舍不得，那也舍不得"，纠结万分。其实，这是因为教师关注的是课程内容本身，机械、割裂地看待具体的学习内容，觉得"这个就是这个，那个就是那个"。如果一心关注幼儿发展的核心经验，就会跳出内容本身，去关注其背后的价值，关注这些内容指向的核心经验。明确幼儿应获得的核心经验，是预设主题线索的依据，线索设计是为了帮助核心经验的获取，两者之间是相辅相成的辩证关系。

中班"我们都是好朋友"主题中，明确的核心经验是"喜欢朋友，有主动与人交往的意识，尝试运用多种方法了解、关心朋友，学习与人交往的正确方法"，依据该核心经验，教师预设的线索如下：线索一"我有好朋友"（喜欢朋友，有主动与人交往的意识）；线索二"朋友怎么了"（尝试运用多种方法了解、关心朋友）；线索三"我会交朋友"（学习与人交往的正确方法）；线索四"朋友越多越快乐"（喜欢朋友）。可见，预设的线索都围绕着核心经验，都是为了帮助幼儿获得核心经验。

教师准确把握核心经验，选择一个主题，根据儿童的心理逻辑和认知规律来选择内容，设计线索，扎实地带着孩子进行步步深入的探索，就能帮助孩子在主题活动和线索中获得该有的发展。

(二) 以拓展关系为指引组织活动线索

在综合课程的建构与实施中，逻辑结构和心理结构是相统一的，结构之间是关联的，逐步呈现的；课程中既要有纵向的联系，又要有横向的联系。在主题中，根据幼儿的心理逻辑，围绕某个核心要素，会聚焦出几条线索。线索与线索之间是相关联的，可能是并列的，也可能是递进的，经验的广度与深度都在相互联系中不断丰富与拓展。线索内部既要兼顾幼儿探索的纵向规律，也要尽可能容纳多领域的相关内容。

线索是有效组织起来的学习经验，在编制时，为了保证线索内部和线索之间的有机联系，保证幼儿学习经验的"累积效应"，应遵循以下标准：

1. 连续性标准

连续性是指课程要素的直线式重复，意味着要在一定时间内持续不断地操作相同类型的技能，是纵向组织活动线索的一个主要因素。在综合课程的线索组织中，连续性不仅指在一段时间内围绕一个话题进行集中的讨论和探究，更重要的是指让幼儿有机

---

① [美]拉尔夫·泰勒.课程与教学的基本原理[M].罗康，张阅，译.北京：中国轻工业出版社，2020：69.

会重复、丰富、亲身体验与话题相关的内容，并使相关经验得到发展。

随着幼儿生活范围的扩大，在中班“好邻居”主题中，教师引领幼儿一起了解幼儿园外面的世界，了解成人的工作等。教师引导幼儿从最熟悉的家庭入手，关注、了解爸爸妈妈的职业；再走向社区，在参观、访问、调查、游戏等一系列有趣的活动中，积极运用感官感知周围世界，了解周围社区中人们的工作，进而熟悉幼儿园周围的社区，了解社区里人们的工作和自己的关系。在一段时间内，综合课程利用幼儿园、家庭和社区资源，针对一个共同的话题，为幼儿创造了丰富的探索、体验、了解“好邻居”的机会。

2. 顺序性标准

顺序性关涉连续性又超越连续性，指要将每一个后续经验都建立在先前经验的基础上，且必须更广泛、更深入地探索所涉及的事物。在综合课程主题活动的线索设计中，顺序性标准能使幼儿充分体验经验之间的深化和拓展过程。

在大班“种子的秘密”主题中，线索之间、线索内部，相关活动的安排都体现了顺序性。秋天到了，孩子们在幼儿园里发现了几种特别的种子，就萌发了寻找种子、认识了解种子的愿望。在这样的需要的驱动下，教师设计了活动线索一“种子在哪里”，该线索从“种子在哪里”活动渐进到“采集种子”活动，引导幼儿发现种子之间的差异，然后进入“有趣的种子”活动，促使幼儿产生寻找更多种子的愿望，再自然进入“参观植物园”活动。可见，线索内部的活动呈现了延伸与递进的关系。

从线索之间的活动组织来看，孩子们在线索一“种子在哪里”的活动中去寻找、采集多种多样的种子，积累了初步的关于种子外形的经验；在此基础上，在线索二“种子的秘密”中探索种子结构、传播方式等不同的属性；最后，回归生活，开展线索三“种子和人们的关系”系列活动。可见，活动线索之间，幼儿的经验也是步步递进的。

3. 整合性标准

整合性是指课程经验间的横向联系，这些经验应该帮助幼儿获得统一的观点，并逐渐将自己的行为与所处理的相关要素统一起来。① 经验不是孤立的，而是逐渐成为幼儿全部能力的一部分，以便他们运用到日常生活的不同情境中去，让某一领域的经验与其他领域的经验相联系，从而使他们的观点、技能和态度逐渐统一起来。综合课程中的主题活动具有领域倾向性，线索中组织的活动，既有和主题目标密切相关的“基本活动”，也有和主题目标关系松散的“其他活动”。这些活动主要是围绕一个话题或者线索展开的，兼顾多个领域的经验，让幼儿各领域的经验能够打通，产生“累积效应”。

如在大班“垃圾分类跟来”主题中，在“我是垃圾分类宣传员”线索中，教师不仅根据孩子探究的进度设计了“我的宣讲计划”“小小宣讲会”等活动，让线索纵向展开，以顺应儿童经验的发展需求，还引导幼儿基于《茉莉花》的曲调重新填词，创编了《垃圾分类》宣传歌曲，此外，还带领幼儿创编宣传儿歌、绘画宣传海报等。这就是利用多领域的经验，

① ［美］拉尔夫·泰勒.课程与教学的基本原理［M］.罗康，张阅，译.北京：中国轻工业出版社，2020：89.

支撑线索内部产生更多的横向联系，从而帮助幼儿形成相对完整的经验。

（三）以儿童心理逻辑为基础编排活动线索

泰勒认为，“教育经验要想引起的反应是在学生力所能及范围内的”，“经验应适合于学生目标的成就水平、心理倾向”。而综合课程活动线索的设计，是基于儿童的心理逻辑，尊重幼儿当下水平和学习认知特点的。

在主题线索的设计中，常有两种逻辑，一种是学科逻辑，即以学科结构去设计线索，用成人视角去编排经验。另一种是儿童心理逻辑，即儿童认识世界的规律及认知的特点。因为幼儿的学习是一个经验不断生长的过程，每一个经验都建立在前期经验的基础上，学科逻辑机械、割裂，破坏了幼儿认知的整体性和顺序性，不符合儿童的认知特点；只有基于幼儿已有经验，并从幼儿的认知规律出发，提供连续、整合的经验，才能促进幼儿经验的递进和延伸。在近几年的课程研究中，我园重新梳理每个主题的发展线索，将某些主题中的学科逻辑线索调整为更加符合儿童认知发展规律的线索。

“准备上小学”是大班下学期第一个主题活动，下面通过展现其原有的课程设计和改造后的课程设计来比较其中的变化，详见下表。[①]

原有课程设计

第一周活动安排	教师教学意图	幼儿心理逻辑
开学啦（综合）	帮助幼儿回忆、巩固、建立各项生活和学习常规。	开学第一天，幼儿还沉浸在寒假的快乐中，常规的教育内容与幼儿想谈论过年趣事的心理之间出现了矛盾。
红彤彤的年（社会）	通过谈论新年中的“红色”回忆新年喜庆、热闹的氛围。	幼儿对过年的经验比较丰富，谈到了很多关于“年”的趣事，如放烟花、拜年等，但“年”对于孩子成长的意义在活动中并没有被提及。
热热闹闹过元宵（综合）	今天是元宵节，结合幼儿园的元宵节庆祝活动，开展“带弟妹搓元宵”活动。	在节日活动中，引导幼儿知道今天是元宵节，初步了解、感受元宵节的风俗习惯，但幼儿未能建立“年”与自身成长之间的联系。
小猫钓鱼（语言）	培养幼儿专心做事的好习惯。	活动前，孩子没有任何关于小学的经验，只知道做事要专心，不要学小猫三心二意，但并没有将这个学习品质与自己即将升入小学建立联系，也不知道这是小学生应该养成的基本学习习惯，因此难以落实到行动上。

① 张艳.“准备上小学”的心理化改造[J]早期教育（教科研），2013(07—08).

续表

第一周活动安排	教师教学意图	幼儿心理逻辑
最后一学期(音乐)	从本周领域平衡的角度看,教师希望通过带领幼儿学习歌曲帮助幼儿知道这是在幼儿园的最后一学期了,让幼儿懂得珍惜。	由于前期缺乏对"最后一学期"的讨论与认识,幼儿对歌曲所表达的留恋与努力上进的感情理解得不到位,如:教师流露出一些不舍的情绪,刚开始会让幼儿有些难受,但很快他们又高兴起来。
复习8以内的加减(数学)	这周还少一节数学活动。上学期数学领域的目标是"掌握7以内的加减",这学期从8开始。	教师教什么,幼儿就学什么。(教师对幼儿的经验考虑得不充分。)
第二周活动安排	教师教学意图	幼儿心理逻辑
我想知道的小学问题(语言)	教师想知道:关于小学,幼儿有哪些希望了解的问题。	有向往小学的愿望,但不太了解小学,不知道怎样提问,幼儿提出的问题大部分很类似,或模仿同伴的提问。
参观小学(社会)	帮助幼儿增进对小学的了解和认识。	小学和幼儿园好多地方不一样,但为什么不一样呢?
我了解的小学生活(综合)	在参观完小学之后,教师引导孩子们谈一谈自己对于小学的了解和认识。	通过参观,幼儿知道很多小学与幼儿园的不同之处,但与此同时,幼儿又产生了新的疑问。
书包里的秘密(科学)	教师借来了小学生的书包,让孩子们看看小学生的书包里都装了些什么。	幼儿对书包很感兴趣,知道小学生的书包里装着学习用品,而不是吃的;想和小学生一样,背书包上学。
小书包(语言)	教师找到了一首关于书包的儿歌。	儿歌很简单,孩子们很快就学会了。
小学老师来上课(综合)	为了让幼儿体验小学生如何上课,教师模拟布置了"小学课堂",并特意请来一位小学老师给孩子们"上课"。	孩子们很兴奋,觉得很新奇,但上完课后,一切又回到了"幼儿园"的状态。

改造后的课程设计

幼儿心理逻辑	教师教学意图	活动安排
快乐的寒假刚刚过去,幼儿有许多话想要和老师、伙伴们交流、分享。	满足幼儿想要交流和分享的愿望,寻找并发现幼儿对假期的兴趣点。	线索一:长大一岁了 快乐的寒假(谈话)

续表

幼儿心理逻辑	教师教学意图	活动安排
幼儿关于假期的话题，更多聚焦在“年”的趣事上，并提出了“还想过年”的愿望。	教师适时引入元宵节，并告诉幼儿：元宵节过完，“年”才结束。幼儿的兴趣随即转移到元宵节上。	热热闹闹过元宵(综合)
过完年，幼儿知道自己已经长大一岁了。	长大的孩子应该是什么样子的呢？教师鼓励孩子大胆地谈一谈、做一做。	我长大了(社会)
知道自己快要上小学了，这学期是自己在幼儿园的最后一学期。	教师引导幼儿思考：快要上小学了，在幼儿园的最后一学期，自己应该怎么做呢？	最后一学期(音乐)
幼儿还会对什么感兴趣呢？	教师可根据幼儿的发展需要，随时增加活动内容。	……
长大了，要上小学了，小学什么样？真想知道啊。	教师满足幼儿想要了解小学的愿望。通过调查表，引导幼儿向家庭成员进行调查，帮助幼儿初步建立对小学的感性经验，并让幼儿在集体中交流。	线索二：小学什么样 我了解的小学生活(调查、谈话)
调查和交流之后，幼儿还有一些关于小学的问题。	鼓励幼儿大胆地将自己的问题用绘画的方式记录下来，并提醒他们在参观小学时可以采访小学生。	关于小学的问题(综合)
幼儿急于知道关于小学的问题的答案，很想参观小学。	鼓励幼儿在参观小学时向小学老师和小学生提问，解决自己的问题。	参观小学(社会)
在参观小学后，幼儿说出了很多小学与幼儿园的不同之处，对有些不同之处幼儿仍然表现出不理解。	引导幼儿将自己找到的幼儿园与小学的相同与不同之处画下来，并鼓励他们再一次提出还想解决的关于小学的问题。	小学、幼儿园大不同(语言)
幼儿还有一些关于小学的问题没有解决。	教师又请小学生走进幼儿园，现场解答幼儿关心的问题，并做示范。	哥哥姐姐回来了(社会)
小学生真好，我也想来学做小学生，但是和小学生相比，我还有一些需要改进的地方。	教师进一步满足幼儿想要学做小学生的愿望，鼓励其制定计划，把需要改掉的缺点画下来，向小学生学习。	线索三：学做小学生 学做小学生的计划(综合)
我想和小学生一样，背书包上学。	通过儿歌，了解小学生怎样背着书包上学。	小书包(语言)
小学生的书包里会装些什么？	引导幼儿了解小学生的书包里都装着些什么。	书包里的秘密(科学)
背书包“上学喽”！小学老师在哪里？	请来小学老师，模拟小学课堂，让幼儿体验做小学生的快乐。	小学老师来上课(综合)
下课了，小学生玩哪些游戏？	播放小学课间活动视频，帮助幼儿储备游戏经验。	我的课间十分钟(社会)

从前后对比中我们可以发现，在原有的主题活动中，幼儿对该主题活动的兴趣并不如教师事先预计的那样浓厚，而教师在组织教学活动的过程中，也感到主题无法纵向延伸，总是"拽"着幼儿往前走。遵循幼儿的心理逻辑对主题进行改造后，我们发现，课程与幼儿的生活经验紧密结合，在幼儿原有经验的基础上，不断地向幼儿的已有经验提出新的挑战。

主题从幼儿的已有经验"过完年又长大一岁了，要上小学了"入手，确立了三条发展线索：长大一岁了→小学什么样→学做小学生。三条发展线索给教师清晰的提示：儿童的经验已发展到了哪一个阶段，又将沿着怎样的方向发展。每条线索都是开放的，线索中的活动也可根据班级幼儿经验发展的需要自由延伸。当综合课程遵循了幼儿的心理逻辑，以灵活的线索取代了僵硬的时间安排，打破了时空给主题带来的局限，就能满足幼儿经验发展的需要，使主题活动安排更富弹性。

综上所述，教师顺应幼儿的经验进行线索设计，在主题下引发一个个小话题(线索)，这些小话题推动幼儿逐步整合经验。线索间依次渐进的关系，又使孩子的经验不断向深处、远处铺陈。线索实施中，教师和幼儿一起灵活延展时间与空间，在宽松的时空支持中，教师能观察到幼儿发生的变化，这真正成为一个持续帮助幼儿加深体验并促使他们反思、体验的过程，这样才能真正实现主题的目标。

(四) 以真实情境、体验学习为依据筛选线索内容

泰勒在《课程与教学的基本原理》中阐述道：从本质上说，学习是通过学习者自身的经历而发生的，也就是说，学习是学习者通过对身处环境所产生的反应而发生的。因此，教育的方式就是学习者拥有的教育经验。正是通过这些经验，才会产生学习行为，从而实现教育目标。[①]

基于幼儿的学习方式和学习特点，主题活动的线索中所选择的内容必须是能够为幼儿提供多通道感知、手脑参与机会的实践活动、体验式活动，必须基于真实的情境，并有持续探究的空间。

"神秘的天空"是大班下学期园本课程方案中的一个主题，但张老师在这一届大班没有选择实施这个主题，因为老师们在审议文本后发现，原有课程方案中，在编排线索时，很多活动缺乏具体的情境支持，无法给幼儿提供直接体验和操作的机会。虽然有些幼儿对天文现象、天体知识感兴趣，但是缺乏具体资源的支持；只能支持幼儿从知识层面做粗浅了解，难以引导他们深入、持续地探究。因此，在本届大班的班本化课程开展之时，张老师未选择该主题。

(五) 按线索开展相应活动并灵活调整

综合课程强调"幼儿园一日生活皆课程"，经过 40 年的不懈研究，我们更加坚信：综

---

① ［美］拉尔夫·泰勒.课程与教学的基本原理［M］.罗康，张阅，译.北京：中国轻工业出版社，2020：65.

合课程能在有限的时间内获得最大的教育效益。特别是近年来，教师们在综合课程实施的过程中，除了注重实施路径多样化、组织实施最优化，更加将目光聚焦到幼儿身上，将幼儿的回应、变化与发展作为课程实施最重要的依据。

在课程实施中，教师一直在不断反思几个问题：以幼儿为主体了吗？幼儿主要的学习方式有哪些？是否允许并鼓励幼儿有不同的表达？当幼儿出现与预期不一样的行为时，教师做了什么？是否根据幼儿的问题、兴趣等生产了新的活动？对这几个问题的解答伴随着课程实施的全过程，也为课程实施提供了丰富的方案。

1. 以幼儿为主体，在共同生活中发现并解决问题

完整儿童首先是生活中的儿童，是能顺利过好每一天的儿童。培养完整儿童，就需要课程与儿童"贴身而行"。杜威认为"生活即教育"，我们只有扎根于儿童的生活，才能了解他们在生活中面对的最真实的问题、兴趣和需要。

课程内容来源于生活，但是生活本身并不是课程，生活进入课程要经过选择，因为课程需要思维的参与，要蕴含促进幼儿发展的契机，而不是随意组合的元素。我们的课程实施不是执行一些文本或方案，也不是随性地把生活中的内容拿来就用，而是要真正解决儿童面临的问题，然后推动儿童发展，这才是充满灵活性的课程实施过程。教师在儿童的问题、需要和课程目标之间架起一座桥梁，而这座桥梁就是"有准备的生活"，就是课程。

大班下学期"准备上小学"主题中，孩子们对"参观小学"这件事情十分期待。他们从小学哥哥姐姐和成人口中听到过关于小学的各种各样的信息，也常常路过家附近的小学。这就是幼儿的真实生活。主题开始前，教师就留心关注，发现孩子对小学有憧憬，也有担忧，他们获得的关于小学生活的信息，有的准确，有的则不然。怎么利用参观小学的契机帮助幼儿发现并解决问题，形成对小学的正确认识，慢慢为上小学做好准备呢？

在参观小学前，教师引导幼儿开展了"关于小学的问题"的讨论，幼儿就自己关心、疑虑、担心的关于小学的问题大胆讲述出来，并绘制成采访表；在参观小学的活动中，教师根据幼儿前一天的讨论有针对性地组织活动，如参观环境、随堂听课、课间采访小学生等，让孩子在观察、互动中寻找问题的答案；参观回来后，又开展了"小学幼儿园大不同"的谈话活动，帮助孩子将零散的关于小学的经验进行整理和提炼，并引发对新问题的谈论；在接下来的"哥哥姐姐回来了"活动中，孩子们针对新的问题与应邀回园的小学生积极互动……通过系列活动，让孩子们不断带着问题建构新经验，使孩子的经验自然地在动态生成的过程中不断生长和提升。

2. 依据课程进度弹性安排时间，推进深度学习

21世纪人才培养目标中，有一条核心素养目标，是各国都认同应发展人的批判性思维、复杂性思维。而高阶思维培养的核心，便是给予人充分的深度学习的机会。儿童的思维不能随意被打破，否则就会缺乏连续性，不利于深度学习的发生。以往的课程，僵化的时间安排方式，将时间零散切割为固定的集体教学、游戏、生活活动等内容，缺乏弹性，孩子的探索常常被人为打断，他们的探究缺乏充分的时间支持，深度学习难以发生。正如人类发展生态学家布朗芬布伦纳所提出的，要关注整体，评价什么是有利于孩子发展的活动标准之一，便是时间和空间上的联系。课程实施中，应让孩子的活动时间可以延展，空间与空间之间建立一种联系，要依据孩子探索的进程，为幼儿提供充分的、不疾不徐的时间和空间。

在大班上学期的“我是中国娃”主题中，有一个活动“好听的京剧”。为了让孩子们身临其境地感受国粹京剧的唱腔韵味和魅力，幼儿园特地从市京剧团请来了京剧演员作为客人老师和孩子们在活动中互动。当天早晨，当大班的孩子们像往常一样迈着轻松的步伐走进班级，不同于往常的场景让他们停下了脚步——在班级的美工区中，一位大姐姐正在描眉画眼、梳妆打扮；旁边有一位阿姨时不时地帮着姐姐贴假发、梳辫子；还有一位慈祥的老爷爷端坐一旁，嘴里念念有词在说着什么……孩子们被眼前的景象吸引住了，他们议论纷纷：他们是谁呀？在干什么？为什么要在我们班化妆呢？……孩子们的注意力完全被大姐姐吸引住了，就连男孩子也忍不住驻足，想探个究竟。直到户外体育活动开始了，孩子们也不舍得离开教室……

于是孩子们开始与老师商量：“老师，我们今天能不能迟一点到户外锻炼啊？”“我们就想在教室里看着他们。”教师问孩子：“可是我们每天都要进行身体锻炼啊，怎么办？”孩子们说：“要不我们今天看完他们（指京剧演员）再出去锻炼？”看到孩子们这么兴趣盎然，教师采纳了孩子们的建议，灵活地将当天上午的体育活动调整到了集体活动之后。在集体活动正式开始前，除了让孩子们观察京剧演员的一举一动，还引导孩子们跟着“老生爷爷”一起探索京剧中各种区别于日常生活的动作，为后续的集体活动打下了坚实的基础。

3. 遵循幼儿心理动力规律，以提问“刺激”思维发展

完整儿童需要有创造力，要能大胆表达自己对世界的想法，能产生解决问题的不同想法和行为等。我们认为，通过多种类型的提问“刺激”幼儿思维，是发展幼儿创造性能力的重要手段。在综合课程中，“问题”也是支持活动进行的重要动力。

首先，教师要整理出不同类型的问题。在活动中，结合不同的情境，会产生不同类型的问题。有些是事实类问题，很容易被幼儿察觉，他们所要问询的信息比较直观、真实；有些是发现解决类问题，在事实类问题上前进了一大步，幼儿必须把某一概念应用到当前情况中去，并进行推理，才能得出正确结论；有些是开放性问题，最能促进幼儿思考。

终于迎来下雪天，中五班的孩子们从室外玩雪回到教室后，一名幼儿提议制作冰锣，其他孩子都很有兴趣，于是教师围绕这个话题进行了启发性提问，详见下图。

事实问题 下雪了，你们觉得外面冷吗？

发现解决类问题 下雪了冷还是前几天冷啊？

开放性问题

询问观点的问题：下雪了，气温很冷，可以玩什么游戏呢？还要什么游戏呢？

询问原因的问题：你为什么选择做冰锣？为什么你们觉得现在可以做冰锣？

为什么把冰锣实验放在室外做？

寻找验证方法的问题：我们怎么才能知道做冰锣的材料是否合适呢？

教师围绕“制作冰锣”活动的启发式提问汇总

其次，教师要注意每次只提几个问题，充分期待幼儿的答案。在提问的时候，最重要的一点是教师要学会“等待”幼儿回答。幼儿不同于成人，需要时间整理自己的思路和完善答案。同样道理，如果一次问很多问题，对幼儿的思考也是一种干扰。

最后，教师要鼓励幼儿或小组提供多个答案。思考多种解决问题的方案有助于培养幼儿的发散性思维，教师需要鼓励幼儿从多个角度思考问题。“还有什么呢?”以及类似“如果……那么……”的开放性问题，都可以进一步激发幼儿对世界的好奇和探索心理，激发幼儿想出具有创造性的答案。

4. 既要关注班级整体的发展，也要关注幼儿个体的差异

由于先天遗传、后天环境的影响，幼儿在发展的速度、水平、结构上是各不相同的。面对同一个主题活动内容，每个孩子已有经验的深度和广度、面临的具体问题也不尽相同。课程实施既要面向大部分幼儿普遍认知中的共性问题，也要关注每个幼儿的不同差异，这种差异性反而更有生命力，更能帮助幼儿解决实际问题。

大班下学期“准备上小学”主题，是关于幼小衔接的话题。小学生应具备的生活习惯、学习习惯和情感态度，是基本相似的，但是落实到每一个孩子身上，其面临的困难就不同。有的孩子害怕上小学，是父母焦虑情绪的传递；有的孩子对上小学充满了担忧，是因为参观小学后发现坚持坐 45 分钟对他而言太困难；有的孩子不愿意上小学，是因为自己动作比较慢，担心完不成作业；有的孩子是对小学一日生活都要自己独立完成而感到担忧……由此可见，大而化之的课程实施难以解决每个孩子的具体问题。怎样在把握幼儿整体应具备的核心经验的基础上，真正支持每个儿童前行，是教师必须思考的问题。

5. 课程实施应充满张力，应追随幼儿灵活调整

课程实施的过程不是僵化的，而是动态发展的。在课程实施过程中，当幼儿出现与教师预期的不一样的行为时，教师做了什么？是否根据幼儿的问题、兴趣等产生了新的活动？对这些问题的处理，就体现了课程实施的灵活性与张力。

课程目标和线索预设为课程实施提供“方向与目标罗盘”，具有一定的方向性，但是课程实施的路径却不能完全按照提前设计的来执行。正如瑞吉欧教育的倡导者马拉古奇所解释的：路径表示课程是一种不断行进中的旅程，而不是从一个一开始就已经被事先想好的目的地出游。等到教师与幼儿终于要一起开始在路途上冒险时，社会互动与合作的学习就开始了。①

在主题实施过程中，幼儿萌发新的想法，产生新的问题，教师要及时审视并决定如何支持。这种支持不是随意的、漫无目的的简单追随，而是在“方向与目标罗盘”的指引下，能够帮助幼儿产生连续经验的，促进幼儿与环境交流对话的，有资源可利用的，最终支持幼儿通过多样化的路径达成既定目标，甚至达成延伸的目标。

（六）主题实施后了解幼儿的想法，产生新的班本化活动

幼儿园课程实施的最终目的是促进幼儿的发展，幼儿是课程实施最大的受益者。幼儿对课程实施过程的评价，可以帮助监控课程的适宜性，是课程建构者调整课程的有力依据，也是实施后续的班本化活动的参照。

1. 看见幼儿多元的表达方式

主题实施后，教师应多维度了解幼儿对该主题活动的想法，可以请幼儿说、画，直接表达，更多的是教师观察幼儿自然、真实的行为。幼儿的表达和行为是延伸当下主题、生发新主题的必要根据。

幼儿受年龄特点的局限，对课程实施过程的评价难以准确地用文字和语言来表现，也不能使用一些评价量表来完成，他们对课程的评价，主要是通过其在课程实施中的行为表现和发展变化体现出来。教师可以通过简单谈话、作品表征等形式，请幼儿表达主题实施后的感受。教师在引发此类表达时，要注意聚焦问题，给幼儿具体情境支撑，避免泛泛而谈。

教师更要关注幼儿在主题浸润中的行为，观察他们自然、真实地传达出的他们与课程内容之间的关系。幼儿对课程的反应与他们的发展需要之间的吻合程度，就是幼儿对课程的评价。在课程实施中，幼儿乐于参与活动，聚精会神听讲；积极参与讨论，补充同伴发言；对话题感兴趣，愿意通过翻阅图书或寻求成人帮助等来支持自己的探索行为；就话题积极提问，并动脑筋想办法去解决……这些表现都是幼儿对课程积极、肯定的评价。

2. 聚焦幼儿核心经验的获得

不同于心理学评估，幼儿园是基于课程对儿童的学习与发展水平展开评估，要关注

① ［美］帕特丽夏·韦斯曼，乔安妮·亨德里克．幼儿全人教育［M］．钟欣颖，张瑞瑞，杜丹，译．南京：南京师范大学出版社，2015：422.

儿童发展了哪些方面，而不是评价儿童学习了哪些内容。主题实施后，教师对幼儿的观察与了解应从关注学习内容本身转向关注儿童的发展，因为主题活动带给孩子的并不局限于具体的知识，更多的是态度、能力和情感等核心经验。

如果在主题活动中孩子已经掌握了解决问题的能力，形成了某种情感态度，便会把这种能力和情感态度迁移到其他许多方面。

比如，围绕感兴趣的话题进行讨论，并能大胆表达自己的想法，这样的核心经验不仅体现在一次活动、一个主题中，也会被幼儿运用到社会生活的其他场景中；幼儿了解小工具的大用处后，就会在生活中、游戏中关注、寻找各种各样的工具，动手动脑利用工具，甚至去设计小工具。

主题活动实施后，教师应透过现象去分析其背后的幼儿核心经验，从幼儿获得的核心经验角度进行课程评价，这是班本化课程实施中教师应有的理念。

3. 从观察、了解走向反思、建构

一个主题活动的实施过程，相当于一段生命的旅程，师幼共同经历这样的旅程后，会有怎样的成长？主题行进的轨迹，是幼儿好奇心引发、教师跟进并持续提供支架和持续拓展的过程。儿童的好奇心是主线索，教师不断提供支架、陪伴幼儿不断拓展是副线索。

幼儿通过一个主题的旅程，或延展了认知，或发展了兴趣，或形成了态度情感，或积累了能力，但是这样的发展和主题的目标是否一致？预设目标是否达成？孩子是否有了充分的经历和体验？同样，教师经历过一个主题的实施过程，同样，也要结合幼儿的发展反思自己的专业成长，反思自己作为教师在此过程中是否为一个高质量陪伴者；当幼儿做出与预期的不一样的行为时，是否予以了尊重、了解、支持，是否根据幼儿的问题、兴趣等生发了新的活动……总之，教师应反思自己是否很好地支持幼儿进行了一段探索过程。

这样的反思，帮助教师寻找班本化课程的生长点，帮助教师在下一主题中，基于儿童，基于生活，但又超越当下生活，指向未来生活，前瞻性地去设计和建构课程。

四、优化主题资源：编织多维关系，生发完整经验

在一次教研活动中，对于"什么是'综合'"这个问题，刚入职的新教师不确定地回答："一节活动中有说、有唱是不是就是综合？"这引发了我们的思考。难道"综合"只是表浅的手段和形式上的拼盘与组合吗？在多年的综合课程推广工作中，我们发现，许多与"综合课程"初相识的教师，他们对"什么是'综合'，怎样'综合'"的理解，往往拘于形而疏于意，简单地认为把不同学科的活动及各种手段拼凑到一起即可，却没有考虑这些不同的内容、形式和手段之间的内在联系，常常出现一些"为综合而综合"的现象。

（一）以"乌桕树安家"故事管窥综合课程

综合课程认为，既然幼儿的生活是完整的，那么幼儿园的课程就应该还生活以完整

的面貌。“综合不是各类学科活动的重组，主题也不是捆扎各科教育活动的丝带。”南京师范大学学前教育系张俊老师在《我看幼儿园综合教育》这篇文章里给出了明确的态度。[①] 这就如同当某个季节来到孩子们的生活中时，不是让孩子们看一看、画一画、说一说、唱一唱，他们就能形成一个关于季节的完整的印象，而是应该真正关注幼儿的生活中发生了哪些与季节相关的事件和变化，幼儿生发了什么样的问题。同时思考：作为幼儿教师，如何围绕儿童感兴趣的话题，将一系列的探究过程变成儿童完整经验生长的过程。

这里与大家分享一个“乌柏树安家”的故事，让我们在故事中去了解与发现“综合”的真正意义。

案例：乌柏树来幼儿园安家[②]

缘起——散步时发现的“超级大坑”

一个秋日的午后，中六班的小朋友在幼儿园里边散步边寻找秋天。走着走着，就来到了孩子们最喜欢的苹果乐园，突然，小宝大叫起来：“快看，那边有个好大的坑！”大家顺着小宝手指的方向看去，发现大型玩具“蜗牛网”的旁边真的多了一个很大很大的坑！

探究1——猜一猜“超级大坑”是干什么的

小朋友们都很好奇这个“超级大坑”是用来做什么的，于是教师就鼓励孩子们大胆地猜一猜。有的孩子猜：“是幼儿园要装新的大型玩具了，因为我们刚搬进新园舍。我家搬新家时，爸爸妈妈也会经常买新东西。”有的小朋友猜测可能是要挖管道、埋水管，因为在来幼儿园的路上经常看到“道路施工”的牌子。还有小朋友依据种菜的经验猜测可能是要种树，而且是种一棵大树，因为坑很大……

探究2——找园长妈妈揭晓“超级大坑”的答案

孩子们都在猜测并期待答案。教师说，你们猜的都有道理，究竟怎样才能知道答案呢？这时修齐说：“找园长妈妈问一下。我妈妈说，园长妈妈是幼儿园的‘一家之主’，她肯定知道答案。”于是就在当天下午，教师带着孩子们找到了园长妈妈，园长妈妈向孩子们揭晓了谜底：幼儿园里即将移栽一棵乌柏树，那个大坑就是乌柏树的家。

探究3——了解即将到来的新朋友“乌柏树”

乌柏树长什么样？为什么它的家要那么大？孩子们对乌柏树这个未曾见面的新朋友产生了浓浓的探究愿望。在接下来的日子里，围绕着“乌柏树”，孩子们和爸爸妈妈、老师一起，通过网络、书籍，找到了许多关于乌柏树的视频、图片等资料，在“我了解的乌柏树”活动中，小朋友们各抒己见，介绍自己的调查结果：乌柏树的树叶是菱形的，下面有个小尖尖；乌柏树是落叶树，它的果实是白色的，像一颗颗大珍珠；乌柏树的树叶有很多颜色，有红色、橘色、黄色、绿色的；乌柏树的根部很大，移栽的时候要带着很多土，把

① 文章收录在南京市实验幼儿园2003年《在快乐的生活中成长》内刊。

② 案例素材由南京市实验幼儿园苗艺馨老师提供。

根包起来……

探究 4——“乌桕树”成了中六班的班树“小彩虹”

经过前期的各种调查了解，孩子们对乌桕树这个新朋友加深了认识，也建立起最初的情感。在“我们认领的班树”活动中，中六班孩子们在教师的支持下，经过讨论，决定将这棵乌桕树作为自己班的班树，并根据乌桕树叶颜色多的特征，给它取了个好听的名字——“小彩虹”。大家更加期待它的到来，之后每天散步的时间，孩子们都会和老师去看一看“小彩虹”有没有来。在等待“小彩虹”来的过程中，小朋友们提出的问题也不断增加：“‘小彩虹’怎么运进幼儿园呢？会砸坏幼儿园吗？”“‘小彩虹’有多高？要用吊车吗？吊车的脖子不够长怎么办？”“‘小彩虹’有多粗？我们能抱住吗？”听到孩子们层出不穷的问题，教师鼓励孩子们将自己的问题记录下来，等‘小彩虹’来的时候去寻找答案。

探究 5——“小彩虹”来幼儿园了

在期盼中，孩子们终于等到了移栽“小彩虹”的那天。他们和其他班的哥哥姐姐、弟弟妹妹一起，来到苹果乐园，寻找最佳观察点。在等待过程中，当中六班孩子们看到那么多的小朋友和老师都来看“小彩虹”安家，不禁感叹：“有这么多人喜欢‘小彩虹’啊！”

当天，孩子们目睹了移栽“小彩虹”的全过程，他们边看边有了新发现，产生了新问题。小宝：“好大的树啊！看，大吊车的脖子比我们幼儿园的房子还高！”修齐：“原来‘小彩虹’是先横着睡在车上运到幼儿园门口，再竖着从外面吊进来的，我还以为是横着吊起来的。”小西瓜：“吊车司机在幼儿园外面，看不到树在幼儿园里面的样子，他怎么能准确地把‘小彩虹’放到大坑里的呢？”教师鼓励孩子们通过观察和询问工人师傅找到了答案：原来有人帮司机观察并指挥他！司机在吊车里面，在幼儿园栏杆旁边有一位叔叔拿着对讲机，指挥吊车司机将吊车的“长脖子”向左向右……在“小彩虹”安家后，孩子们还发现，工人叔叔在包住“小彩虹”树根的土包里对称地插了几根圆形的 PVC 管子，这又是为什么呢？询问后，大家知道了，“小彩虹”是新移栽的树，为了让它尽快适应新家的环境，这些管子是帮助树根呼吸的。就这样，孩子们通过亲眼所见，既对“小彩虹”有了直观的认识，又找到了自己的一些问题的答案……回到教室后，教师鼓励他们将自己找到的答案、将自己的观察和发现进行补充记录。

探究 6——究竟几个人能抱住“小彩虹”

在记录过程中，小朋友们大多都提出了新的问题——“小彩虹”的树干到底有多粗？在支持幼儿表述问题的过程中，有的孩子说“量一量就知道了”，教师追问：用什么来量呢？有孩子提出：“可能需要 8 个小朋友才能抱住树干。”教师继续追问：“你怎么知道需要 8 个小朋友呢？”“我们怎么验证他说的对不对呢？”于是有的小朋友就提议去抱抱看。

下午区域活动时，教师带着自选科学区的小朋友去尝试抱一抱“小彩虹”。桐桐、冲冲等 4 个小朋友手拉手才将这棵丛生的乌桕树围抱起来。在第二天晨谈时，教师将前一天小朋友去抱抱“小彩虹”的场景做了分享，介绍了要4个小朋友才能抱住乌柏树，这时教师问道：“那小班的弟弟妹妹或者大班的哥哥姐姐要几个人能抱住‘小彩虹’呢？”问题一提出，有孩子说：“去比一比就知道了。”于是教师带着孩子们来到了小班，进行了“和弟弟妹妹比臂长”的活动，孩子们想出了不同的比较方法：有的和弟弟妹妹面对面，两个人双手侧平举比长短；有的是和弟弟妹妹向同一个方向站立，单手前平举比长短……比完了臂长，中六班孩子带着弟弟妹妹一起下楼去实地测量“小彩虹”，发现5个弟弟妹妹才能围抱“小彩虹”。这时教师问：“为什么中班小朋友是4个，小班小朋友要5个呢？”没想到的是，由于刚刚经历了比臂长活动，几个小班弟弟妹妹都积极地回答：“哥哥姐姐的手臂长！”之后，孩子们又邀请大班的哥哥姐姐来“抱树测量”，结果是需要3个大班孩子就可以了。然后就有孩子猜测说：我估计两个老师就可以把“小彩虹”抱住了。

探究7——还有哪些工具可以测量“小彩虹”有多粗

有了大、中、小班不同孩子抱树的经验，教师继续追问：“小朋友的手臂可以测量‘小彩虹’有多粗，那还有其他方法吗？”小宝看到班里小伙伴分享的糖果，喊道：“可以用糖果来量。”“糖果”一词的出现，引发了大家天马行空的想象和热烈的讨论。有的小朋友说用绳子量方便，有的说用直尺量，有的说要用卷尺，还有的说绳子容易断，要用铁的绳子。大家的想法越来越多，于是教师请小朋友们将自己的想法记录下来，大家从中也发现了更有趣的想法，比如有的小朋友说用卷纸（一格一格的）和鞋子也可以来测量。

孩子们在实践验证测量方法的过程中，发生了许多有趣的事情，比如——康康发现自己选的糖果不像桐桐选的卷纸那样可以围在树上，不知道该怎么办，这时桐桐提出：“你可以量我的纸啊！”在桐桐的建议下，大家开始在桐桐的卷纸上（已测量过树围并裁好了）摆放糖果，摆好后数一数，卷纸一共有15截，糖果一共需要66颗。在这个过程中，小朋友能将糖果一个接一个摆放，说明他们掌握了测量物首尾相接的测量方法。

探究8——“小彩虹”有多高

研究过了“小彩虹”有多粗后，孩子们又想知道“小彩虹”有多高。在散步时间，大家在楼下感受“小彩虹”到底有多高。有孩子说：“比苹果乐园里的所有树都高，比紫峰大厦高，比幼儿园的楼还高。”那怎么量呢？小朋友们又“脑洞大开”，说道：“可以让小朋友叠罗汉。”“大家爬到树顶，放一根绳子下来。”当回到教室站在阳台上看“小彩虹”时，小朋友又发现，“小彩虹”和教学楼差不多高。教师问：“和我们的房子差不多高的话，我们可以怎么办呢？”小朋友马上接道：“我们可以到楼上，量这里呀！”（指教学楼的高度）

根据这个想法，大家将测量乌柏树的高度转换成测量与之一样高的三层楼的高度。最初孩子们想用卷纸和丝带一起进行尝试，但发现卷纸不如测量树干时好用，从三楼顶上把卷纸扔下来，纸容易断，于是改用丝带测量。在测量的时候，谦谦和冲冲是负责在一楼接丝带的人，当他俩看到丝带被扔下来后，指着丝带与地面接触的点，喊道：“要在这里剪，这样才算。”教师问：“为什么这样才算呢？”毕竟是中班的孩子，他们并没有用语言把原理说清楚，但教师能感到，这就是幼儿关于“测量的起点和终点”最初的经验。

收回丝带后，大家还想用小朋友的身高来测量这根丝带。第一次在教室里测量时，孩子们非常兴奋，很拥挤，躺下来后基本上两个人有一半身高是重叠在一起的，这时就有小朋友提意见：“老师，这样不算，太挤了，只有‘半个人’，不是‘一个人’。”于是大家又去场地较大的彩虹厅重新测量。兴趣最高的小宝自告奋勇来组织大家有序测量，小朋友们一个接着一个趴在地板上，他们也在这种氛围中变得很认真。最后大家一起数一数，得出了结果：我们的“小彩虹”有8个半小朋友连在一起那么高。

孩子们和“小彩虹”的故事还在继续……

（二）从表浅的拼凑到有机的综合

从上述“乌桕树安家”的故事中，大家可以感受到，“综合”就是以儿童完整的生活世界为基点，以幼儿的发展点而非学科知识点为原则，把各教育要素组成一个有机整体，使各个要素在交互作用中积极发挥各自的功能[①]，从而提高教育效益，最终实现儿童完整的发展。

1. 每一个活动目标都来自儿童的需要

课程目标是幼儿园课程要达到的预期效果，是方向，是选择课程内容、实施课程及评价课程的主要依据。“乌桕树安家”这个故事让我们看到，综合课程的目标是指向儿童的发展的，课程目标里面包含着儿童的需求，满足孩子的需求，一定程度上就是实现儿童发展的目标。从想揭晓大坑的秘密，到想了解乌桕树，想了解乌桕树会怎样被放到大坑里，再到想测出乌桕树的树干有多粗、多高……在乌桕树系列探究活动的每一个活动目标里，我们都可以分析出孩子们的需求是什么。任何一条目标，倒过来去想，就是孩子的需求，这也是我们评价活动目标是否适切的一个重要原则。如果目标与孩子真实的需求之间没有联系，那么孩子必将失去对活动的兴趣。

2. 每一个活动安排都有着内在的联系

综合课程重在“整合”，而不是拼凑，是把儿童一日生活中相关联的东西整合起来，形成有机的系统。过去，我们往往把综合活动简单地看成是学科活动的相加，因而，无论是主题设计还是活动设计，都不可避免地会以学科知识点为中心，教师考虑的往往是怎样将学科知识组合到主题活动之中，而不考虑这个主题中可以包含哪些能引发幼儿兴趣以及适合幼儿水平的学习活动。现在，在每个主题实施前，年级组或班级教师会集中起来对主题进行审议，主要围绕主题的核心目标，思考哪些目标适宜通过集体教学活动来实现，哪些适宜通过区域、游戏活动来达成，哪些在日常活动的渗透中就可以实现……在“乌桕树安家”系列活动中，我们看到了围绕着孩子实际需求的多种活动形式：有散步时的发现，有集体活动中的讨论，有区域活动的小组化学习，有晨间谈话时的分

---

① 南京市实验幼儿园.幼儿园综合课程[M].南京：南京师范大学出版社，2016.

享，还有跨班活动的交流……每一个活动的安排，都不是随意拼凑，而是有内在联系的，前一个活动是后一个活动的基础，后一个活动让幼儿在前一个活动中获得的经验得到提升，这样就让一日生活各环节的组织都紧密围绕着核心目标，同时又发挥了不同实施路径的作用。

3. 每一个活动的组织都体现以问题为中心

综合课程要向幼儿的生活世界开放，要摆脱成人化思维方式的束缚。幼儿的生活世界为综合课程提供了丰富的内容来源，且幼儿的生活世界不同于知识世界，它是以问题为中心的，而不是以学科为中心的。在“乌柏树安家”系列探究活动中，每一个活动都源自儿童感兴趣的问题，围绕着解决问题自然而然地衍生出一环又一环：孩子们想知道大坑的秘密，想知道吊车司机如何在不进园的情况下能够准确地放下大树，就必然会有与园长妈妈交流、与工人叔叔打交道的活动；孩子们想寻找“乌柏树有多粗”这个问题的答案，就需要了解测量工具与物体实际粗细之间的关系，自然带出哥哥姐姐与弟弟妹妹比臂长的环节；孩子们想准确测出乌柏树有多高，就自然地联系到丝带从楼上挂到地面时，究竟哪个点才是测量的终点……儿童生活的世界本身就是整合的，来自幼儿生活的问题最能激发幼儿主动学习的需要，这些问题为综合课程指明了最有效的组织方式。

（三）从零散的经验到系统的编织

虞永平教授曾指出：所谓课程的演进，其实就是不断地制造关系，不断地生发关系。综合课程在40年不断演进的过程中，一直在追随着幼儿的发展和需要[①]，努力建立幼儿与环境的良好关系，同时做到将儿童零散、碎片化的经验进行系统的编织，从而促进幼儿全面、完整的成长。

1. “无中生有”——编织儿童与环境的良好关系

教育的核心就是促进和支持儿童的生长。儿童的生长空间既有限，又无限。“有限”是因为幼儿的身心发展是有规律的，不可能超越规律；“无限”是因为在遵循幼儿发展规律的前提下，要挖掘一切可能性，给予儿童更多的机会和挑战。“无中生有”就是让儿童生活的环境从无到有，变得越来越丰富，从而更好地支持他们的探究需要。以往，改变幼儿园的环境，更多的是基于成人视角，改变环境的过程也不会有幼儿介入。“乌柏树安家”这个故事让我们看到，环境中的“无中生有”，让孩子有了更多与自然互动的机会，正是因为孩子们参与了乌柏树种植的全过程，才让儿童与大自然有了深刻的融合关系，这种融合是儿童成长的基点，孩子们是在各种与乌柏树积极的“亲密互动”中获得了科学、数学、社会等方面的相对完整的经验，也促成了课程与自然的良好关系。让儿童在与大自然的互动中获得经验，这是教育的本质之一。

2. “没事找事”——让儿童在行动中生发新经验

有什么样的环境，就有什么样的课程。综合课程认为，如果环境对幼儿来说只能用

---

① 黄菲.对优化幼儿园一日生活安排的实践与思考[J]. 幼儿教育，2016(12).

来观赏，就不能被称之为“有价值的环境”。“没事找事”就是要使环境与儿童的行动建立关系，教师可以通过增加材料、增加任务等方式，让儿童结束无事可做的状态；或者增加活动的难度，增强挑战性，让儿童进入更有意义的学习活动之中。在“测量乌桕树树干有多粗”的环节，如果当4个中班孩子手拉手抱树，完成了测量后，教师没有继续追问，就不会引发中班孩子去与小班弟弟妹妹和大班哥哥姐姐比手臂长短的活动，更不会帮助幼儿形成“测量同一种物体时，用不同的单位长度，所测得结果也不一样”的初步的辩证思维。这里的“没事找事”，就是指要让幼儿园的每一处环境、每一件事情都可以变成孩子们的行动，让孩子们在行动中获得新经验。对环境的更好的利用，一定是和行动过程联系在一起的。

3.“做乘法”——让多维的活动提升孩子的心智结构

皮亚杰说过：外在的动作结构决定了内在的心智结构。也就是说，人的智慧到底复杂到什么程度，跟所做的事情的复杂程度是有关系的，如果人的感官和外部世界的关系是复杂的，那么其内在的心智结构就复杂起来了。“做乘法”是指：一种资源在那里，如果我们利用多种感官、多种工具去探索，就可生成许多有意思的活动，也就拥有了许多增长经验的机会。这就是使课程资源不断生长、使幼儿经验不断丰富的很重要的方法。在“用多种工具测量乌桕树有多粗”的环节，正是因为教师有“做乘法”的意识，才会鼓励孩子们用身边各种自然物去试一试，就使孩子们的测量活动更加丰富和多维，也才会有康康小朋友思考“如何用糖果测量乌桕树有多粗”的问题，而桐桐给康康“用糖果测量已经测量过乌桕树干粗细的卷纸”的建议，让我们感受到孩子们这种心智的复杂成长不是一蹴而就的，而是长期的实践活动和宽松开放的心理环境促成的。因此，当教师在课程实践的过程中学会“做乘法”，课程就会越来越丰富，更会发生很多有意义的学习。

以上关于“乌桕树安家”的案例，只是综合课程发展历程当中的“一斑”。在综合课程理念下，教师、幼儿及家长都是课程的建设者和亲历者，只有教师真正理解了“综合”的意义，才能让课程追随幼儿的成长需要不断完善，从而协同幼儿及家长在课程的浸润中互促共生。

五、评估主题质量：开展形成性评价，引领课程调适

幼儿园课程实施的本质是一个课程“再设计”的过程，要求教师富有创造性地劳动。我园允许并鼓励教师根据本班幼儿的实际情况对原有课程方案进行调整和创新，但在课程班本化实施过程中，新的问题又随之产生：教师在课程行动之后无法衡量自己班级所实施的课程是否真正符合幼儿的发展需要，无从评价幼儿的认知、能力、情感态度价值观等因素在课程实施后发生了什么样的变化，难以判断预设的课程目标是否都已实现，等等。班本课程效益的不确定性，常常导致教师课程实施信念的动摇。

如何区分教师在课程调整与创新过程中的“随性行为”和“适性行为”？如何支持教师做出更科学合理的课程决策？综合课程进行了相应的对评价体系的探索，改变了以

往注重对幼儿发展水平做检核的技术路线，将评价作为课程调适的依据，尝试利用评价结果改进课程实施，从而为儿童的学习提供“鹰架”。

（一）培养完整儿童需要怎样的评价

综合课程的核心理念就是“以综合的教育造就完整的儿童”。那么，完整儿童培养需要怎样的评价呢？在课程实施过程中，在评价观念层面上，我们从对儿童个体发展水平的检核转向提升课程质量；在评价方式层面上，我们实现了从依赖感性经验到基于证据而做出评价的转变。

1. 评价观念的改变：从对儿童个体发展水平的检核转变为提升课程质量

1992 年，我园与南师大教育科学研究所共同研究并出版了《幼儿发展评估手册》一书，创设了一种以标准参照为主、辅以本园常模对照的评估体系。由于评估项目总量较多，教师的实际操作存在一定的困难。从 2001 年开始，在《纲要》的指导下，我们尝试以幼儿成长记录册为载体，将教育评价与幼儿的教育和幼儿的发展相协调，使之成为一个和谐统一的过程，而对儿童发展水平的评价和对课程的评价，并没有形成完整儿童发展理念统领下的整体。同时，在信息网络技术突飞猛进的当下，原有的评价量表也无法满足时代发展的要求。原有的评价体系更多的是对个体儿童发展水平的检核，没有将其作为调整课程的依据；评价与教育过程存在脱节现象，评价未真正发挥对课程的调适作用。

针对教师对形成性课程评价关注度不够的问题，我园借鉴布鲁姆的教学评价理论，通过对幼儿学习过程的评价去了解课程实施的效果，探究存在的问题和改进的方向，及时修改或调整活动计划，以促进综合课程获得更加理想的实施效果。我们让形成性评价伴随课程发生、发展的全过程，伴随主题的进程、孩子的活动，发挥“陪伴”和“嵌入”作用，为教师调整课程提供“鹰架”，提升课程质量，最终为完整儿童的发展服务。

2. 评价方式的改变：从依赖经验到基于证据

在探索形成性评价体系的初期，教师对这种评价方式存在诸多顾虑，也对班本化课程实施的效益产生过质疑——“开展班本化课程之后，孩子们就会比按照园本课程方案开展活动发展得更好吗？”“怎么评价已经实施的班本化课程的效益呢？”在评价的时候，教师也常常过分依赖主观判断，用“总体上”“大部分”这样的词汇来描述班级幼儿的发展情况，缺乏具体实例和数据的支撑，对个别儿童的印象是模糊不清的。

在这样的困境下，我们针对评价方式进行了探索。在课程开展的不同阶段，基于不同需要分析幼儿的行为表现，并且依据不同层级的目标的达成度开展评价；尝试结合现状以课程评价为突破口，借助大数据、“互联网＋”、云媒体等现代化技术，帮助教师明晰观察的指标，将烦琐的观察评价数据整理工作简便化、清晰化。评价具有弹性、动态生成性，能支持动态变化的课程，在课程发展的各个阶段提供支持，同时帮助教师消解焦虑，消除不确定性。伴随主题进程的评价，教师可以坚定实施课程的信心，避免因课程实施效益不确定带来的信念动摇。

（二）形成性评价的具体做法

用什么方式来评判我们的教育是否“综合”？用什么方式来评价孩子的发展是否“完整”？任何单一性的、一次性的或终结性的评价都不可能全面反映孩子的发展情况，也不可能折射出综合课程的全貌。因此，在课程实施过程中，我们在不同阶段进行多次、多种形式的课程评价，以形成动态的、发展的形成性评价。

1. 完善与优化课程审议机制，不断增强对幼儿行为的解读能力

课程审议是落实课程评价的重要途径。我园通过完善和优化课程审议机制，帮助教师协同反思教育过程与课程实施效益，增进对幼儿行为的解读能力，助力教师做出科学的课程决策，从而化解课程实施中的焦虑，推动综合课程研究不断“驶向深水区”。

(1)主题实施的初审议：明晰发展价值，优化主题方案

综合课程以“主题”形式建构儿童经验，主题活动是课程实施的基本形式。一个新的主题实施前，我园教师常以班级或年级组为单位进行课程审议。教师通过梳理班级幼儿现阶段的兴趣、经验水平，对全体和个别幼儿的发展情况做出评价，并以此为依据，结合园本课程方案中对各年龄段幼儿预设的主题活动方案、实际拥有的资源等，筛选、确定适合班级幼儿发展需要的新主题。无论是对园本课程活动方案的调适，还是师幼创生的班本化新主题，大致都要对其目标、内容、路径、资源等进行前期审议。

①目标审议：符合幼儿的年龄特点，确保主题目标上下一贯性

课程目标是幼儿园课程要达到的预期效果，是选择课程内容、实施课程及评价课程的主要依据。综合课程幼儿发展目标分成幼儿园阶段目标、学年目标和学期目标，具体又细化为主题目标及具体活动目标等。对目标进行审议，是课程审议的重要内容。

每学期初，小、中、大三个年龄段幼儿的教师分别就学期目标进行审议，并结合各方面因素，调整现阶段的学期目标，制定适切各班情况的班本化发展目标。在新主题开展前，教师会结合调整后的班本化学期目标，对班级幼儿发展状况进行如下三个层级的审议：

首先，结合开学初制定的学期或学年班本化发展目标，审议当前班级幼儿的目标达成情况，重点关注幼儿暂未达成的目标。

其次，回顾前一阶段已经开展过的主题，审视幼儿在本学期已实施过的主题中的目标达成情况，判断幼儿在既往主题中已经积累的与新主题相关的经验有哪些。

最后，基于对幼儿一日生活的观察，梳理现阶段幼儿关于当下主题的经验、问题和兴趣，包括班级幼儿整体的经验和个别幼儿的经验。

以上三个层级的目标审议流程，可帮助教师提高制定班级幼儿发展目标的针对性、准确性，保证综合课程幼儿发展总目标可以一以贯之地落实在不同年龄段、不同主题中，实现目标制定有依据，目标达成有“抓手”。

②内容审议：围绕主题目标选择内容，合理设计线索

课程内容是实现主题目标的重要载体。目标确定后，就要选择相适宜的活动内容以达成目标。当一条主题目标可以通过多种活动内容达成时，教师既要关注内容对目标的支持程度，又要考虑内容是否符合幼儿当先的经验和能力水平，是否方便幼儿感知和探索，这样才能选出最适切的内容。

内容审议除了筛选作为感知探索对象的载体与素材，还要审议内容的组织形式，即主题活动的线索设计，例如：这些供幼儿感知与探索的话题该如何编织？如何根据幼儿的认知学习特点和经验来设计线索？几条线索是否相互依存、层层递进，既注重幼儿已有经验间的内在联系，又满足幼儿经验和心理进一步发展的需要？通过这样的内容审议，以线索整合具有相似内核的单个活动，达成“主题—线索—目标”的合理架构。

③路径审议：整合多样化的课程实施路径，发挥最优效益

综合课程实施路径是多样化的，但实施路径、形式是精心确定的，不是随意拼凑的，它们强调各种手段和资源之间的相互联系与相互作用，以便形成教育合力，这就需要教师努力将每一个活动都放在主题目标的框架下来做评估。综合课程的实施路径主要分为集体活动、日常活动、环境创设、家园联系、区域活动等，教师首先需要共同研读课程文本中的“主题实施路径表”，结合班级幼儿的已有经验，调整并拟定哪些活动以集体活动的形式进行，哪些活动安排在日常活动或区域活动中，使得一日生活各环节都紧密围绕着主题目标的实现来进行，同时又能发挥不同实施路径独特的作用。

④资源审议：获取途径便捷，支持幼儿操作感知

课程内容是实现课程目标的手段，而课程资源是将课程内容变成具体活动的保障。课程资源包括物质资源和人力资源两方面。幼儿园的环境、空间、材料，幼儿园中的教职工、幼儿的同伴，幼儿家庭，甚至社区等，都是课程资源的重要组成部分。

这些资源是否丰富，便于获取？什么样的资源最能帮助实现主题目标，并且适宜让幼儿开展探索？这些资源适合在什么时候引入？如何利用资源使其最大限度地发挥作用？只有在主题实施前进行审议与评价，才能将课程资源用对、用好、用充分。

大班上学期“种子的秘密”主题一般在秋天开展，教师也常在这个主题进行过程中组织秋游，带领幼儿走进大自然。起初，教师只是随意寻找幼儿园周边的公园，与主题目标的契合度并不高，后来，整体考虑主题目标，认为应引导幼儿关注物种的丰富性，就将秋游地点改为中山植物园。但是多样的物种也给教师带来不小的挑战，教师专业知识的欠缺使得很多植物和种子难以真正成为课程资源。最终，结合家长资源，我们将秋游地点定在了南京林业大学。活动中，拥有植物专业知识背景的大学生和高校教师志愿者分成小组，带领幼儿认识种子，大大激发了幼儿的兴趣，丰富了幼儿的经验。可见，资源的便利性、与目标的关联性，以及人力资源的适宜性等，都是课程审议中需考虑的重要因素。

(2)主题实施的中审议:依据幼儿表现适时反扣目标,调整主题实施

课程实施是一个动态的流程,幼儿的经验、兴趣在不断推进,也可能在不停改变;新的课程资源可能会被发掘,新的话题可能接踵而至,新的偶发事件可能会引发课程新的走向……教师该如何理解课程实施进程中幼儿的行为表现?如何选择课程行进的轨道?如何不断调整与优化后续的课程实施,以应和并促进幼儿发展?这些都是课程实施中需重点关注的问题。动态的课程必然要求课程审议不断予以回应和支持,要求课程审议渗透在全过程。因此,在主题实施的任何时间点,针对实施中的任何问题,只要教师有需要,都可进行中期课程审议。

①反扣主题目标,规划主题后续实施

主题实施过程中,为了解、判断主题目标的达成情况,教师会通过班级幼儿行为表现进行阶段性的目标反扣。这种做法能够帮助教师及时反思课程实施的效益,为后续课程的调适和创生提供依据,从而保证主题目标的达成,也有助于主题中不适宜目标的修正。

大班"种子的秘密"主题中,教师在主题活动开始前就预设好几条核心目标。在主题进行了线索一的活动之后,教师反扣主题目标对幼儿的发展状况进行分析。具体做法为:首先,详细罗列已进行线索中的所有活动,寻找每一个活动对应的目标,判断通过已有活动达成了哪些目标;其次,通过班级幼儿的表现,以星级打分的方式,评价相关主题目标具体的达成情况(基本达成、正在进行、未达成等)。通过这样的反扣,教师发现,"用多种手段表达自己对种子的认识,乐意用自己的方式记录"这一核心目标对应的活动较少,于是在线索二的活动中增加了美术活动"种子旅行记"等,以支持目标达成。阶段性的目标反扣,既保证儿童的发展有目标支撑,目标落实有活动支撑,又能让教师"心中有数",在后续活动中找到需着力帮助幼儿达成的关键目标。

②梳理幼儿的兴趣,持续推进与深化

教师在主题活动开展前,通常会根据主题目标、主题线索预设部分内容,但课程实施的过程是开放的、动态的。通过课程审议,教师分享主题实施中观察到的幼儿兴趣的发展,分享不同幼儿对事物的不同关切点,并达成共识,从而根据具体的互动情境和可能生发的具体问题随机调整课程活动,或生成新的课程活动,有准备地接纳孩子主动生成的线索或活动,以服务于幼儿真实的学习需要。

大班"骑'白马'的苍耳"活动中,教师借助苍耳粘在小白兔身上跟着这匹"白马"去旅行的小故事,向孩子们介绍了几种常见的种子传播方式。活动结束后,孩子们依然兴趣高涨。在幼儿园里散步时,只要看到炸开的果壳,孩子们一定会激动地叫起来:"这是弹射传播!"看到几只小猫,立刻想到动物传播,看到一种小小的、带刺的种子,就一律认为它是苍耳。

这天,依照主题进程,幼儿园组织孩子们去植物园秋游,到达目的地以后,孩子们满怀热情地开始寻找各种种子。忽然,传来孩子们兴奋的欢呼声:"老师,恒恒发现了四个

苍耳!”在同伴羡慕的目光中,恒恒小心翼翼地拿出塑封袋,得意地将自己发现的宝贝展示给大家看。哦!原来是四颗悬铃木的小果球。得知它们不是苍耳后,孩子们又继续寻找,直到秋游结束,也没能找到。回到幼儿园后,孩子们寻遍了所有角落,依旧没有收获。于是,“苍耳”占领了孩子们的心,他们开始对其“朝思暮想”。班级里时常出现孩子们讨论的声音,不管是晨间谈话、玩游戏,还是排队、喝水的空档,总能听到“苍耳”“苍耳”这样热切的呼唤。

面对孩子们的反应,教师感到十分惊喜,因为课程已经从枯燥的白纸黑字变得生动鲜活,融入了孩子们的童心世界。在兴趣的驱使下,寻找苍耳、验证这种种子有趣的传播方式,成了孩子们主动的要求,课程目标逐渐内化成他们的发展需要。于是,班级教师经过课程审议,调整已预设好的后续活动,尊重并接纳幼儿的兴趣,带领幼儿开启了“苍耳的发现之旅”一系列后续活动。

③遵循幼儿的表现,调整内容与策略

在主题实施过程中,随着主题的推进、幼儿经验的推动,预设的主题内容及具体的实施路径常常需要调整。主题目标能否顺利达成、幼儿的经验能否得以丰富与发展,是调整课程内容的重要依据。所以,在中期审议的时候,教师需要结合主题开展以来幼儿的行为表现来对幼儿的发展状况做出判断,并基于此,考虑在该主题后续的活动中合理利用日常、区域、游戏、教学活动等多种路径,通过个人、小组、集体活动等多种形式,让预设的内容贴近幼儿,让策略更奏效。

在“种子的秘密”主题中,课程文本中设计了一节集体活动“种子食品品尝会”,目标是引导幼儿“知道种子食品是人们食物的主要来源,感知种子与人们生活的密切关系”,“用语言介绍自己准备的食品,体验与同伴分享的快乐”。教师也打算将本活动作为该主题最后的大活动,提升幼儿关于种子的完整经验。但是随着主题实施,教师发现可以对该活动的形式进行调整,因为大活动时间短,而种子食品品种太丰富,活动中孩子们忙着品尝,介绍、交流的机会不充分,他们所获得的对种子食品的感知(如种子原型、种子加工成食品的过程等)也比较粗浅。而如果在生活区游戏中每天品尝1～2种种子食品,时间就比较充裕,给幼儿分享、介绍的机会也多,更利于实现主题目标,还可以关注个别孩子的发展。基于这些方面的考虑,最终决定将原先的集体活动调整为在一周时间内进行区域活动。

④分析资源使用情况,调整与补充资源

有什么样的资源就有什么样的课程,从某种意义上说,课程资源直接决定课程的内容与幼儿获得的经验。在主题开展前,虽然对资源进行过审议,但是这些资源在实际使用中,数量是否丰富,形式是否恰当,能否支持活动持续开展等问题,都需要教师予以关注。在中期审议时,教师应该重点思考:已有资源利用得是否充分,还有哪些可以补充进来的、与主题密切相关的新资源。

大班“种子的秘密”主题,在确定了去南林大秋游之后,教师又对南林大的资源进行了新的挖掘。植被丰富的自然植物资源、具备植物专业素养的南林大志愿者人力资源，都是活动顺利开展的重要保证。但是怎样让资源发挥最大效益呢？教师决定和南林大的工作人员沟通，合作设计一份“南林大植物资源地图”，便于幼儿了解植物的名称及位置分布，这样幼儿可以提前选择自己最感兴趣的植物和种子，规划好路线，发挥自主性，提高秋游活动的效益。这份“植物资源地图”就是教师在中期审议中决定采用的重要的补充资源。

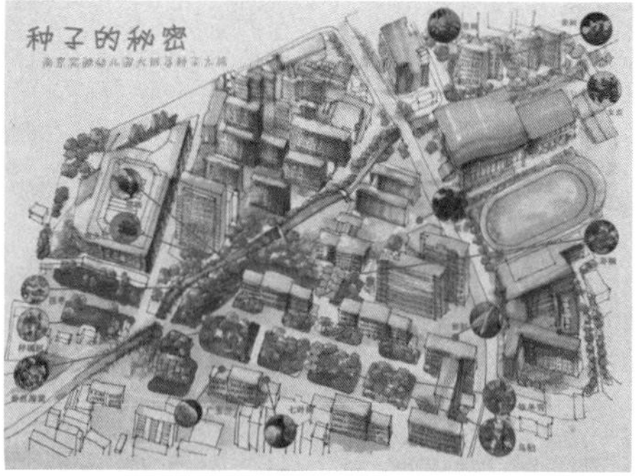

南林大植物资源地图

(3)主题实施的终审议：多维反思，把握课程后续走向

一个主题结束之后，教师会再次进行课程审议。不同于主题开始前及实施过程中的审议，在主题实施结束后进行终审议时，教师已经积累了关于该主题实施情况的所有资料，如丰富的幼儿表现实例，经过调整的主题活动详细方案，已使用的具体策略、手段等，这些信息需要教师团队共同讨论，总结经验，研判幼儿的发展情况，分析课程效益，以确定课程后续的走向。主题后的审议可重点围绕下面两点展开：

①审议主题目标达成情况

教师结合幼儿在主题实施中的行为表现，对照主题预设目标进行反思，总结该主题实施的经验，并为下一主题的开展提供可延续的目标参考，提醒教师在后续活动中的关注点和着力点。若幼儿的兴趣在本主题中得到了充分尊重，核心经验已达成，则该主题可结束；如果幼儿的兴趣仍然非常浓厚，并且相对聚焦，则可以开展项目活动或者小主题活动。

②研判幼儿的发展水平

在一个主题的活动结束时，教师对照预设的班本化目标，对幼儿的发展状况进行评价。既要对班级幼儿整体发展情况进行评价，又要对个别幼儿的发展情况进行评价。清晰呈现幼儿的发展水平，能为下一主题的课程实施，以及制订促进个别幼儿发展的策略提供参考。

下文以大班师幼共同创生的班本化主题“我要换牙啦”为例，呈现在课程审议中，通过反扣主题目标达成情况研判幼儿的行为表现，引领课程实施方向、促进幼儿发展的一个过程。

在大班上学期班本化主题“我要换牙啦”实施过程中，教师在课程实施的不同时期，依据学期发展目标、主题发展目标等，对孩子的发展状况进行评价，对目标落实情况进行反思，不断优化课程实施要素。通过修正目标、调整主题活动、挖掘资源等，促成主题目标的实现，推动幼儿获取核心经验，为幼儿的学习提供“鹰架”，使课程审议真正对课程起到调适作用。

在主题实施前，教师对照综合课程幼儿素质发展目标，回顾学期目标在本学期已经开展过的三个主题“搬新家”“我是中国娃”“可爱的动物”中的落实情况，将正在接近、暂未达成的目标作为新主题落实的重点，从而制定既符合幼儿兴趣又蕴含连贯经验的主题目标，将核心目标确定为“探究动物和人类牙齿的秘密（外形和功能），对换牙现象充满期待，体验成长的喜悦”，“在活动中有一定的专注力，能克服困难完成任务，尝试用自己的方式记录发现”。

在主题实施一段时间后，教师发现幼儿会自发用多种形式表现自己掉牙的感受，其中蕴含着艺术领域的价值，但在主题前期的预设中，艺术领域相关价值并未被重点关注。于是，教师优化主题目标，将“运用多种方式（如制作宣传小报、创编儿歌、情景表演等）表现有关牙齿的小知识”目标加入进来，并通过根据旋律填歌词、自编护牙小儿歌、情景剧表演等形式帮助幼儿达成目标，使主题既契合幼儿的兴趣，又能承载更加丰富的价值。详见下图。

主题活动“我要换牙啦”

主题目标

1. 探究动物和人类牙齿的秘密（外形和功能），对换牙现象充满期待，体验成长的喜悦。
2. 能运用多种方式（如制作宣传小报、创编儿歌、情景表演等）表现自己了解的有关牙齿的小知识（新增），知道要爱护牙齿，并能用正确的方法刷牙。
3. 在活动中有一定的专注力，能克服困难完成任务，尝试用自己的方式记录发现。（创编儿歌、创编歌曲、宣讲活动）
4. 能围绕换牙的话题进行讨论，会用连贯、清楚的语言较完整地表达自己的看法，会评价和补充别人的发言；初步感受文学语言的美，能专注地阅读与牙齿相关的图书，并能根据故事情节或线索猜想情节的发展。
5. 大胆运用简单的记录表、统计图表示简单的数量关系，尝试辨别自己的左右。（新增）
6. 尝试根据音乐的旋律创编有关牙齿的儿歌，（新增）并用基本正确的节奏和音调唱歌。
7. 能运用夸张的手法表现自己的感受和想象，并用自己制作的作品布置环境。（手工制作《可爱的笑脸》、自制宣传海报）
8. 尝试和中班弟弟妹妹合作做器械操。

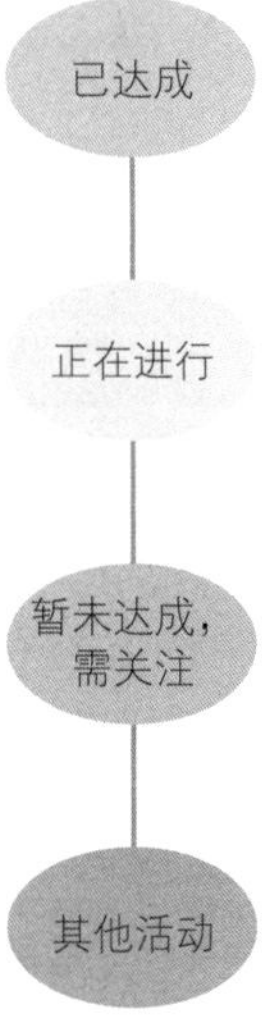

“我要换牙啦”主题中期审议反扣目标的情况

一个主题的活动结束后，教师再次回顾主题目标的达成情况，通过详细梳理指向目标达成的相关活动，分析班级儿童和个别儿童在每项目标指向下的行为表现，对目标达成情况进行层级分类。将“围绕换牙、护牙的话题进行讨论，能用连贯、清楚的语言较完整地表达自己的看法，会评价和补充别人的发言”作为下一主题要继续关注的目标。同时，通过分析班级每一位幼儿在具体目标上的达成情况，在后续活动中，以区域、游戏、项目活动等多种形式，支持幼儿进行个别化学习。详见下表。

“我要换牙啦”主题结束后研判幼儿的发展水平

主题目标	达成情况	个别儿童发展情况
1.探究牙齿的秘密（外形和功能），对换牙现象充满期待，体验成长的喜悦。	★★★	目标 1：探究能力（达成较好：珺、谦、宣） 目标 2：多种方式表述能力（有进步：鑫、铭、宣、凯） 目标 3：围绕一个话题讨论（需关注的幼儿：耀、阳、文、煊） ……
2.能运用多种方式（如制作宣传小报、创编儿歌、情景表演等）表现自己了解的有关牙齿的小知识（中期审议新增），知道要爱护牙齿，并能用正确的方法刷牙。	★★★	
3.在活动中有一定的专注力，能克服困难完成任务，尝试用自己的方式记录发现。（创编儿歌、创编歌曲、宣讲活动）	★★★	
4.围绕换牙、护牙的话题进行讨论，能用连贯、清楚的语言较完整地表达自己的看法，会评价和补充别人的发言；初步感受文学语言的美，能专注地阅读与牙齿相关的图书，并能根据故事情节或线索猜想情节的发展。	★★★	
5.大胆运用简单的记录表、统计图等表示简单的数量关系，尝试辨别自己的左右。	★★★	
……		

注：★★★表示目标已达成，★★表示目标基本达成，★表示暂未达成目标，需重点关注。

2. 开发数字化研判系统，及时反馈目标达成情况

信息技术的发展，使得大数据、“互联网＋”、云媒体等现代化技术已进入生活的各个方面。我园在专业技术人员的协作下，针对课程评价体系的完善需求，尝试进行了“基于 iBeacon 和智能传感器的幼儿成长研判系统”的项目研究。

首先，评价指标涵盖各领域，且每个目标都具有层级性。“基于 iBeacon 和智能传感器的幼儿成长研判系统”，以《3—6 岁儿童学习与发展指南》为指导，结合本地、本园课程的实际特点和幼儿成长的客观规律，利用 iBeacon 和智能传感器这种较为成熟的现代化科技设备，综合运用新一代信息技术，自动采集儿童活动的数据，并将个体数据与班级平均数据、个人历史同期数据进行比较，发现儿童发展的特征，并分析出目前儿童所处的发展状态，生成儿童发展数据库，使幼儿园对儿童发展的评价更加科学、合理。

该评价体系涵盖五大领域中的所有指标，在进行观察和记录时，可以提醒教师关注幼儿发展的各个方面，有效避免了对幼儿关注的片面化和随意性。并且，在每学期每个幼儿所有领域都被关注的基础上，教师还可以依据具体的事件和描述，对幼儿每个目标达成的层级水平进行评价。这些具体事件能为课程实施提供更有价值的参考，通过具体事件的指引，教师的判断可以回到情境，有据可循，对幼儿的评价更加准确。其工作流程和信息采集模块详见下方图片。

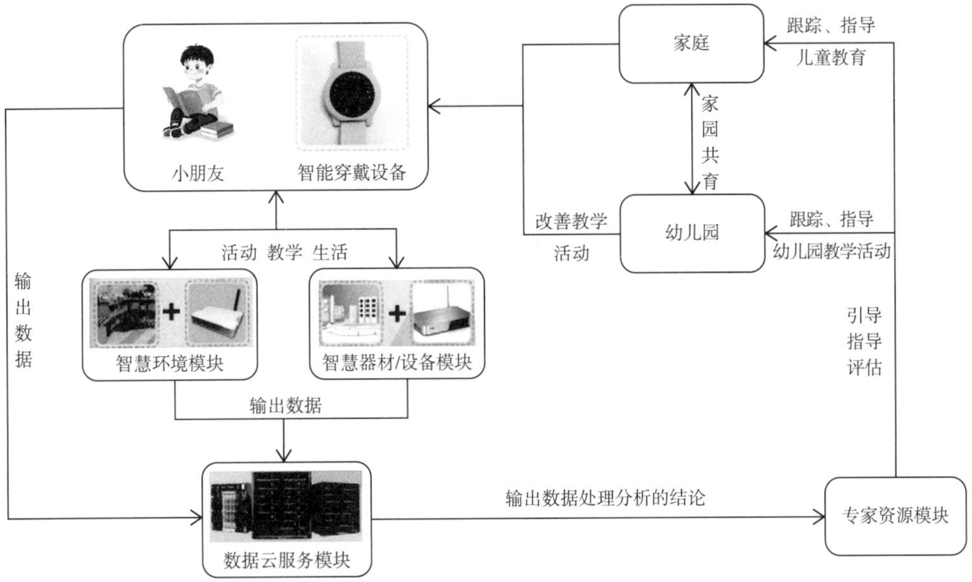

大数据信息采集与分析设备工作流程

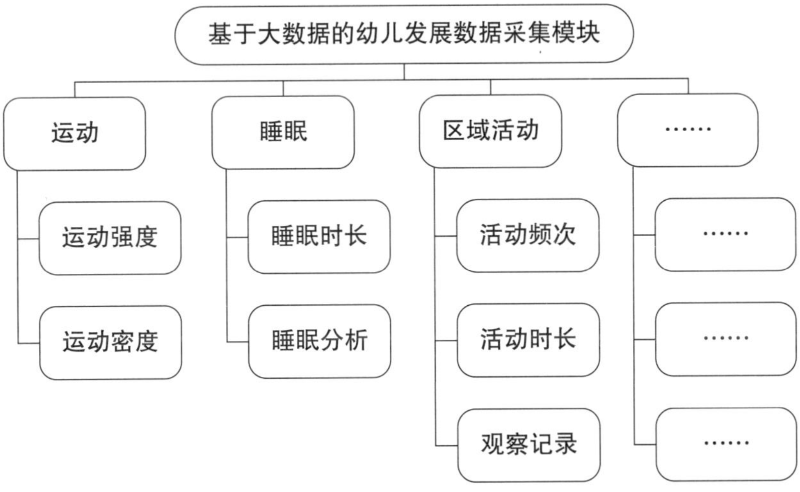

大数据信息采集模块

其次，帮助教师明晰目标达成情况，及时为课程调整提供反馈。基于大数据的幼儿成长状况研判系统中，相关设备可以及时采集幼儿的活动数据，建立关于幼儿成长情况的大数据库，为幼儿园、教师与家长提供显性的个性化成长轨迹，便于教师和家长及时了解每一位幼儿的成长变化，从而进行有针对性的活动改进和个别指导。

针对以往老师们因工作量大而无法关注到每一位幼儿的实际问题，设备采用扫描与语言识别等技术，帮助教师简化幼儿学习成果输入与评价过程，实现数字化的幼儿学习成果数据采集，并输出具体、真实、有针对性的评价意见。这些信息也为课程调整提供及时的反馈。

例如，利用数据库的运动模块将动作发展目标系统化，及时调整班级的体育活动，如：结合幼儿园的一日生活流程安排，将晨间锻炼和下午户外体育游戏环节作为幼儿运动发展水平数据采集时间段。相对稳定的数据采集时间段，可以使数据更具系统性、持续性和真实性，能更加有效地呈现幼儿运动能力发展变化的过程。每天幼儿的运动数据将按照运动密度和运动强度进行分类统计和分析，以三种不同颜色的数据条方式呈现，便于教师一目了然地了解当天每位幼儿参加运动的情况，有助于教师针对某方面数值过高或过低的幼儿开展个别引导和帮助，促进每位幼儿运动能力的发展。详见下方两幅图。[①]

排序：请选择　从多到少排列　　打印列表

★老师可以点击 关注 添加需要关注的儿童。关注后，可在【个人活动强度分析&关注】中了解被关注儿童的发展变化

儿童姓名	在园运动情况							在家运动情况	需要提供哪些指导
	高强度时长	与班级平均相比	中强度时长	与班级平均相比	低强度时长	与班级平均相比	在园运动曲线		
李**	42分钟	+39分钟	47分钟	+23分钟	2小时	-53分钟		查看	关注
谢**	15分钟	+12分钟	27分钟	+3分钟	2小时45分钟	-3分钟		查看	关注
陈**	12分钟	+9分钟	57分钟	+33分钟	2小时20分钟	-33分钟		查看	关注
孙**	7分钟	+4分钟	30分钟	+6分钟	2小时52分钟	-1分钟		查看	关注
赵**	7分钟	+4分钟	37分钟	+13分钟	2小时45分钟	-8分钟		查看	关注
王**	2分钟	-1分钟	12分钟	-12分钟	3小时15分钟	+22分钟		查看	关注
吴**	2分钟	-1分钟	12分钟	-12分钟	3小时12分钟	+19分钟		查看	关注
万**	2分钟	-1分钟	17分钟	-7分钟	1小时32分钟	-81分钟		查看	关注
刘**	2分钟	-1分钟	30分钟	+6分钟	2小时57分钟	+4分钟		查看	关注
杨**	2分钟	-1分钟	35分钟	+11分钟	2小时52分钟	-1分钟		查看	关注
叶**	2分钟	-1分钟	30分钟	+6分钟	2小时55分钟	+2分钟		查看	关注
杨**	0分钟	-3分钟	20分钟	-4分钟	2小时20分钟	-33分钟		查看	关注
刘**	0分钟	-3分钟	10分钟	-14分钟	3小时20分钟	+27分钟		查看	关注
马**	0分钟	-3分钟	12分钟	-12分钟	3小时17分钟	+24分钟		查看	关注
王**	0分钟	-3分钟	20分钟	-4分钟	2小时47分钟	-6分钟		查看	关注
陈**	0分钟	-3分钟	42分钟	+18分钟	2小时47分钟	-6分钟		查看	关注
高**	0分钟	-3分钟	15分钟	-9分钟	3小时10分钟	+17分钟		查看	关注

班级全体幼儿一天运动强度数据统计

① 两幅图中，对幼儿真实姓名均做了隐藏处理。

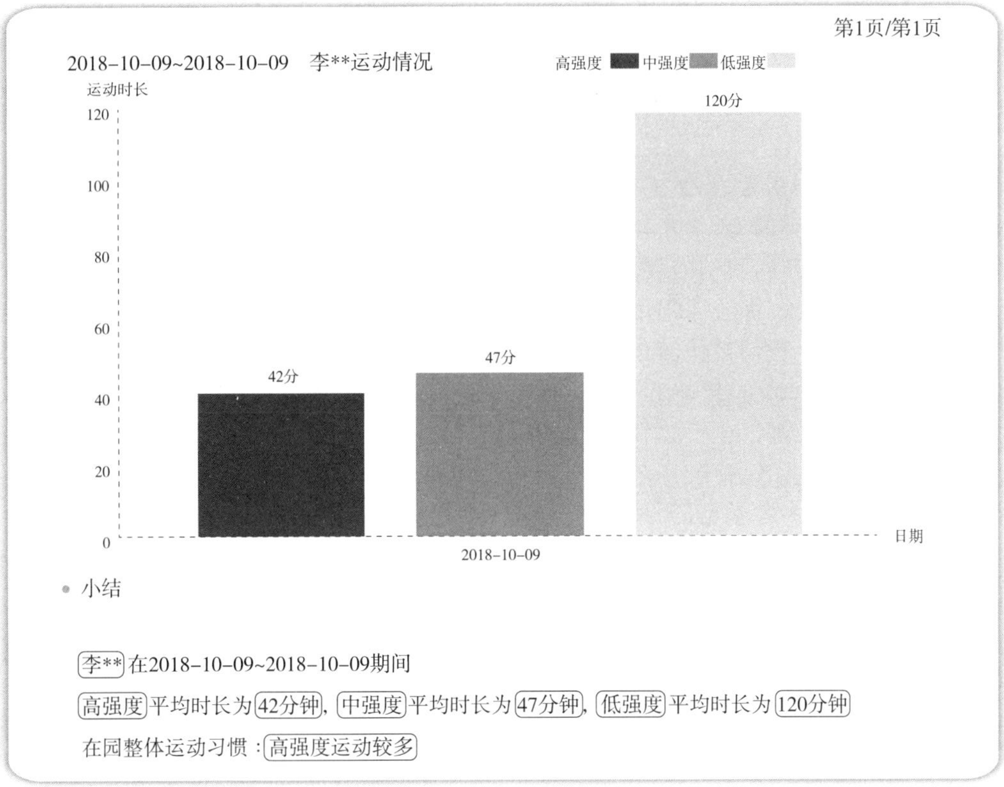

幼儿个体一天运动强度数据统计

综合课程在改进反扣目标的质性评价的同时，借助现代化手段采集幼儿学习过程的数据和信息，结合真实有据的观察，开展形成性课程评价的研究。从完整儿童培养目标的达成度来反思课程实施过程，及时调适课程，帮助教师做出更科学合理的课程决策，让综合课程真正关照每一位幼儿，真正有效地促进儿童的发展。

综上所述，从检核幼儿的发展水平，到为幼儿的学习提供“鹰架”，综合课程以课程审议为路径之一，进行课程评价的研究与改革。依托课程审议，我们将动态的、过程性的幼儿发展水平研判与课程调适、改进关联起来，教师在协同反思中不断深化对幼儿发展的认识，建构对课程实施的理解，从而做出科学决策。伴随主题实施全过程的课程审议，使得课程目的、内容、组织、评价四要素形成闭环，充分发挥对主题实施的支持作用，促进综合课程育人目标落地。

第三节　成长故事:综合课程滋养完整儿童生长

40 年来,实幼教师坚定地走"综合"之路,底气便在于对综合课程与完整儿童关系的深刻理解。我们认为,儿童不是一个由"五大领域"组成的人,而是一个立体的人,是一个活生生的、完整的人;幼儿教育必须具有整体性。正是源于对儿童的认识,完整儿童育人目标逐渐清晰,我们的教育信念更加坚定。我们坚信,幼儿园综合课程是实现育人目标的重要途径。综合课程用完整的方式来培养完整儿童,给孩子完整的一日生活、完整的生活经验。我们在任何一件事情、任何一个活动当中,都是帮助孩子形成对周围世界的看法,潜移默化地影响其个性品质的塑造,以日常点滴涵养完整儿童。

下文是实幼教师以成长故事形式记录的综合课程的实践经历。"成长故事"蕴含两层含义:一是之于儿童,记录儿童在互动中经验不断走向丰富、纵深,让每一个孩子完整的、独特的成长经历被看见;二是之于教师,呈现教师如何理解孩子的兴趣与问题,如何做出适宜的课程行为以呼应儿童,洞察、反思那样做、那样选的原因,在不断的回答中走向成熟。

在故事里,能看到生动的儿童,也能看到或迷惘或清醒的教师,能找到或深或浅的教育共鸣。而分享成长故事,也成为实幼教师交流对儿童的理解、共话专业生活最有温度的一种方式。下文这些成长故事将展现综合课程如何滋养完整儿童成长,讲述教师如何在促进儿童成长的过程中实现专业自我。

一、"豆芽"的故事①

这是一个在大班角色游戏中发生的、贯穿了一整个学期的故事。故事的主人公是一位小名叫"毛豆"的六岁零两个月的女孩,以及她在游戏中所"生的孩子"——"豆芽"。"豆芽"系列故事记录了成人如何转变教育观念,如何支持儿童构建话语体系,以及儿童视角在幼儿园游戏中落实的过程。

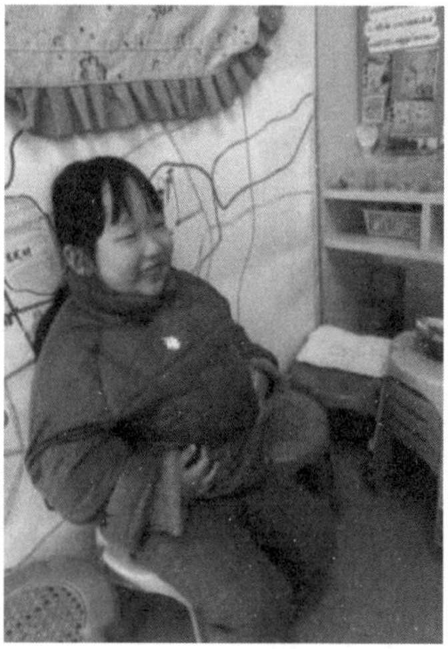

毛豆:"我要生宝宝了。"

(一) 成长故事

1. "豆芽出生了!"

一天,角色游戏开始时,孩子们一边布置"娃娃家"的环境,一边讨论着:"宝宝是从哪里来的?"通常而言,孩子

① 本案例由原南京市实验幼儿园陈洁老师提供。

们会说宝宝是从材料架或篓子里拿出来的。但今天，毛豆却说："当然是妈妈生出来的！"说着毛豆就把一个玩具娃娃塞进衣服，指着自己鼓鼓的肚子说："我要生宝宝了！"

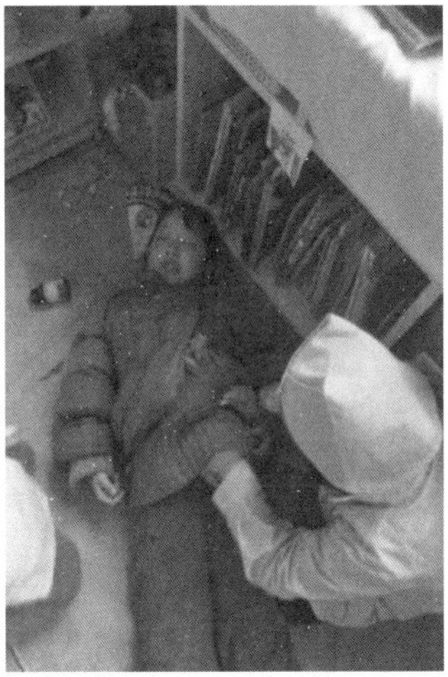

请医生开刀，帮助生宝宝

她双手捂着肚子，慢慢地走到"医院"。医生们正在忙碌着，没有谁注意到这个"特殊"的"病人"。毛豆拍打着鼓起的肚子，大声喊："我要生宝宝了！""医院"里所有的人都围了过来，有的捂着嘴笑，有的伸出手轻轻摸了一下毛豆的肚子，还有的在小声议论……

毛豆把肚子挺得更高，似乎在提醒医生"我要生孩子啦"，但所有人都是头一次遇到这样的"病人"，都傻愣愣地不知道怎么帮助她。毛豆只好推开医生，自己躺到了床上，并一字一顿地说："我，要，生，宝，宝，啦！"医生们又围了过来。"快开刀吧！"毛豆提高嗓门说。

医生拿起"小刀"，在毛豆的衣服上划了一下，毛豆提醒道："你忘记给我吃药了。"医生立刻递过来一个药瓶，她接过药瓶，放在嘴边假装喝药。这时，随着药瓶倾倒，里面的皱纹纸球（游戏道具药丸）掉出来。医生把彩色的皱纹纸球塞进毛豆衣服里，说："这个可以止血。"

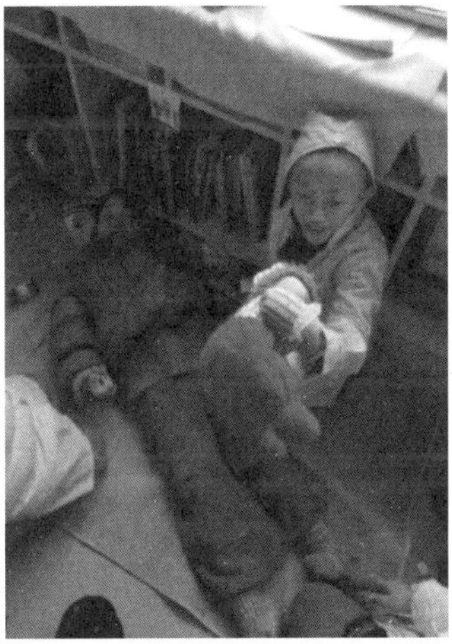

"宝宝"从肚子里"生"出来了

毛豆"妈妈"照顾"宝宝"

"娃娃生出来啦！"医生从毛豆衣服里取出玩具娃娃。所有的人都拍拍手笑了。

毛豆躺在病床上，医生把刚出生的"小宝宝"放在小方桌上，三位医生都站在桌子旁，有的给小宝宝打针，有的用听诊器给小宝宝检查身体。毛豆躺在病床上喊："我还躺在这里呢，你们没人来给我看病吗？"教室里声音比较嘈杂，医生们继续围着"小婴儿"忙碌着，没人回应毛豆。

……

游戏分享环节，毛豆借助游戏中我拍摄的照片向大家绘声绘色地讲述着她生宝宝的故事。她还告诉大家："我的宝宝叫'豆芽'，因为我是毛豆，毛豆的孩子就是'豆芽'！"

【**教师的思考**】在这个游戏中，幼儿表现出对生命如何诞生这个问题的兴趣和最初的经验。基于对生活中"生孩子"情况的了解，儿童在游戏中通过模仿和扮演再现生命诞生的过程，体现出他们对这个主题的经验和兴趣。“生宝宝”游戏情节的出现，给大班幼儿的角色游戏注入了新的内容，同时这也是富有挑战性的游戏内容，有助于激发幼儿多方面的游戏兴趣，拓展他们的经验。

2.带着豆芽去取钱

豆芽宝宝出生后，毛豆妈妈开始带着宝宝玩班级里的各种游戏，“小舞台”、建构区、“超市”“银行”等区域，都能看到他们的身影。

一天，毛豆带着豆芽去“银行”取钱。到了“银行”，毛豆顺手就把豆芽放在了桌子上。突然，娃娃从桌子上掉了下来，毛豆不由自主地大叫一声：“娃娃掉到地上了！”并担忧地问我该怎么办。

我蹲下来，一边安慰毛豆，一边引导她思考：豆芽为什么会掉下来？小婴儿掉到地上会有什么后果？妈妈应如何安全地带婴儿外出呢？

在我的追问下，孩子们有了自己的思考，他们的游戏中开始出现新的话题——带宝宝外出要准备什么？毛豆则身体力行，每天带豆芽到区域中游戏前都精心准备宝宝外出用的东西。

那段时间，我刚生完二宝不久，家里正好有婴儿背带。我将婴儿背带带到班上，并通过照片和视频与孩子们分享生活中自己带小婴儿外出的经验，让毛豆和小伙伴们了解带婴儿外出应准备哪些物品。

毛豆“妈妈”使用自制的“婴儿背带”带“宝宝”去“银行”

婴儿背带成了幼儿游戏发展的催化物，毛豆兴奋地在“百宝箱”里找到一块大花布，把豆芽包裹在花布中间，并将花布系在身上。自制“婴儿背带”的游戏情节由此发生。

【教师的思考】游戏的焦点聚焦在“娃娃掉在地上”的问题，这促使幼儿主动发起与我的互动。我此时作为游戏伙伴适时介入，分享了自己平时带小婴儿外出的经验，并提供了婴儿背带这一重要的辅助工具，这进一步扩展了幼儿的经验，也激发了幼儿更多的模仿和扮演行为，并促进幼儿主动积极地解决问题。毛豆自制婴儿背带的过程，就是在角色游戏中对物品进行联想，并创造性地使用物品解决问题的过程。

3. 给豆芽打预防针

毛豆之所以要带着豆芽到“银行”取钱，是因为豆芽打预防针要花钱。解决了如何安全地带小宝宝外出这个问题后，毛豆带豆芽到了“医院”。

在“医院”里，毛豆与医生们讨论着“豆芽出生多久需要打预防针”“需要打几针”“用什么样的针管给小宝宝打针”等话题，甚至还设计了豆芽的“病历”，它与真实的病历不同，豆芽的“病历”本上除填写了豆芽的姓名、年龄外，医生还记录了豆芽的生肖——狗。

医生："今年是狗年。"

毛豆："狗年出生的宝宝就属狗。"

医生："人一出生就是一岁了，过了新年就要增加一岁。"

毛豆："我属蛇，宝宝属狗，我比宝宝大6岁。"

医生："对，蛇——马——羊——猴——鸡——狗。"

（毛豆一边听，一边掰着手指头。）

医生："每个人都有生肖，我们要给每个来看病的病人记录生肖。"

……

毛豆"妈妈"带豆芽打预防针

【教师的思考】孩子们的游戏不仅是他们生活经验的再现，也是生活经验的创造性表征。游戏很有趣，但它不仅仅是有趣的。幼儿游戏时，我作为教师，不只是在一旁观看，还要有很强的专业观察能力，要高度投入且有目的性地进行引导。

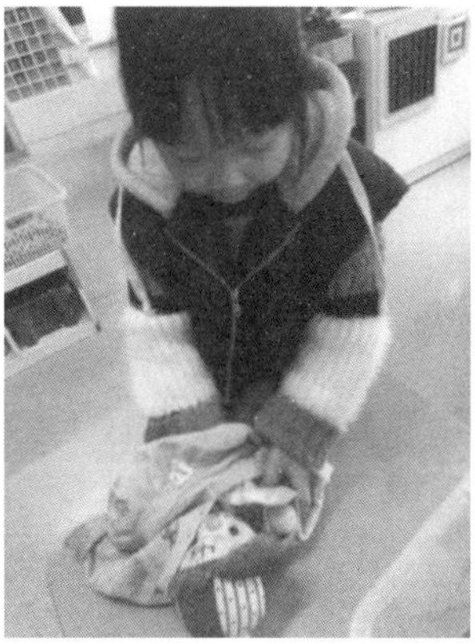

探索做尿不湿的好材料

4. 给豆芽制作尿不湿

在一次游戏分享环节，孩子们曾讨论过"小宝宝外出需要带什么"。其中有孩子提出，外出时要给小宝宝穿尿不湿。

之后，有一天，毛豆一边给豆芽穿衣服一边说："她不用穿裤子，我要给她穿尿不湿。"说完，她去美工区寻找材料制作尿不湿。可是翻了一遍，她没有找到合适的做尿不湿的材料。毛豆皱着眉头，愣在那里十几秒。看到这个场景，我主动询问："需要我帮忙吗？"毛豆表示想和我一起给豆芽做尿不湿。我用手机下载了尿不湿的图片，拿给毛豆看，并找到一段视频。我们尝试了皱纹纸、普通A4纸、彩色卡纸、涤纶纸等各种材料，通过反复的比较和讨论，最终我们确定用柔软且不容易破的海绵纸为材料来制作尿不湿。

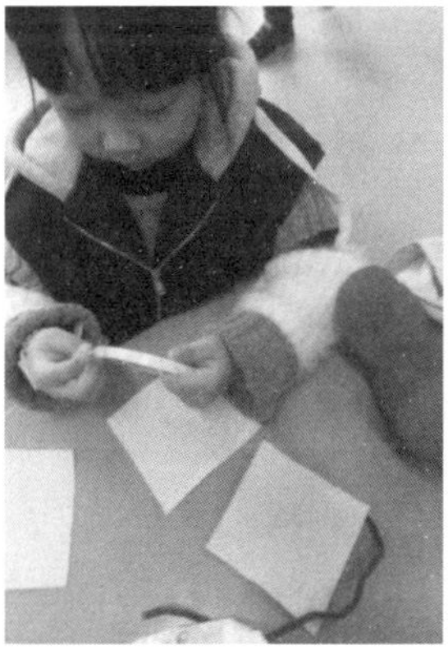

寻找适合用来固定尿不湿的物品

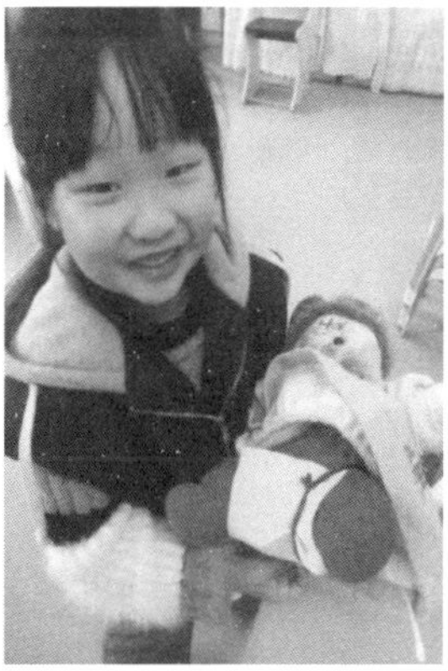

发现用毛根固定尿不湿的方法

在往豆芽身上固定尿不湿的时候，又出现了新的问题：豆芽的腰围、腿围较粗，找来的一根皮筋，撑到最大后仍然无法套到豆芽身上，因此无法固定住海绵纸。毛豆尝试用透明胶和双面胶来固定海绵纸，但是海绵纸的表面不适合粘贴。我提议使用订书机，但被毛豆否定了，她觉得订书针会让娃娃的身体受伤。最后，毛豆想出了用毛根缠绕的办法，解决了固定尿不湿的问题。于是，在带豆芽外出之前，毛豆还会将备用的干净尿不湿放在小包里。

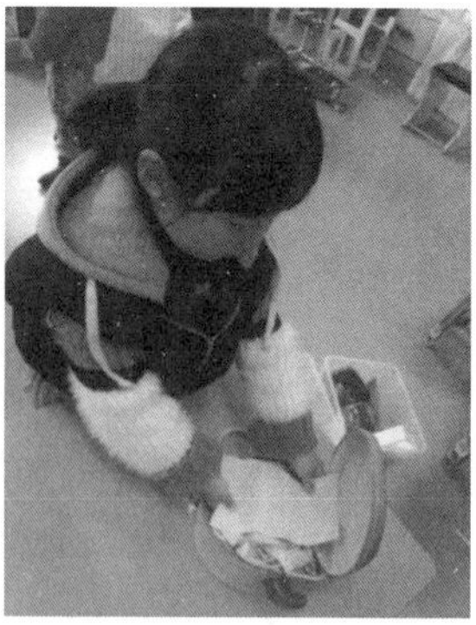
准备外出用品时
带上备用尿不湿

【教师的思考】《指南》中指出：探究应成为幼儿科学学习的核心。当我察觉到毛豆遇到困难时，我立刻上前友好而坚定地告诉她“我愿意帮助你”；当毛豆兴奋地进入美工区寻找材料时，我靠近她，用笔帮助她记录选择的每一种材料；当毛豆尝试了多种材料均未成功时，我退后几步，用目光给予她鼓励：“没关系，再试试。”确实，教师需要保护幼儿的好奇心和探究兴趣，既要为幼儿的探究提供精神支持，也要为幼儿的游戏活动提供充足的材料支持。

5. 给豆芽做婴儿车

有一次，毛豆与我谈论是否要给豆芽添置一辆婴儿车。我最初想在幼儿园找一辆婴儿车，或者请家长提供一辆。但是，这就剥夺了幼儿动手和探索的机会。于是，在我的提议下，毛豆有了自己动手做一辆婴儿车的想法，并且取得了其他幼儿的关注和支持。

首先，毛豆尝试用多种盒子制作婴儿车。在我园开放性的活动空间内，幼儿能自由选取材料并感知材料的材质。经过讨论和尝试，大家认为应该设计一辆结实的、能够在地上拖行，还必须有足够的空间能让豆芽躺在里面的婴儿车。

在与同伴的多次尝试、讨论后，毛豆最终选择了建构区里装积木的小号透明整理箱。为何选择整理箱？孩子们的理由是：整理箱是透明的，妈妈可以随时看到宝宝在里面的样子。由于装积木的小号透明整理箱被毛豆借用了，建构区的孩子就主动从活动室里找了一个新盒子来放积木。

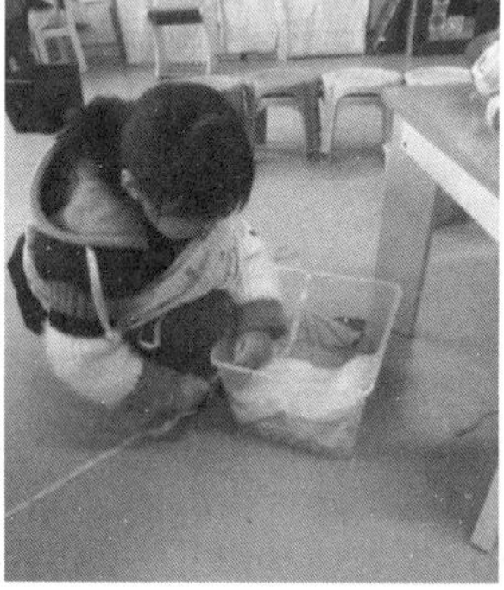
婴儿车怎么动起来

和同伴商量如何固定拖车的绳子

可以拖行的婴儿车

【教师的思考】毛豆“妈妈”在照顾豆芽“宝宝”的游戏过程中又遇到了新的问题——做婴儿车。本来解决这个问题可以用一个比较简易的办法，即直接投放一辆成品婴儿车。但是，对于大班幼儿来说，这种解决问题的办法过于简单，不符合他们的能力和发展水平，且不能扩展幼儿游戏的内容，不能增加游戏的趣味性和挑战性。因此，作为教师的我，及时建议幼儿尝试挑战更高难度的游戏内容——自己动手制作一辆婴儿车。

果然，人多力量大，我欣慰地看到，豆芽的婴儿车问题就这样“轻松”地被解决了，其他幼儿也自主解决了积木收纳的问题。这个过程中，幼儿发展了问题解决能力，还进行了充分互动。这让我更加坚信：游戏是幼儿极有意义的学习方式，在游戏中，幼儿解决问题的能力确实不断得到提升。

（二）回顾与反思

1. 从“你的经验”“我的经验”到“我们的经验”

“豆芽”的故事是一个体现幼儿深度学习过程的游戏，这个游戏由幼儿的兴趣引发，在不断衍生新的问题并不断解决问题的过程中逐渐走向深入，教师则持续关注，并予以积极支持。游戏经历了五个阶段，毛豆在每个阶段都遇到了不同的问题，在教师显性或隐性的支持下，这些问题最终都得以解决。（见下表）

不同游戏阶段毛豆的问题、解决问题的办法和教师的支持

游戏阶段	毛豆的问题	解决的办法	教师的支持
豆芽出生了	宝宝从哪里来	发起“去医院生宝宝”的角色游戏情节	创设让幼儿自主游戏的环境
带着豆芽去取钱	带宝宝外出怎样做才安全	用花布制作婴儿背带	教师积极回应（提供带宝宝外出的经验和材料）
带豆芽去打针	为什么要这样记录病历	同伴间相互学习，病例中出现对生肖的记录	分享交流游戏经验
豆芽需要尿不湿	如何制作尿不湿	寻找材料，自主实验	提供低结构材料
豆芽需要婴儿车	如何制作婴儿车	同伴互助，操作实验	自主游戏环境、材料的提供

角色游戏有现实的生活基础，幼儿遇到问题时更能积极思考和行动。整个游戏既基于生活逻辑，又遵循行动逻辑——幼儿有事可做，游戏才能不断深入，幼儿的兴趣才能得到延续和满足。游戏中的“接生”“打预防针”、做“婴儿背带”、做“尿不湿”、做“婴儿车”等情节，都是与幼儿的行动联系在一起的，不是停留于口头讨论。幼儿的尝试、讨论、建议，教师的支持和启发，幼儿自身的努力和坚持，都是真实的、具体的，与特定的任务情境相联系，指向解决特定的问题。游戏里有很多新的挑战，幼儿的游戏行为涉及多方面的经验，因此，这样的游戏其实就是幼儿综合性的学习。

2. 从“成人视角”到“坚定的儿童立场”

在“豆芽”系列故事中，教师不仅仅是一个观察者和引导者，更是一个重要的倾听者和分析判断者。教师倾听孩子的声音，尊重孩子的意愿，满足孩子的需要，是帮助儿童构建和完善经验的重要推手。

首先，教师对孩子的游戏做到了“心中有数”。教师善于发现幼儿游戏的“闪光点”，抓住教育契机并促进其发展，充分尊重和保护幼儿的好奇心和学习兴趣。其次，教师观念的转变对幼儿的发展至关重要。对于角色游戏，很多教师往往会有这种固化思维——大班孩子发展到一定的程度后，对角色游戏缺乏兴趣。但是通过这个案例可以发现，不是孩子对角色游戏没有兴趣，而是教师没有很好地发现儿童对角色游戏的兴趣所在。在幼儿参与游戏的过程中，教师也做到了不断反思：这个游戏到底能促进孩子哪些方面的发展？能够做些什么去支持孩子的发展？《指南》无疑给教师提供了观察和分析的框架。

【教师感悟】教师应当永远牢记儿童是游戏的主人，儿童应当永远在教师的心中，让游戏真正促进幼儿的发展！每个有关儿童游戏的观察记录都展示了儿童游戏的多维性，尊重儿童的游戏，就是尊重全面发展的儿童。

二、南瓜子奇遇记[①]

在“蔬菜大聚会”主题活动中，部分幼儿对炒南瓜子很感兴趣，本该成为厨余垃圾的南瓜瓤，摇身一变，成了孩子们眼里的“香饽饽”，作为科学观察的完美对象，为幼儿提供了挑战的契机。倘若带领全班幼儿共同研究南瓜子，本主题其余的内容将会被搁浅，并且部分幼儿对南瓜子兴趣不大；如果放弃，又会让感兴趣的幼儿失去探究机会。这其中的舍与得，幼儿和教师该如何面对呢？

(一) 成长故事

1. 是“代劳”还是“亲历”？

原本以为炒南瓜子只是孩子们一时兴起，于是我说：“你们是不是想吃南瓜子啦？明天我带一包给你们吃呗！”谁料这份“好意”却遭到了米乐的拒绝：“我们不要吃现成的！”我又故意问他们：“你们知道南瓜子怎么炒吗？”甜甜不甘示弱道：“我们虽然不会，但是可以学啊！”我皱着眉说：“我可不会啊！教不了你们呢。”小远安慰我说：“没关系！我们可以一起学，我妈妈就经常跟着手机学做菜！”

在孩子们的带领下，我们上网查询，知道了炒南瓜子分为分离子和瓤、洗瓜子、晒瓜子、炒瓜子这四个环节。虽然环节看起来不多，但是中间的过程却是烦琐的，于是我对孩子们说：“这个怪麻烦的，我直接做给你们吃吧！”果不其然，“好意”又被拒绝。安安

---

① 本案例由南京市实验幼儿园金品老师提供。

说："我们就想自己做！自己做的菜最香了！"糖糖说："我还想做完了带给妈妈吃呢，告诉她这是我亲手做的。"我看着孩子们坚定的眼神，默默盘算着想参与该活动的幼儿人数，决定和幼儿一起以项目活动的形式开展探究。

【教师的思考】在孩子面前，我更习惯于展示自己擅长而熟悉的东西，让孩子们觉得"老师真棒""老师无所不能"，提前备课、提前做好预案，会让我有种"踏实"感。而项目活动的内容或主题往往"出其不意"，孩子们的兴趣点就像一颗"流弹"，有时会打得我措手不及。在听说孩子们想炒南瓜子的时候，我有种"舒适圈"被打破而惊慌失措的感觉，差点用包办代替来解决这个"麻烦"。孩子们的多次"拒绝"，让我逐渐意识到他们对活动的热情与执着，这才让南瓜子的故事有了新的篇章，也让幼儿新经验的生发有了可能。

2. 是"垃圾"还是"资源"？

午餐过后，孩子们带着满腔热情着手做第一步——分离子和瓤。看似简单的一个环节，却成了充满刺激的"战斗"——"老师，救命！这个好黏啊！""啊！好恶心！"一声声惨叫此起彼伏。走近一看，我发现，原来孩子们不太适应瓜瓤和瓜子黏腻的手感。我假装幸灾乐祸道："接下来的步骤更难呢！"包子立马接话："我忍一下就好了，马上就能分离出来了！"几个小伙伴也纷纷给彼此打气。

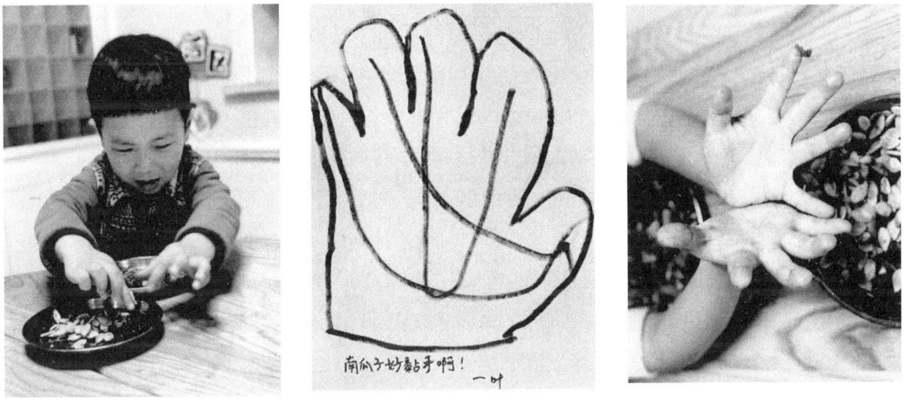

南瓜子好黏手啊

第二步洗瓜子环节到了，孩子们将瓜子拿到水池边，缤乐立刻打开水龙头冲洗瓜子。甜甜皱着眉头说："水这样一冲，瓜子不就全跑了吗？"缤乐微微一愣，很显然，这个问题是他没有考虑到的。我站在旁边静静地观察着孩子们，没有给予直接的指导。"有了！我们把瓜子放在桶里洗，瓜子就不会跑了！"安安兴奋地说道。"行动派"糖糖立马去找徐老师（保育老师）借桶。洗瓜子的容器有了着落，新问题又来了，只听丫丫抱怨道："这怎么洗啊？"米乐："怎么这么滑？我都抓不住！"我也有些纳闷，于是动手试了试，果然，那些刚分离出来的南瓜子在水里滑得跟泥鳅一样，怎么也抓不住。徐老师看到我们满脸苦恼，哈哈笑着说："这个太简单了，你们把手放进桶里，顺着一个方向搅，看看会发生什么！"孩子们听了，马上进行尝试，小远兴奋地大叫："掉下来了！脏东西（瓤）都掉下来了！"原本令人头疼的洗瓜子难题就这么被轻松破解了。

顺着一个方向搅动，让瓤和子分离

随着水面逐渐恢复平静，丫丫发现了一个有趣的现象，惊叹道："瓜子漂在水面，瓜瓤沉在水里，南瓜瓤和南瓜子也有沉浮现象哎！"丫丫继续兴奋地说："老师，我们可以把这个发现分享给别的小朋友吗？"我答道："当然可以啦！你观察得可真仔细！"丫丫想了一会儿，说："我想要一个透明的桶，这样能看清楚！"我答应道："好的，你们先去午睡吧，我来找找。"午睡起床后，平时慢吞吞的丫丫第一个穿好衣服下楼"视察工作"，看到玻璃缸里的一切，小家伙露出了满意的笑容，还主动向大家介绍自己的发现呢！

幼儿观察南子瓤和南瓜子的沉浮现象

【教师的思考】生活中，南瓜瓤几乎都会被丢进垃圾桶，而孩子们天生有"变废为宝"的"超能力"，"想炒南瓜子"这句话激发了孩子们探究的欲望，于是，我让南瓜子成为推动儿童经验生长的珍贵资源，幼儿与生活的关系就是以这些点滴事物为纽带的。可以说，是孩子们在活动中专注和认真的精神改变并同化了我，让我有机会感受他们克服困难、挖瓤取子的成就感，体会经过多次尝试，最终成功给南瓜子"洗澡澡"的神奇，让我更加惊喜的是，孩子有一双善于捕捉和发现的眼睛，看到了南瓜瓤和南瓜子的沉浮现象，并"想方设法"地把经验传递给同伴。

3. 是“纠偏”还是“试错”？

幼儿选择盛南瓜子的容器，并将其放在自己想放的地方

区域活动中，孩子们一边捞着漂浮在水面上的瓜子，一边商量着第三步晒瓜子的事。原本想将瓜子直接平铺在阳光下的我，默默地听孩子们的想法，然后问道：“你们想用什么容器装瓜子啊？”艾特说：“我要用薯片罐子，它很高，而且有盖子，小虫子进不来。”小远喊道：“我觉得玩具筐很合适，因为它足够大！”糖糖说：“我想用吃点心的小盘子！”这个答案最符合成人逻辑，于是我赶紧追问：“你为什么选盘子呀？”糖糖说：“因为吃的东西都是用碗、盘子盛的啊！”我点点头，觉得她说的很有道理。随后，孩子们开始满教室寻找他们所需要的容器，随之而来的新问题是：放在哪里晒呢？在有生活经验的人看来，阳光下、通风口都是不错的选择，但是孩子们选择的地点却多种多样，有的选择放在不见光的窗口，有的将南瓜子放在一个黑暗的角落，还有的把南瓜子放进了柜子里……在阴暗潮湿的环境下，南瓜子的结局显而易见，很多幼儿会面临失败，但我并没有阻止孩子们的尝试，而是请他们带着期待等到周一早晨来揭晓答案。

周一早晨，“南瓜子研究小分队”的成员们迫不及待地来到幼儿园里检验成果。虽然结果并不特别理想，但是孩子们发现，用盘子、盒子等浅口容器盛的南瓜子几乎都干了，而被装在罐子里、放在柜子里的南瓜子，摸起来依旧是软软的、湿湿的，被容器密封起来的瓜子则已经发霉。经过这次实践，孩子们领悟到成功晾晒南瓜子的必要因素，新一轮的晾晒工作完美结束。

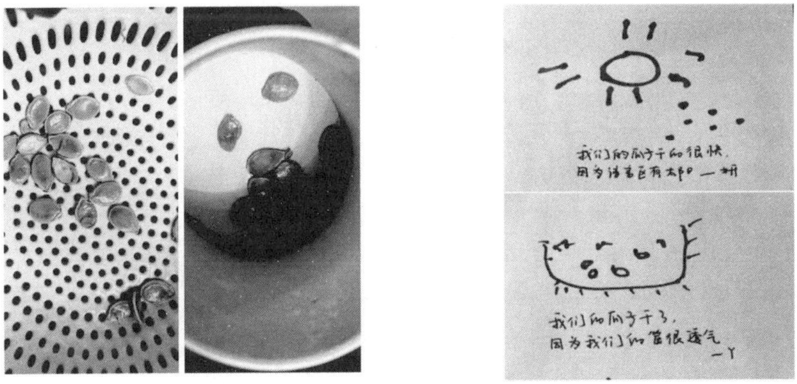

用不同方式晾的南瓜子的情况，及幼儿做的相关表征

【教师的思考】孩子们思考问题的角度总是那么与众不同，富有创意和童趣，他们害怕南瓜子被虫子咬，就将其放在薯片罐里，担心南瓜子拥挤，就将其放在玩具筐里。虽然我已经预见了那样的环境下南瓜子不会被晾干，但和直接告诉他们结果比较起来，让孩子们自己去尝试、反思和总结更为重要，晾晒的过程变得“曲折”而有意义，正是这份“曲折”，让孩子们总结出晾晒需要的元素：阳光、通风、干燥、浅口容器等。“纸上得来终觉浅，绝知此事要躬行”，我也从一开始的迷茫、纠结，逐渐走向沉稳和自信，彻底坚定了和孩子们一起研究下去的决心。

4. 按“书”做还是按“需”做？

眼看着只剩最后一步炒瓜子了，谁知孩子们发现晒干的瓜子上竟多了一层薄膜，在孩子们的催促下，我赶紧上网寻找答案。原来，那是一层保护种子水分的膜，种子干了，它便和种子分离了。甜甜听完我的解读，连忙问道：“那我们可以开始炒了吗？”旁边的徐老师回答道：“还不行哦，这层膜不弄掉，你们的瓜子准会被炒煳。”“南瓜子研究小分队”的孩子们有些无奈，连忙着手脱膜，奈何瓜子又小又多，忙活了半天，效果甚微。越来越多的孩子加入其中帮忙，可是不凑巧，马上就到集体活动时间了，于是我连忙让孩子们先停下手上的工作，并告诉他们下午在生活区中可以继续为南瓜子脱膜，孩子们闻言，安心回归课堂。

孩子们给晾干的南瓜子脱膜

区域时间到，米乐发现用手搓可以使大把瓜子快速脱膜，大家纷纷效仿，脱膜工作很快结束。孩子们终于迎来翘首以盼的炒南瓜子的环节了！第二天，我们利用集体活动时间来炒南瓜子，孩子们一边观察南瓜子色泽的变化，一边闻着它们散发出来的诱人香气，个个垂涎欲滴。瓜子炒好了，却在品尝时遇到了“世纪难题”——南瓜子该怎么吃？我龇牙咧嘴地给孩子们做了一个亲身示范，孩子们纷纷展露出“小吃货”的天分，不一会儿就开始向我炫耀他们剥出的完整瓜子仁了。终于，“南瓜子研究小分队”的孩子们如愿品尝到了自己的劳动成果，其余的孩子边吃边赞叹小小南瓜子的美味。

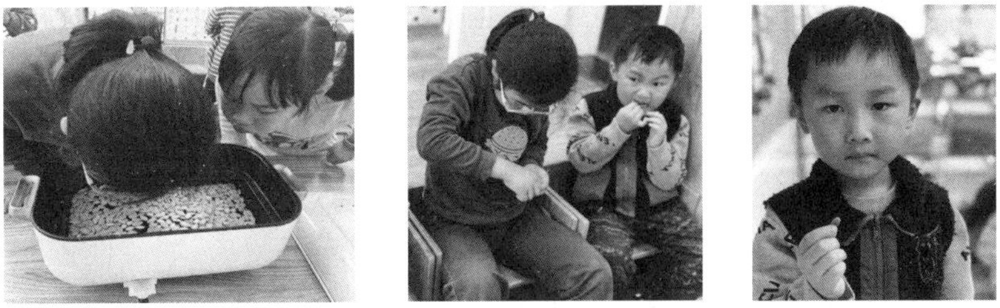

孩子们炒南瓜子,品尝炒好的南瓜子

【教师的思考】我和孩子们以项目活动的形式一起对南瓜子开展探究,我引导幼儿利用在园的碎片化时间进行实际操作,并鼓励他们将自己的发现传递给周围更多的孩子;与此同时,我将南瓜子作为低结构材料投放到各区域中,让更多的孩子去熟悉这个原本不感兴趣的事物。在集体品尝时,孩子们都表现出对南瓜子的喜爱。在亲身体验中获得丰富的经验,这就是项目活动的意义与魅力吧!

(二) 回顾与反思

1. 甄别兴趣,帮助幼儿获得新经验

幼儿的兴趣点如同满天繁星,但每一个都需要被满足并围绕它开展探究吗?答案是否定的。对教师而言,甄别有价值的幼儿兴趣点很重要。在我看来,蕴含探索(发展)契机,能指向幼儿新经验生长的兴趣最具价值。《指南》中提出,幼儿的科学学习是在探究具体事物和解决实际问题的过程中,尝试发现事物间异同和联系的过程。炒南瓜子看似是一个生活活动,却蕴藏着很多科学经验。幼儿在“蔬菜大聚会”主题的很多活动中已经感受到蔬菜的各种特性,通过项目活动的开展,幼儿的新经验得以生发——他们发现蔬菜不同的部位有不同的吃法;通过自己的实践、比较、判断、推理,知晓不同的环境及容器会直接影响晾晒结果;通过观察,了解到瓜子表面有一层薄薄的膜,会对南瓜子的炒制结果产生很大的影响……孩子们通过自己的实践而获得的生活经验,能给他们留下最深刻的记忆。

2. 依托项目活动,让幼儿的经验走向深处

项目活动能让幼儿完整地针对他们感兴趣的问题进行持续的自主探究,既可以让幼儿获得对某种事物的横向连续的经验,又可以让幼儿进行纵向的深度研究。整个“炒南瓜子”项目活动,分离子和瓤、清洗、脱膜的时间,都由幼儿自己决定,这也是鼓励幼儿对一日活动进行规划;洗瓜子、晒瓜子的方法,由幼儿自己实验,不仅可以接受小伙伴的意见,还可以不断试错,反复筛选,找出最适宜的晾晒材料,发现成功晾干南瓜子的奥秘。项目活动的实施,是由幼儿自身内驱力推动的,他们收获的丰富的知识不是教师“教”会的,而是自己“学”会的。

【教师感悟】项目活动是幼儿深入观察、调查自己感兴趣的事物并投身其中的一种

探究方式，也是幼儿认识世界的一个契机。教师根据幼儿的兴趣需要，将主题活动和项目活动有机结合，科学的教育观、儿童观转化成现实中有利的教育方法和工具，挖掘了身边丰富的教育资源，打破了教育活动的环境界限，让幼儿的成长像呼吸一样自然。

三、我们换牙了①

"啊呀，我的牙齿掉了！"一个大班孩子叫喊道，他立刻引起周围小朋友的围观。在我们课程进行的过程中常会遇到这种情况：日常生活中突发的某一情境或者生活事件引起了儿童的兴趣，这一事件并不是课程中预设的内容，教师如何抓住这样的契机，逐步推动，从而创生一个新的主题活动内容呢？

（一）成长故事

1."我的牙齿掉了"——接二连三的"掉牙事件"

一天，叶叶的门牙松动了，手一碰，牙齿就掉了下来。第二天，菲菲的一颗牙齿也掉下来了。后面几天，班上又接二连三发生了好几起"掉牙事件"。

这个现象很快引起了大家的关注。叶叶用舌头舔着门牙缺口说："你看我的门牙没有了。"菲菲说："我也掉牙啦，我掉的是下面的牙齿。"还有的说："老师，我也掉牙了！"孩子谈论换牙的感受，观察掉下来的牙齿，对换牙现象十分感兴趣。

我敏感地抓住这一教育契机，对儿童进行前期经验调查：你知道换牙吗？为什么要换牙？你有几颗牙？换了几颗牙？对调查结果进行统计后，我们发现：班里超过半数的孩子有过掉牙的经历，有近一半的孩子陆续开始换牙；大多数孩子对换牙的感受是惊喜多于害怕和难过。密集的"掉牙事件"成了大家的共性问题，也引起了大多数幼儿的关注和探索兴趣。

乐乐问："我们的牙齿和动物的牙齿一样吗？"

孩子们围绕"牙齿"又提出许多有趣的问题……

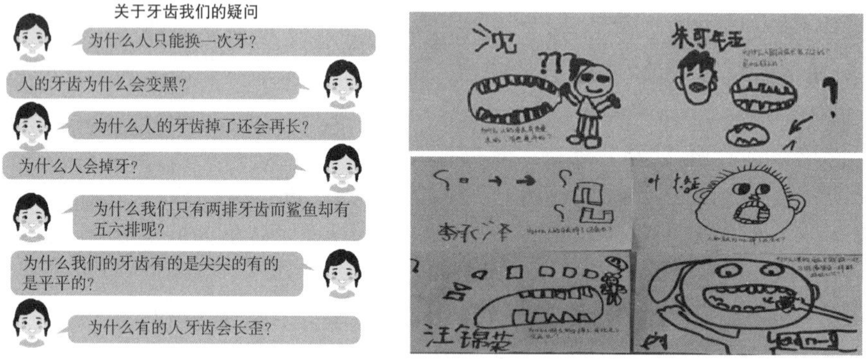

幼儿关于牙齿的各种疑问

---

① 本案例由南京市实验幼儿园王娟老师提供。

【教师的思考】“掉牙事件”发生后，孩子们之间有趣的谈话引发我的思考：这件事情是否具有生成新主题的价值呢？

首先，这是来源于幼儿自身的生活事件，符合幼儿的兴趣与需要。综合课程强调以儿童的生活为基点来整合课程内容。从幼儿的生活出发，为了幼儿将来更好地生活，正是综合课程的出发点。我们需要关注不同时期幼儿不断变化、发展的兴趣和需要，在遵循幼儿发展规律和学习特点的基础上，灵活选择主题内容，将生活偶发经验和系统的课程经验有机融合起来。换牙是5—6岁孩子的生理现象，也是我们生发新的班本化主题活动很好的契机。

其次，由幼儿兴趣引发的主题，能促进幼儿经验的生长。从孩子有关换牙的问题可以看出，儿童对于牙齿是有一定经验的，但这些经验缺乏深度。在这个恰当的机会面前，我需要通过观察和思考真正参与其中，科学地引导儿童更积极主动地投入其中，自主探究，顺利获得相对完整的经验。

于是，我考虑到前后主题目标之间的延续性，设计了围绕“换牙”话题的新的主题活动，让课程内容为引导幼儿过好健康生活服务。

2. 我是“牙齿小记者”——采访保健老师

孩子们开始探究人类牙齿的秘密(外形和功能)，对换牙现象充满好奇。保健老师专门带来牙齿模型，孩子们变身“牙齿小记者”，进行积极讨论，尝试用连贯、清楚的语言较完整地提出自己的问题和看法。保健老师将孩子们的问题归类，然后现场解答。

关于人类牙齿的问题：

1. 为什么人只能换一次牙？
2. 为什么人的牙齿掉了还会长？
3. 为什么人会掉牙？
4. 为什么会蛀牙（牙齿变黑）？
5. 人类牙齿的形状（尖的、平的、小虎牙、半圆形）
6. 为什么生下来没有牙齿，长大才长？
7. 为什么人只有两排牙？
8. 为什么牙齿是白色？
9. 为什么人的牙齿是一颗一颗掉的？
10. 为什么有的人牙齿会长歪？
11. 人为什么要拔牙？

- 牙齿的形状、颜色、布局
- 恒牙、乳牙
- 蛀牙（保护牙齿）
- 牙齿的作用

保健老师整理幼儿的问题，并向幼儿讲解牙齿小知识

3. “你掉牙了吗？”——换牙情况统计

孩子们数一数班级里掉牙小朋友的人数，并分类、统计。

瑶瑶把自己掉牙的事情记录下来，并记录下掉下的牙在自己口腔中的位置和掉牙的时间。有掉牙经历的幼儿也开始学着做自己的换牙记录。孩子们大胆运用简单的记录表、统计图等表示牙齿的数量。

幼儿做的“掉牙记录”

4. 画一画、说一说、唱一唱“牙齿小故事”

①自制绘本《牙齿小故事》

菲菲带来《我的牙掉了》绘本并分享给大家，书中有趣的故事情节也吸引了我。我根据语言领域的相关目标设计了一节“我的牙掉了”语言活动。活动过后，菲菲在纸上模仿绘画了自己的《掉牙小故事》，这立刻引起了我的关注。在当天的区域游戏分享环节中，我请菲菲分享她的小绘本。朱朱说：“我也掉牙了，我也想画小故事。”其他很多小朋友也表达了想自己画绘本的愿望，这当然要予以支持啦。

费费在自己绘本的最后一页上画了一支牙膏和一个漱口杯，柚子在制作绘本封底时特意画上了“条形码”，说道：“这是用来刷的，买书的时候刷一下，就可以买了。”……最后，孩子们将所有的故事页面按页码排好顺序，用订书机订成一本一本的，生动有趣的《牙齿小故事》新鲜“出版”了。

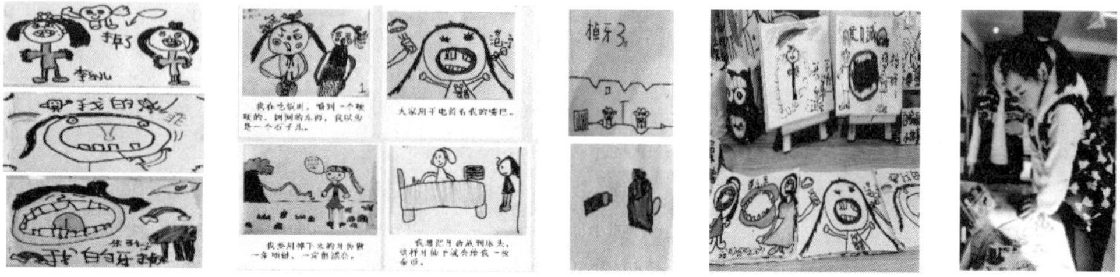

幼儿创作做的《牙齿小故事》

②创编儿歌和歌曲

随着主题内容的深入推进，孩子们不断了解有关换牙的知识，以及关于牙齿的其他小知识，并尝试用押韵的语句来将知识编成儿歌，他们还运用图标将儿歌记录下来。

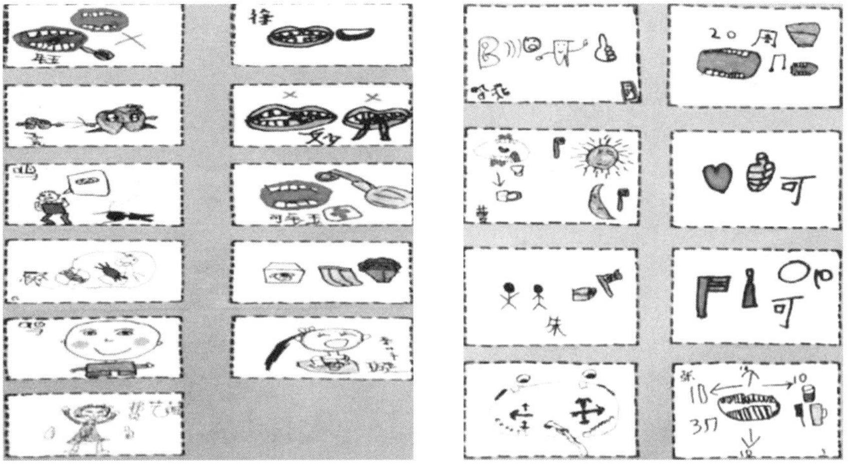

幼儿创编的儿歌《保护我们的牙齿》图标

《健康歌》的旋律是孩子们熟悉的，在了解了正确的刷牙方法后，孩子们又尝试用《健康歌》的旋律创编《我爱刷牙》歌词。最后，孩子们将创编的歌词也画成图标，直接用大屏幕播放出来。

幼儿创编的《我爱刷牙》歌词、绘制的相应图标

5. 自制“电影”《牙齿去哪儿啦？》

小美在家偶然看到动画片里关于牙齿的有趣故事，就到幼儿园和大家分享。有趣的故事不仅吸引了孩子们的兴趣，还增长了他们的表演欲望。可是，“怎么演？”“谁来演？”“需要准备什么？”……一系列问题接踵而来。

①自主选择角色，准备装扮材料

经过孩子们的讨论，有十个孩子很想参加表演，他们自主选择了角色，并开始着手准备。他们自制角色所需要的装扮材料，有的用卡纸制作头饰，有的找来围裙、小拎包等来装扮“妈妈”和“奶奶”，还有的直接用水彩笔在脸上画了胡子来装扮“爸爸”。

幼儿为表演做准备

②认真排练，渐入佳境

在老师的帮助下，小演员们认真表演着，很投入，沉浸在自己扮演的角色之中。经过几次排练，主要角色和“动物朋友们”之间的配合越来越有默契。当他们在班级所有小朋友面前表演时，立刻得到了大家的掌声和赞扬。

幼儿表演《牙齿去哪儿啦?》

③制作“电影票”和“电影海报”，录制“电影”

在场的“观众”岳岳提议：“我们去表演给其他班的小朋友看吧！真的像看电影一样！”

“观众”安安说道：“可是看电影是要有电影票的。”小美补充说：“嗯，电影院门口还有电影海报。”

于是孩子们又制作了“电影门票”和“电影海报”，还让我帮助他们拍下视频，制成“电影”，并转成二维码，然后到其他班播放给小朋友们观看。一场由孩子们表演的“电影”就“出品”了。

幼儿设计的“电影海报”和“电影票”

④“电影”排练的后续效应

随着“牙齿”话题的不断深入，孩子们在家里也开始积极地用正确的方法刷牙，刷牙比原来更认真了，有的小朋友还用计时器来计算刷牙的时间。慢慢地，家长们也在群里聊起关于孩子牙齿的事情……

6. 我们是护牙宣讲员

孩子们了解了许多关于牙齿的经验之后，他们很想让其他班级的小朋友也知道这些知识，于是，他们开始讨论：

毛茂说：“我现在知道好多关于牙齿的事情，我很想说给弟弟妹妹听。”

瑶瑶说："我知道怎么刷牙，我可以教弟弟妹妹刷牙。我的弟弟就是中班的，他能听得懂。"

讨论中，孩子们发现中班的弟弟妹妹们有的已经开始掉牙了，而小班的弟弟妹妹还不知道掉牙这件事情，所以大家一致决定，面向中班的弟弟妹妹和大班相邻班级的小朋友来宣讲。

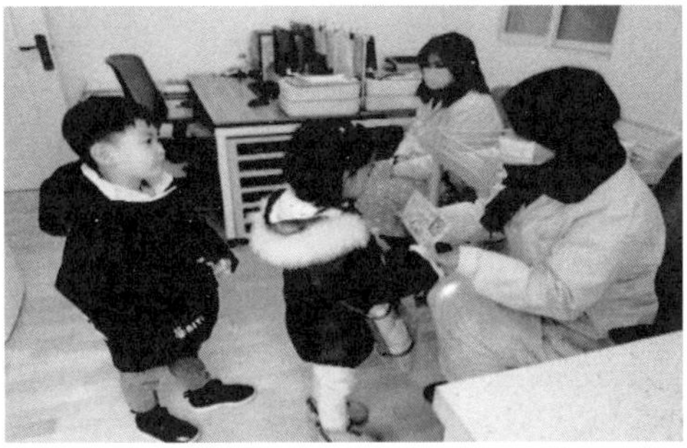

幼儿委托保健老师在晨检时将"电影票"发放给全园小朋友

①成立宣讲小队

• 商定宣讲对象

孩子们将"电影海报"张贴在幼儿园门口，中四班和中二班的弟弟妹妹在散步时看见了，便很想邀请我们去他们班宣讲。这也正好是我们班孩子们的愿望，于是我们便带着"海报"，来到中班弟弟妹妹班里，约定了宣讲日期。

• 商定宣讲准备工作

孩子们又开始商量和讨论，决定宣讲当天统一穿园服，带好宣讲材料和"电影"视频，并计划好了宣讲路线。

幼儿为宣讲护牙知识做的准备工作

• 商定宣讲内容

可是，中班弟弟妹妹能听懂关于牙齿的知识吗？具体怎么来介绍？介绍哪些内容？这些细节问题逐一出现了。

宁宁：我们给弟弟妹妹看我们刷牙的视频。

菲菲：我想告诉中班弟弟妹妹我们知道的(关于)换牙的所有事情。

小可：我想介绍刷牙的方法，想把《刷牙歌》唱给弟弟妹妹听。

安安：我想介绍刷牙的方法。

熙熙：我想介绍牙刷、牙膏。

球球：我们可以两个人一组（进行）介绍，一个人拿牙齿模型，一个人介绍。

……

②宣讲小队在准备

根据宣讲内容的不同，孩子们自主分成了三个小队。第一队：保护牙齿小队；第二队：动物牙齿小队；第三队：宣传海报小队。他们还为自己的小队取了名，设计了标志。

各小队都在为宣讲活动做准备，他们各自商量讨论了本队具体的宣讲内容及宣讲形式。

我依据观察，遵循“自制电影”这个思路，随着孩子们研究进度的推进，设计了“我的宣讲计划”“小小宣讲会”等活动。

活动中，孩子们制作“主持提词板”，讨论怎样增强宣讲活动的趣味性（比如可以增设“有奖问答”环节）。这个过程，落实了目标中提到的“能围绕换牙、护牙的话题进行讨论，能用连贯、清楚的语言较完整地表达自己的看法，会评价和补充别人的发言”。

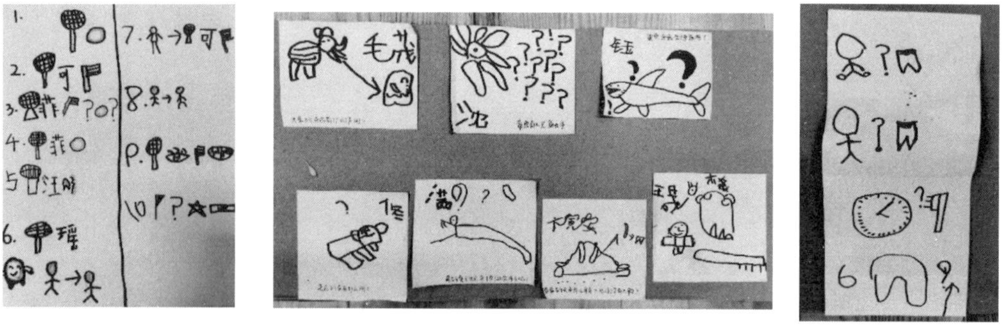

幼儿设计的“主持提词板”

③宣讲小队在行动

周四，孩子们按照约定，穿好园服，带好宣讲材料，排队来到中班。在队长的带领下，耐心等待，等到自己上场介绍时，将宣讲内容完整地讲述给弟弟妹妹听。弟弟妹妹听得很认真，宣讲小队员们都体会到做哥哥姐姐的光荣感。宣讲小队的任务顺利完成！

④宣讲活动的后续

在整个宣讲活动中，我们教师都悄悄地退到了一边，只是给予了全程的关注。我拍下了一张“有奖问答”环节的照片，照片上，宣讲小队员太激动了，有很多次把手直接指到弟弟妹妹的面前，有时甚至差一点儿就要戳到弟弟妹妹脸上了，弄得弟弟妹妹直皱眉头。这个镜头被我捕捉到了。宣讲活动后，我引导孩子们看着照片进行了讨论。“这样的行为，弟弟妹妹喜欢吗？他们会接受吗？”小队员们进行了反思。

瑶瑶说，应该要很有礼貌地伸手邀请弟弟妹妹，并做了示范动作。大家都觉得这样做弟弟妹妹会更乐意接受我们的宣讲。

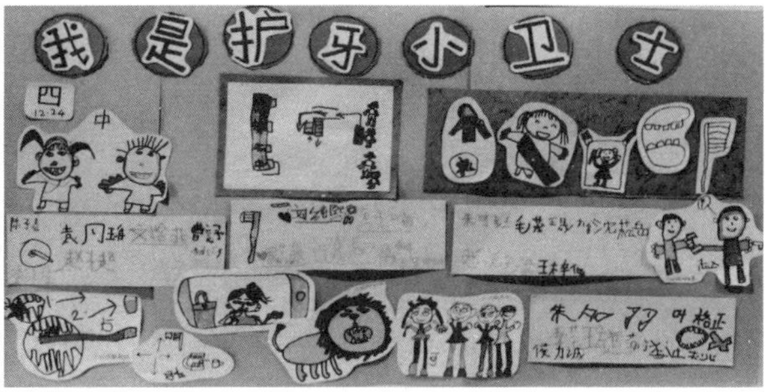

“我是护牙小卫士”宣传材料

幼儿在“有奖问答”环节不适宜的动作

（二）回顾与反思

1. 通过主题活动的内容、形式和手段，整合儿童的零散经验

课程实施本身就是一个综合的、连续的过程，也是“基于经验—联系、拓展经验—巩固、提升经验”的经验生长过程。大班儿童经历换牙、掉牙、长牙的成长过程，这个过程既和儿童生活息息相关，也是开展班本化主题活动的好素材。

《指南》中提到，要关注幼儿学习与发展的整体性。这个案例的活动内容中包含着多方面的经验，有健康方面的，有认知方面的，也有情感、社会交往方面的，还有艺术方面的，所以这些活动能促使儿童积极调动自己综合的经验，拓展他们的学习空间，在活动的每个阶段都能看到儿童经验的生长：自主选择角色的过程，能够培养幼儿根据各人特长进行角色分配的能力；排练过程，不仅能培养幼儿的合作意识，还能促使他们将自己掌握的关于牙齿的知识融入表演中，加深对知识的理解；“电影票”的制作方法，渗透了对数的理解与运用，还涉及二维码等当代信息技术知识。这些都使得儿童的经验螺旋上升，更加整体。

本案例是一个非常典型的综合课程内容，幼儿通过讨论，将零散的、不全面的经验整合成绘本、儿歌、歌曲以及童话剧表演等，形式多样地对经验进行整合和归纳，使经验更加立体、完整。

2. 感受社会情景，让儿童学习悦纳自己，为培养完整儿童而努力

悦纳自己是一种心理状态，也是指个体能正确评价、接受自己，并在此基础上使自我得到良好的发展。生活中每个人都有自己的优点和弱点，儿童也不例外。本活动引导幼儿正确对待掉牙、缺牙现象，以积极乐观的心态接纳自己，不仅接纳自己的优点和长处，更接受自己的缺点和不足，同时努力地完善自己。

活动中，孩子们通过多种形式表达自己所了解的知识、所掌握的经验，同时，也是根据他人的需要去服务他人，这样做也促进了幼儿对社会需求的了解和认知。对于大班幼儿来说，能够去关注别人的情绪或需要，能够提供力所能及的帮助，是很重要的。

【教师感悟】培养完整儿童，就是要培养一个“身心健康、和谐发展”的儿童。我们以主题的形式组织了一系列围绕“牙齿”的探索活动，将社会、科学、健康、艺术、语言等多方面的经验整合起来，编织成一张“网”。我们努力通过综合课程帮助儿童认识自己、悦纳自己、做最好的自己！

四、张老师要生宝宝了[①]

张老师的肚子像个大西瓜

进入中班后，幼儿不仅发现自己长高了，变能干了，是幼儿园里的小哥哥、小姐姐了，还发现张老师也有了变化——肚子越来越大。

张老师是一位工作不久的年轻教师，又是一位准妈妈，她兴奋、喜悦，又有一点紧张。面对张老师日渐变大的肚子，孩子们充满了好奇和求知欲。他们会伸出小手抚摸那个尚未谋面的婴儿，也会笑着说“张老师的肚子像个大西瓜”，憧憬着小宝宝的诞生。于是，教师和孩子们共同生成了一个主题活动“张老师要生宝宝了”。十月怀胎的过程是漫长而奇妙的，幼儿也在与张老师的朝夕相处中感受着这个奇妙的过程。

（一）成长故事

1. 张老师有什么变化

幼儿绘画的“张老师的变化”

鉴于日常活动中孩子们对张老师的大肚子产生了兴趣，我们就利用晨间谈话时间聊起了“张老师的变化”。孩子们以轮流发言的方式，颇有仪式感地分享了自己的发现：“张老师裤子前面有块布（孕妇装特有的设计）。”“张老师的肚子圆圆的、大大的。”“张老师上衣的拉链总是开着的。”“张老师不化妆了，天天戴着眼镜。”“张老师头发剪短了。”“张老师腰粗粗的，我两只手都抱不过来。”……

当短短的晨间谈话无法满足孩子们的需求时，我立刻把当天预设的活动内容调整为语言活动“张老师的变化”，让孩子们畅所

① 本案例由原南京市实验幼儿园陈洁老师提供。

欲言，并请张老师参与互动。比如，张老师好奇地询问："你们怎么知道我不化妆了呢？"孩子们纷纷说："你化妆的时候不戴眼镜，有长长的眼睫毛，现在你天天戴眼镜。"张老师笑了。原来她是担心隐形眼镜的药水会影响胎儿，所以不再戴隐形眼镜了。活动结束后，孩子们还用绘画的方式记录了自己发现的"张老师的变化"。

当天晚上，张老师将一组自己按照胎儿月龄拍摄的孕期变化照片发给了我，并打电话与我商量："我明天可以把这些照片给孩子们看看吗？有好几个孩子问我肚子是怎么变大的，正好我在孕期的每一个月都拍了照片，我觉得这样的记录可以让他们直观地感受到妈妈和孩子的变化。"电话这头的我也很好奇，猜想着孩子们会不会对这些照片感兴趣，他们看了以后会有什么感觉，又会发生什么故事。

追随幼儿的兴趣，我们正式开始组织综合活动"大肚子的张老师"。之前孩子们关注到张老师隆起的腹部，也画过张老师，这次欣赏过照片后，孩子们的绘画内容发生了变化，他们不仅用隆起的肚子表现张老师的变化，还用"透视"的手法表现了肚子里的小宝宝。

2. 小宝宝如何成长

此时，我开始寻找相关的图画书，希望把它们纳入课程。我发现了一本立体图画书，它用 1∶1 的真实比例来反映胎儿每个月的成长变化。我和孩子们共同阅读了这一绘本，孩子们又自发地在语言区反复阅读，从而对"张老师的变化"有了新的发现：原来肚子里的胎儿是一点一点"变"出来的，就像小青蛙，小时候是蝌蚪，长大才是青蛙。他们还发现胎儿不仅在变大，也在变重。于是，有的孩子又通过绘画来表现张老师的变化，他用各种熟悉的水果生动形象地表现出张老师的肚子是一点一点变大的。

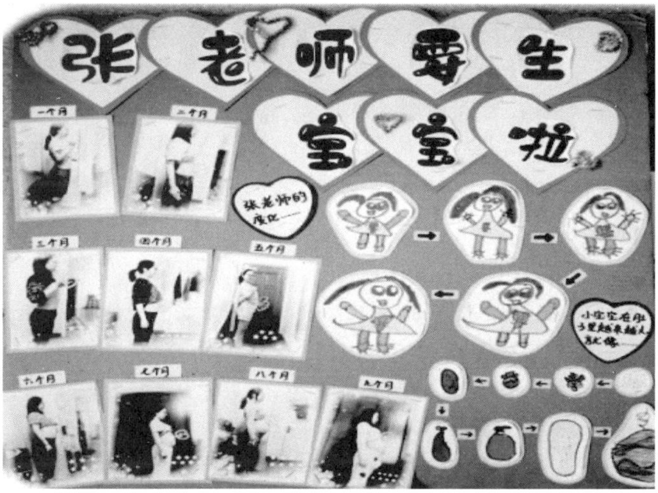

幼儿用不同的水果来表现张老师的肚子是一点一点变大的

幼儿对于张老师孕期变化的探究，已经从张老师的外形变化深入到对张老师肚子里胎儿的探秘了，幼儿细致的表现、富有童真的语言带给我惊喜。张老师把自己视为一个重要的课程资源同样让我惊喜，这是对综合课程“生活”理念的践行。

3. 惊喜为何转变为尴尬

“张老师生宝宝了”是有关生命诞生的话题，它与我园经典主题活动“生日列车”中的部分内容关联度较高。但是，“生日列车”主题活动原计划是在中班下学期进行，而此时是中班上学期。在面对时间与适宜度的抉择问题时，孩子们强烈的探究兴趣与高昂的学习热情，让我看到了幼儿在这个过程中学习与发展的可能性。我决定从经典主题活动“生日列车”中选择相关的活动内容，使主题活动向更深层次发展。于是，在规划课程内容走向时，我信心满满地安排了一个综合活动“当妈妈肚子里有我的时候”。经过周末两天的准备，我向班级幼儿的妈妈征集了她们怀孕时的照片，准备了“蝌蚪变青蛙”“毛毛虫变蝴蝶”等关于小动物成长变化的图片，还准备了一段科学视频《胎儿的孕育》。我特地嘱咐妈妈们悄悄地准备照片，设想在活动中播放照片时孩子们会感到惊喜，我自己也对这个精心预设的集体活动充满了期待。

可是，当我绘声绘色地讲述时，我没有从孩子们的眼神中看到兴奋与喜悦。许多孩子是第一次看到妈妈怀孕时的照片，他们对此很陌生，并没有表现出好奇。在排列小动物生长变化图片的顺序时，孩子们边操作边说：“这个太简单了，我早就知道了。”专业的科普视频，讲解的内容却超出了孩子们的理解范围，在观看视频时，有孩子问：“老师，什么时候结束呀？”那一刻，我很尴尬。虽然我设计的“当妈妈肚子里有我的时候”这个活动有一定的逻辑线索，但忽略了对幼儿当前心理逻辑的分析。幼儿当时的关注点是张老师要生小宝宝了，而不是对小宝宝从哪里来这个科学现象感兴趣，导致我在此时处于“尴尬”的境地。

值得庆幸的是，我及时结束了当时的活动，剩下的时间让孩子们自由地在语言区阅读新增的一批与生宝宝相关的图画书。我提醒自己，不要用成人的视角来设计、组织活动，应创造环境，推动孩子们进行自主学习。

为明确幼儿的兴趣点，我带领幼儿开展了采访张老师的活动，并收集来自幼儿的问题，如“张老师肚子里的小宝宝是小弟弟还是小妹妹呢？”“小宝宝什么时候生出来？”“现在能看到小宝宝的样子吗？”“小宝宝在肚子里干什么呢？”……

【教师的思考】做走在幼儿前面的教师，了解儿童，这是课程的起点。通过对时间轴和事件轴的梳理，我开始反思自己的课程行为，意识到要处理好预成和生成之间的关系。在案例中，我追随幼儿的兴趣，在班级开展主题活动“张老师要生宝宝了”。可是，当精心准备的活动、满心欢喜的期待遭遇班级幼儿不感兴趣、没有共鸣，怎么办？这就需要我从幼儿的立场出发，去反思自己的教育行为，再次分析幼儿的兴趣发展走向及已有经验水平，找准事件线索和幼儿心理逻辑之间的关系。只有明确幼儿的兴趣点，回归幼儿的“真”问题，以幼儿的问题推动主题活动的进程，才能使活动向纵深发展。

4. 对小宝宝的各种猜测

①小宝宝到底是男还是女？

孩子们对小宝宝的性别充满好奇，那我就带领孩子们一起来猜一猜张老师的肚子里到底是小弟弟还是小妹妹。我们共同制作了选票。投票时，有的孩子一会儿站到猜小弟弟的那支队伍，一会儿换到猜小妹妹的那支队伍，十分纠结。最后，每个人都认真地投出了自己的一票。投票结束，我还和孩子们一起用一个一个点数的方式统计票数，并用横着数、竖着数等多种方式去验证结果。他们发现，猜小弟弟的有12人，猜小妹妹的有16人。孩子们问我："老师，如果我们猜对了，会有奖励吗？""当然。"我也很认真地告诉孩子们，"猜对了就会得到一颗糖！"

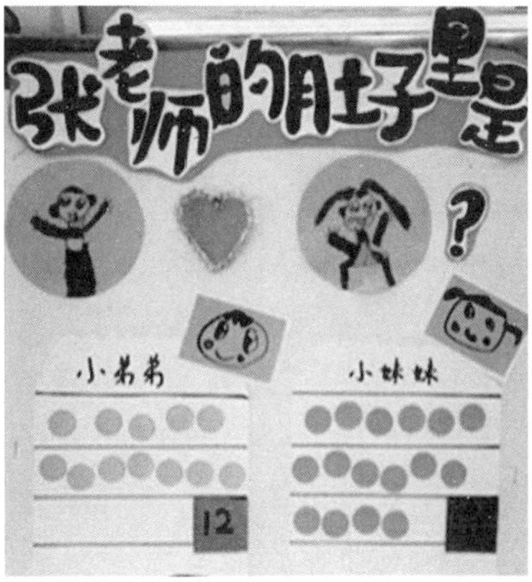

幼儿猜测小宝宝是男还是女

②小宝宝长什么样？

针对孩子们另一个问题"肚子里的小宝宝是什么样子的"，我请张老师第二天把胎儿的B超报告单带来。

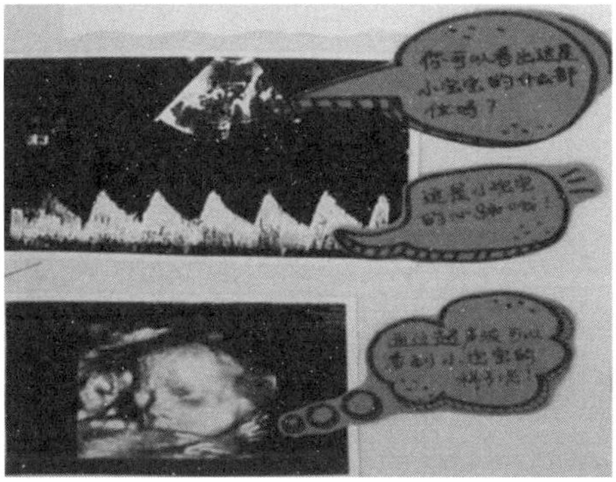
B超报告单中小婴儿的样子

我们将B超报告单通过投影屏幕展示出来，张老师指着B超报告单，向孩子们介绍胎儿的身体部位。孩子们发现，虽然肉眼隔着肚皮看不到小宝宝的样子，但医生通过一套特殊的仪器就可以看到。孩子们第一次看到小宝宝的样子，充满了好奇，不断地提出更多有趣的问题：小宝宝在肚子里会动吗？小宝宝一直在肚子里，怎么呼吸呢？小宝宝在肚子里做什么呢？

③小宝宝在肚子里做什么？

小宝宝在肚子里做什么

看到孩子们对B超报告单上小宝宝的影像很感兴趣，我又从网络上找到了更多、更清晰的胎儿B超影像图片，并且把孩子们特别感兴趣的几张打印出来，布置在环境中，同时呈现孩子们的问题，为孩子们自主进行分享交流提供条件。了解到胎儿会在妈妈肚子里做出各种动作后，孩子们开始猜测张老师的小宝宝这个时候会在张老师的肚子里做什么，他们还用绘画的方式记录自己的想法，比如吃手、挠痒痒、抓小脚丫等，十分有趣。

④小宝宝叫什么名字？

孩子们又提议想给小宝宝起名字，这个想法大胆而有趣，我必须支持。起名字之前，大家讨论了名字的意义，我还引导幼儿询问爸爸妈妈，了解自己名字的美好寓意。张老师认真地听每个孩子解读自己给小宝宝起的名字的含义。“小可爱”“小草莓”“星星”“白雪”“小鱼儿”……孩子们起的名字都很有趣。

幼儿给小宝宝起名字

最终，张老师选择了“鱼子酱”这个名字。有个孩子介绍了自己起这个名字的理由：“小宝宝就是宝贝。我和妈妈去日本旅游的时候，妈妈告诉我鱼子酱是高级的东西，高级的东西就是宝贝。”张老师选择“鱼子酱”的理由是：“鱼子酱很好吃，我也很喜欢吃，而且宝宝的爸爸就姓‘余’”。

张老师肚子里的小宝宝也许听见自己有名字了，动得特别“欢”，张老师的肚子常常会鼓起小包包，于是，孩子们又有了新的关注点——张老师的肚子为什么会动。

⑤小宝宝为什么会动？

B超报告单上的图像让孩子们与“鱼子酱”之间的关系更加亲密，孩子们除了好奇地看黑白图片中若隐若现的胎儿影像，还特别喜欢把手轻轻地放在张老师的肚子上感觉“鱼子酱”的存在。但是，隔着肚皮的触摸似乎缺少了一点什么……

这时，我提议张老师把她拍摄的留作纪念的胎动视频剪辑一下，作为课程资源来使用。这段胎动视频引发了孩子们的各种新问题和新议论：小宝宝为什么会在妈妈肚子里动？（生气、高兴、肚子饿了、他想出来找妈妈了……）他是怎么动的呢？（用头顶、用手推、用脚踢、屁股还会扭一扭……）妈妈除了开心还会有什么感觉呢？通过与张老师互动，孩子们知道了妈妈怀孕的过程是漫长的，这其中既有对新生命诞生的期待，又有很多别人无法理解的、需要克服的困难。由此，孩子们更珍爱小宝宝了，经常会跟小宝宝打招呼：“你好，鱼子酱！”他们与这个未出生的小宝宝的感情越来越深了。

【教师的思考】“真”问题让课程更有生命力。主题活动的内容应贴近幼儿的生活、源自幼儿的需要。在以问题为导向的主题活动中，幼儿的问题推动着主题活动的进程。了解幼儿的兴趣和需要是课程的起点，教师需要正确判断幼儿的兴趣是真兴趣还是假兴趣，并合理评估幼儿可能达到的学习广度和深度。在本案例中，通过对幼儿兴趣点的正确判断，我走出了“尴尬”的境地，意识到只有把握幼儿的真兴趣，才能让课程契合幼儿的“最近发展区”，课程也才能更具生命力。

5. 张老师不在的日子

①如何扮演准妈妈?

幼儿在语言区阅读

在采访张老师、感受到妈妈孕育宝宝的辛劳之后,孩子们常常会模仿张老师挺着大肚子一摇一摆地走路。我利用日常活动时间和孩子们讨论怎么打扮才像怀孕的妈妈、用什么东西做“大肚子”比较合适、怎么固定“大肚子”它才不会掉下来等。在准备扮演准妈妈的过程中,我继续投放相关图画书让孩子们阅读,其中有表现小宝宝在羊水里的情形的触摸式图书,还有模拟婴儿出生的抽拉式图书,等等。孩子们通过阅读图书、扮演准妈妈,真切地感受到妈妈怀孕期间行动和生活的不便,体会到怀胎十月的艰辛,与此同时,更领悟到生命的奇妙和成长的美好。这一切与孩子们自身的经历密切相关,因为他们就是这样出生的。

②张老师生宝宝去了吗?

在孩子们扮演大肚子妈妈的第二天,张老师回家待产了。孩子们很快就发现张老师好几天没来幼儿园了,有孩子立刻猜测:“是张老师生宝宝了吗?”我告诉孩子们,张老师回家做准备了,小宝宝很快就要出生了。

张老师休假之前,我和她再次通过时间轴梳理了与孩子们共同经历的活动,张老师深情地谈到在这个活动中孩子们带给她的感动,边说边流下了眼泪。我提议张老师在家给孩子们录一段语音,以回应孩子们的关爱。录音中,张老师跟孩子们说:“在你们的见证下,‘鱼子酱’一天天长大,现在已经九个多月了!可爱的你们把我放在了心上,散步时你们会拉着我的手说:‘我们要慢慢走,不能撞到肚子里的小宝宝。’户外活动时,你们会从‘公交车’里搬张椅子让我坐下休息一会儿……当你们好奇地围在我身边,轻抚着我隆起的肚子时,我感受到了你们的幸福和快乐。谢谢美好的你们,我的心都要化了。怀宝宝对我来说是一件幸运、美好的事情,很高兴你们也能感受到这一点,这将是我人生最特别的经历。”

听完张老师的录音之后,每天都有孩子询问:“小宝宝生出来了吗?”看到孩子们如此关切,我用手机让孩子们与张老师进行视频通话。电话的这头,孩子们像小八哥一样问这问那。电话的那头,张老师像个孩子一样兴奋得手舞足蹈。孩子们特别好奇张老师在家做什么准备,当天晚上张老师给我发来了一段做待产准备的视频,其中有关于温奶器、婴儿澡盆、婴儿车等宝宝用品以及待产包里的物品的介绍,以帮助孩子们了解准妈妈需要做的准备工作。第二天,孩子们一遍又一遍地播放视频,边看边热烈地讨论着。

③张老师的宝宝出生啦！

几天后，张老师住院了，我立刻告诉孩子们："今天张老师到医院了，她的小宝宝可能真的快要出生了。"孩子们高兴极了。那天，孩子们每人都写了一封信，把自己想对张老师说的话记录在纸上。小小的信笺承载着中三班28个孩子满满的爱。"我觉得鱼子酱是一个漂亮的小妹妹，所以我送给她两朵小花。""张老师，你好多天没来了。鱼子酱宝宝生出来了吗？""张老师，我想让你多喝点奶，你会变白，宝宝也会变白。""张老师，你到医院打针要勇敢哦！"……

鱼子酱妹妹出生了

孩子们又等了几天，张老师的宝宝终于出生了。孩子们通过视频电话看到了鱼子酱妹妹和躺在医院里的张老师。猜到张老师生小妹妹的幼儿都如愿得到了一颗糖，孩子们欢呼着："鱼子酱出生了！是一个小妹妹！"

④和鱼子酱妹妹的故事在延续

很快，寒假到来了，孩子们在假期中策划着开学后要为鱼子酱妹妹举办"百日祝贺会"。遗憾的是，由于新冠肺炎疫情的特殊原因，一切都推迟了，等孩子们复课回到幼儿园时已经是5月份了。当幼儿园在准备六一儿童节的活动时，班里的孩子们也开启了给鱼子酱妹妹过第一个六一儿童节的活动计划。当然，因为防疫的特殊要求，我们仍然是通过视频电话与鱼子酱妹妹互动的。一年后的大班毕业典礼上，我们还精心准备了一张粉红色的婴儿椅，留给鱼子酱妹妹。

那一年，孩子们6岁，鱼子酱妹妹1岁半……

（二）回顾与反思

在谈论"张老师的变化"的活动中，张老师感动于孩子们有一双善于发现的眼睛，那些"发现"背后，是孩子们对老师深深的爱。幼儿对于张老师孕期变化的探究，从肉眼可观的外形深入到对肚子里胎儿的探秘，幼儿细致的表征、富有童真的语言，让我感受到他们在真实情景中主动学习的魔力。

一方面，主题活动遵循"发现问题—分析问题—解决问题—反思评价"的基本逻辑推进，引发幼儿的主动学习。教师不仅提供物质材料上的支持，更积极营造了有利于幼儿自主探究的心理氛围。另一方面，通过问题的层层深入引发幼儿的深度学习。深度学习并非强调高深知识的获得，而是促进幼儿高阶思维能力和解决实际问题能力的发展。

【教师感悟】这是一个源于幼儿的好奇心和求知欲、充满仪式感的主题活动，反映了一段被爱包围、满载课程价值的幼儿园生活。正如杜威所言，"教育即生活"，教育应来源于生活，在生活中进行，又回归现实生活。幼儿的现实生活、幼儿感兴趣的事物是综合课程的基点，它们为幼儿提供了丰富的教育资源。

五、谁说下雨不能玩[①]

师幼活动的场所只能在室内吗？师幼活动的时机只能在晴天吗？课程实施的空间可以往哪里伸展呢？幼儿回归到自己的生活世界里，他们所经历、感受的云雨雪风、晚照清空、来鸿去燕、宿鸟鸣虫，都是生活和活动的环境，老师和幼儿共同在场的地方，课程就开始了。

（一）成长故事

1. 故事背景

以往，雨天时，户外活动一般都会被调整为室内活动，如此一来，孩子们和雨互动的机会也随之减少。很多老师会担忧孩子淋雨后着凉，也怕家长对孩子在雨里被淋湿的情况产生误会，所以下雨天干脆都在室内活动，以避免所谓的"麻烦"。通过从小班以来的观察，我发现我们班的孩子对雨很渴望，在亲近自然理念的引导下，我觉得应该遵照幼儿的本真意愿，适时开展一些雨中的活动，为幼儿提供和雨互动的空间、时间。

2. 室内还是户外？——和雨水进行亲密互动

每逢下雨天放学时，孩子们才会有和雨接触的机会。因为怕孩子淋雨，老师会带着他们走在幼儿园的连廊下，但是每次总有一些孩子故意走在雨里，在雨里开心地转圈圈，看到积水都要踩几下，从他们感受雨滴落在脸上的欣喜中，可以看出他们对雨的喜欢。那是一个雨天，我又看到这熟悉的一幕，于是我的心一动，决定给家长群发信息，请家长们明天为孩子准备一套雨具。

第二天，每个孩子都拎着雨具来到幼儿园。我和孩子们到了户外才发现，早上还在下的雨，这会儿几乎停了。我有点不知所措。雨几乎不下了，能带孩子们玩什么呢？孩子们看到雨变得很小了，也略微有点失望。有孩子小声嘀咕："雨都停了，我们还玩什么呀？"我一边带孩子们往回走，一边问："你们今天想做什么呢？"顺便让孩子们伸出小手，感受细微的小雨落在皮肤上是什么感觉。孩子们七嘴八舌地说了起来："冰冰凉凉的！"这时，果儿问："老师，早上来幼儿园的路上雨下得很大，怎么现在都看不见雨了？"安安说："因为雨停了呀，所以你看不见了！"突然，小语小声嘀咕："地上湿湿的，这不就是雨吗？"我顺势而为，问孩子们："除了地上有雨水，还有哪里有呢？"话音刚落，孩子们便转身去寻找小雨滴了，他们寻找着，我则记录他们的发现。寻雨结束后，我又问他们："你们还想玩什么？"他们来到体能区，指着攀爬架说："还想玩这个。"虽然担心他们穿了雨衣玩攀爬架会有些不安全，但我还是满足了他们，结果发现，就算穿着雨衣、雨靴，他们也能灵活、开心地玩耍。

---

① 本案例由南京市实验幼儿园周颖老师提供。

穿好雨衣，撑开雨伞，出发啦！

孩子们在微雨中开心地探索、发现

【教师的思考】对于让幼儿感受雨水的活动，我一直比较迟疑，担心家长会怪老师对孩子照顾不周，怕得不到家长的理解。但当我看到幼儿对雨非常感兴趣的眼神时，我突然感到一丝不忍：为什么每次都要阻止孩子们在雨里行动呢？既然他们喜欢，不就应该给予适当的支持吗？雨是大自然的一部分，应该让幼儿有机会在大自然各种天气条件下去活动，去接触大自然，与大自然互动，就像花儿的成长，不仅需要阳光，还需要雨露的滋养和暴风雨的磨砺。

3. 观望还是参与？——没带雨具也能玩

一大早，我发现窗外下雨了，于是立刻发信息给家长，请他们给孩子准备雨鞋雨衣。由于信息发得仓促，这次只有一部分孩子带了雨具。有了上次在雨中玩的经验以后，这次到户外活动之前，我有意识地引导孩子们进行讨论。有很多孩子提出“我要像小猪一样踩水坑”。没带雨鞋的小麦说：“我的鞋子踩水坑肯定会湿，我玩什么呢？”这个问题也是大部分没带雨鞋的孩子们面临的共同问题。这部分孩子可以玩些什么呢？都说大自然会给孩子们提供灵感，所以我带孩子们来到户外，没准他们能产生新的想法。由于幼儿园地面都是平地，孩子们一时找不到可以踩水的水坑。这时候有人惊喜地发现：沙池的盖布上有很多雨水。穿着雨鞋的孩子们迫不及待地到沙池盖布上跳来跳去，非常开心！那部分没带雨鞋的孩子，站在一旁观望，很是羡慕。这时，我就让他们自己考虑：“你们可以玩些什么？”思考了一会儿后，有人提出想要收集雨水来浇灌小菜地，有人提出比一比谁收集的雨水多。于是，他们自主结成收集雨水小组，在班上找了一些可以装水的容器，如纸杯、小碗。孩子们争先恐后地拿着自己的容器在沙池盖布上舀雨水。回教室的路上，孩子们小心翼翼地端着雨水，生怕洒掉一滴。回到班级后，孩子们还比了比谁收集的雨水多。最后他们把雨水都倒在一起。“收集来的雨水，我们可以利用它干什么呢？”面对我这个问题，孩子们回答最多的就是浇灌小菜地。于是我又抛出了另一个问题：“那雨水除了浇灌菜地还有其他的用处吗？”

孩子们收集雨水

【教师的思考】这次玩雨活动中的新问题是：有一部分幼儿没有带雨具，玩不了踩水坑的游戏，这部分孩子只能在一旁观望吗？作为教师，我并没有代替幼儿做出决定，而是把思考该如何去玩的机会交给幼儿。没想到孩子的想法为接下来的玩雨活动提供了新的思路。这大概就是“教师赋权、幼儿自主”给我带来的惊喜吧！

4. 麻烦还是乐趣？——雨水太脏要过滤

大家围绕“雨水还可以做什么用”进行讨论，并做表征。我鼓励孩子大胆想象、表达。孩子们认为雨水变干净后可以洗苹果，可以喝，还可以给小朋友玩水管游戏，可以洗菜，可以让环卫工人装进洒水车来洒水。

但是他们发现，在沙池盖布上收集来的雨水太脏了，里面有很多沙子、泥土。于是大家又提出了新的问题：“收集的雨水太脏，根本用不了，该怎么办？怎样才能把雨水变干净呢？”正当大家都陷入沉思的时候，漫漫突然说：“我们家在水龙头上安装了一个东西，那个东西可以把自来水变得更干净。我们把雨水放到那个水龙头里，不就可以了吗？”之前，孩子们一起观看了一些关于雨水循环利用的介绍，所以，有孩子认为可以把水放到一个机器里去消毒。我便问孩子们：“我们幼儿园没有这些东西，你们有什么办法可以代替吗？”二闹说：“我们可以用一些东西把脏的沙子给挡住，然后让干净的水流下来。”我告诉他们：“你们说的这些方法叫‘过滤’。你们来想一想，班级里面有什么东西可以用来过滤杂质呢？”

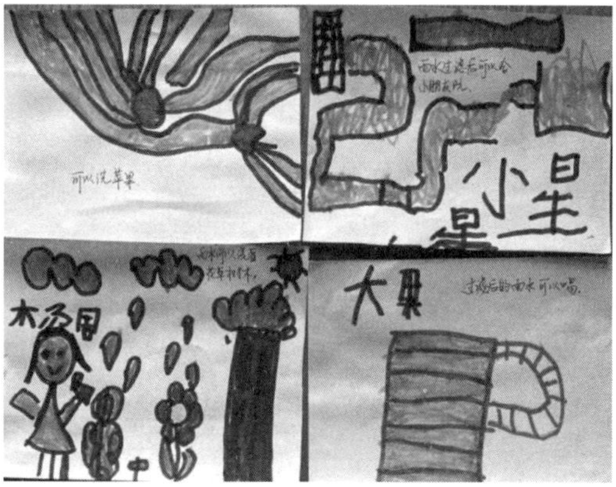

幼儿对雨水用途的设想

经过启发和引导，孩子们就想到可以用勺子、口罩、纱布、塑料袋、碗、面纸、湿纸巾等作为过滤工具，他们就在班级里找到材料进行尝试。他们先尝试用勺子和碗把脏水撇掉，幼儿对比观察后，发现用勺子这个方法不可行，因为水虽然比之前的雨水干净一点，但里面还是有很多细小的杂质。我告诉他们，其实用勺子和碗把水撇出来这个方法不是过滤。接着，孩子们就用塑料袋、玩具筛子来试，他们在塑料袋上戳了个小洞，把水倒进塑料袋里，让水从洞里流出来，再用玩具筛子在下方接。他们发现，塑料袋和玩具筛子都可以挡住一些体积较大的小树枝和漂浮物，但是过滤出来的水中还是有很多沙子和泥土。接下来，他们用口罩来做实验，才发现口罩是防水的，水根本漏不下去，所以用口罩来过滤是不可行的。然后他们又用纱布、面纸、湿纸巾来做过滤实验，他们发现用这些材料可以阻隔很多漂浮物、小颗粒杂质。那用什么方法过滤得最干净呢？我引导孩子们先用眼睛去观察、对比——虽然用湿纸巾过滤的水是目前最干净的，但和自来水比起来，还是有些浑浊。我提出可以用湿纸巾再次过滤。孩子们进行了三次再过滤，最后发现水比较干净了。

幼儿用各种方法过滤雨水

此时，我再引导幼儿回顾之前的用水计划，当时有幼儿提到说可以洗水果，可以喝。我问孩子们："雨水变干净很多了，能喝了吗？"他们都摇摇头说不能喝，因为还没消毒。孩子们就把没有过滤的雨水送去浇灌小菜地，把过滤后的水提供给保育老师清洁室外走廊地面。这次雨水收集得不多，很快就用完了。

【教师的思考】在这次对雨水的探究过程中，我和幼儿一起上网搜索雨水有哪些作用，孩子们知道了，雨水除了可以用来灌溉，还可以过滤后循环利用，还可用于发电和航运等。通过观看纪录片，大家了解到水对人类的重大意义，这立刻激发了他们对面前盆里的雨水进行探究的欲望，让收集来雨水的变得更有用。在过滤雨水的环节，我们的确没有专业的消毒机器，但是孩子们通过自己的思考和探究初步了解了"过滤"的意思，也形成了节约用水的意识。在之后的活动中，我会把环保的理念继续渗透到日常生活中。

过滤后的雨水给保育老师拖地

5. 是结束还是延续？——收集更多的雨水

怎样收集更多的雨水呢？在给小菜地浇水的时候，我们发现楼顶上有几个很大的箱子，孩子们便去请教薛老师，问她那些箱子是干什么用的。薛老师告诉孩子们，那些箱子就是雨水收集箱，平时自动灌溉小菜地的水就来自那些雨水收集箱。孩子们为了能够收集到更多的雨水，把雨水资源利用起来，就从家里带来很多空瓶子、空盒子，我们一起把它们放在菜地旁的平台上。下雨天，这些器皿中就会收集到很多雨水，我和孩子们一起对雨水进行处理，然后重复利用。

这个项目活动告一段落了，通过这个活动，孩子们懂得了水资源的循环利用，他们对保护水资源有了一定的意识，心里播种下一颗环保的种子。

【教师的思考】在经历了和雨水的亲密互动后，孩子们对雨的感情越发浓厚，在孩子们玩雨的过程中，我也留心把孩子们的感受和表达记录下来，汇编成属于孩子自己的儿童诗，字里行间都流露出他们对雨、对自然的热爱。

儿童诗《小雨点》

今天的雨有点小，
我用手接小雨点，感觉冰冰凉凉的。
小雨都落到哪里了？
我们穿着雨衣在幼儿园里找——
在树叶上找到了小雨点，
在小草上找到了小雨点，
在小花上找到了小雨点，
在雨衣上找到了小雨点，
在帽子上、雨伞上、石头上都找到了小雨点……
走啊走，我们来到小池塘，
哇！牛蛙也在池塘里看雨滴。
雨滴落在水里啦！水里有好多的圈圈。
雨越下越大，圈圈越来越多，
一跳一跳的，圈圈会从小变大。
圈圈像甜甜圈，
圈圈像木头的年轮，
圈圈像车子的车轮，
圈圈像小鱼吐出来的泡泡，

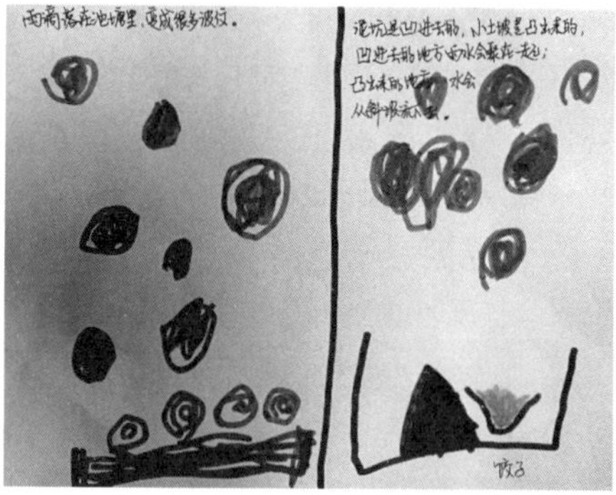

幼儿通过绘画表现雨天里的活动

圈圈像有大有小的呼啦圈。
走啊走，我们来到泥土区，为什么泥坑里有积水呢？
因为呀，泥坑是凹进去的，小土坡是凸出来的，
凹进去的地方雨水会聚在一起；
凸出来的地方雨水会从斜坡流下去。
再往前走，我们来到了体能区，
我们在雨里玩攀爬架和滑梯，
没想到，我们穿着雨衣在雨中也能爬上爬下、快乐玩耍。
今天真是开心、快乐、兴奋、激动的下雨天！

（二）回顾与反思

1. 聚焦幼儿兴趣，建构共同经验

幼儿的兴趣是课程的出发点，教师在日常生活中要善于观察幼儿的兴趣走向，及时抓住幼儿对环境的好奇心和有价值的兴趣点，支持和鼓励幼儿的探索行为，引导幼儿发现问题；在幼儿遇到一些问题时，不是直接告诉其答案，而是为他们创造宽松的心理环境。教师要善于充分利用自然条件和生活经验，引导幼儿自主解决问题。在本案例中，雨水过滤环节，孩子对“过滤”是陌生的，但是教师引导幼儿迁移生活经验（很多家庭都在用净水器），启发他们想到“过滤”这个办法。

2. 编织环境关系，让资源进入课程

皮亚杰说过：“外在的动作结构决定了内在的心智结构。”也就是说，如果幼儿所处的外在环境是丰富的、复杂的，幼儿感官接触的外在世界是多样的，那么幼儿的心智结构也会变得更加复杂。本案例中，下雨天气里，外界环境中很多地方会有所改变，这样的“新”环境，对幼儿来说是一个新的刺激和游戏场景，所以幼儿对雨天是渴望的，对雨是好奇的，所以他们会到处去寻找雨的踪迹：穿着雨鞋在雨里踩水坑，在雨中玩户外体能区的器械，用各种器具收集雨水，想办法把脏的雨水变干净……这样的自然资源，在教师的引导和推动下，和幼儿产生了关系，幼儿在参与探究的过程中提升了自己的经验，得到了有效的发展。幼儿生活中的资源自然而然地成为课程资源。

【教师感悟】我们不要人为地给教育的时间与空间设限，师幼共同生活的地方，课程就开始了。玩雨是件小事，但因空间的扩大、时间的延续，带给孩子们更多可做、能做的事情，事物之间的关系复杂了，孩子们忙起来了，学习也就随之发生了。

六、小鸡咕咕破壳出[①]

当生命的暖流缱绻在儿童纯真的眼光里，当日常的照料引发了儿童对于生命的思

① 本案例由南京市实验幼儿园唐未名老师提供。

考，当儿童有限的认知遇上神秘复杂的生命兴衰……从一颗鸡蛋，到破壳而出的小鸡，我们在守护生命的过程中，看见综合课程在生命成长的洪流里徐徐展开。

（一）成长故事

幼儿园里，一群红着眼睛的小班小朋友正聚在一起，其中一个小朋友的手里好像捧着什么东西。正在散步的孩子们注意到了这群弟弟妹妹，好奇地走上前，问道："怎么啦？发生了什么事？"一个弟弟哇地大哭起来："怎么办？我们的小鸡刚养两天就死掉了，这是怎么回事啊？"

是啊，怎么回事呢？孩子们面面相觑。回到班级，大家就对"小鸡之死"展开了讨论。

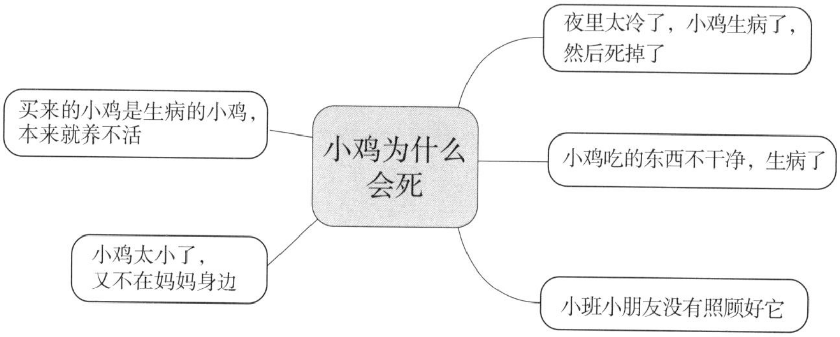

幼儿关于小鸡死因的讨论

在大家对"小鸡之死"喋喋不休时，东东提出"我们也来养小鸡"的想法，话音刚落，一众附和。为了让我们的小鸡一开始就健健康康，我们决定，不如从孵鸡蛋开始。于是，孩子们和小鸡的故事就这样展开啦！

【教师的思考】《指南》中提出："幼儿科学学习的核心是激发探究欲望，培养探究能力。"面对幼儿的兴趣与需要，教师应当鼓励，让科学探究的种子自然落地、生根、发芽、生长。孵小鸡的过程中，幼儿可以自然感受生命的奥秘和相关的科学知识，我引导幼儿进行观察、比较、操作、实验等，让他们学习发现问题、分析问题和解决问题。此外，整个孵小鸡的过程实际上也是期待生命、感受生命的过程，生命教育也会自然融入整个活动，以促进幼儿的多维发展。

1. 孵蛋之路——任重而道远

①为孵蛋创造必要条件

鸡妈妈可以孵出小鸡，可我们应该怎么把小鸡孵出来呢？我们查阅了资料，又咨询专业人士，知道原来孵小鸡必须具备这些条件。

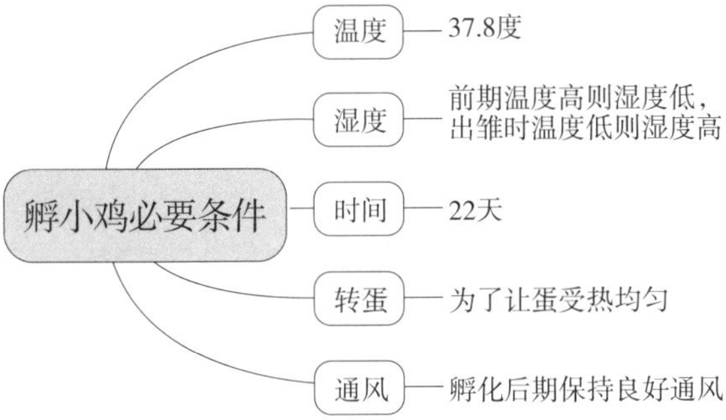

师幼共同罗列孵小鸡的条件

其他条件都能满足，可是怎样使温度保持在37.8度左右呢？针对这个问题，我们又进行讨论。

一一：我觉得我们可以用保温箱，就是夏天放冰激凌的那种。

小智：可以用棉被把鸡蛋盖起来。

暖暖：放在茶杯消毒柜里可以吗

西西：开空调。

米粒：放在保温桶里。

但要想使温度一直保持在37.8度，上面这些方法都不适合。保温箱里的温度不能固定在37.8度。棉被下面温度达不到37.8度。茶杯柜不消毒时怎么办？开空调，我们一直待在37.8度的环境里？不现实。说来说去，到底该怎么办呀？

有没有那种既可以调节温度又可以保持温度的东西呢？经过询问、查找资料，我们发现了一个“神器”，叫作“孵蛋机”。

我们找来孵蛋机，孩子们把自己带来的鸡蛋放在了孵蛋机上，并分别标上了号。接下来的日子里，大家翘首以盼……

幼儿往孵蛋器里放编了号的鸡蛋

【教师的思考】幼儿基于自己的问题，以投入的心态，用自己的方式去解决问题，获得了一些新经验。在持续探究的过程中，幼儿面对困难不断追问，不断思索，不言放弃，这其实是学习品质养成的好契机。

②22 天的等待与守候

每天，孩子们都会用强光手电筒照一照自己带来的鸡蛋。一开始，大家的鸡蛋都一样，可是孵了一个星期时，有的孩子说："老师，我发现(蛋里)有红红的像蜘蛛网一样的东西。"有的孩子却说没有。这是怎么回事？这些鸡蛋同样放在孵蛋器里，为什么会出现两种状况？

于是，我们带着新的疑问，开始找寻答案。原来，鸡蛋也分受精的蛋和没有受精的蛋，出现"红色蜘蛛网"的蛋，才是能孵出小鸡的蛋。蛋里没有出现"红色蜘蛛网"的孩子纷纷泄了气，难道我们的蛋真的不能孵出小鸡吗？于是我们又给不同的蛋做上了标记，并认真照顾鸡蛋，静待小鸡破壳而出的那一天。

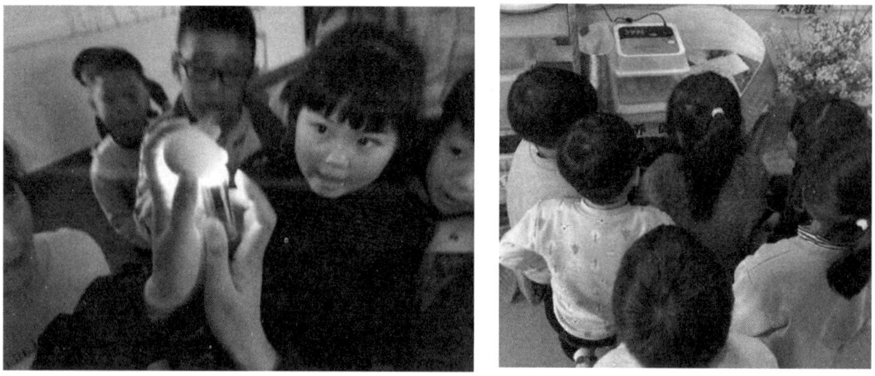

幼儿发现"红色株状物"

【教师的思考】等待过程中，孩子们通过观察，发现实验对象特征上的差异性，从而引出"受精蛋"话题。《指南》指出："幼儿以具体形象思维为主"，应注重引导他们通过直接感知、亲身体验和实际操作的方法进行科学学习。在幼儿观察鸡蛋的变化时，我正是结合《指南》为幼儿提供现实支架。在幼儿遇到实际问题时，通过多角度的引导，例如查阅资料、询问相关人士等，为处于"瓶颈"期的儿童提供支架，以促进他们的探究活动。我引导幼儿以"有无红色株状物"为实验变量，给不同鸡蛋分组，成立不同的实验变量组，并持续跟进观察，以达到探究目的。

③小鸡小鸡破壳出

第 23 天的清晨，孩子们刚到幼儿园，一阵惊喜的叫声传来："快来，快来啊！我们的小鸡在啄蛋壳呢！已经有孵出来的啦！"此后，在两天内，几只小鸡先后破壳而出。孩子们看着自己呵护、等待了 20 多天的小家伙们，兴奋极了。再一细看，果然，做了"没有红色蜘蛛网”标记的鸡蛋，还静静地躺在那里一动不动。我们用亲眼所见的结果，验证了书本和资料告诉我们的答案。

小鸡孵出来啦！

【教师的思考】实验结果验证了之前的猜测和设想，肯定了书本上告诉我们的答案。幼儿用亲身经历去发现，去肯定自我。这不仅是小鸡带来的对生命的惊喜，更是我们共同产生的对科学发现的惊喜。对儿童来说，没有什么比自己发现问题、自己解决问题、自我成就更快乐了，这就是科学探究的魔力。

2. 保护小鸡大作战

小鸡成功孵出来了，看着瑟瑟发抖的鸡宝宝，孩子们心里充满担忧。脆弱的鸡宝宝能不能顺利地长大呢？为了保护小鸡宝宝，孩子们决定给它们做一个安全又温暖的家。

①设计小鸡的家

当谈到“最能保护小鸡的家是什么样子的”这一问题时，小小设计师们纷纷给出自己的答案。

经过思考和讨论，孩子们认为，小鸡的家必须具备大小合适、温暖、柔软、干净、有遮挡物能保护小鸡等特点，这样才能让小鸡住得快乐又安全。根据设计，孩子们绘制了相关图纸。

幼儿设计“小鸡的家”并做介绍

②我的小鸡我守护——设计小鸡宝宝名牌

怎么分清楚每只小鸡呢？孩子们想了不同的办法：

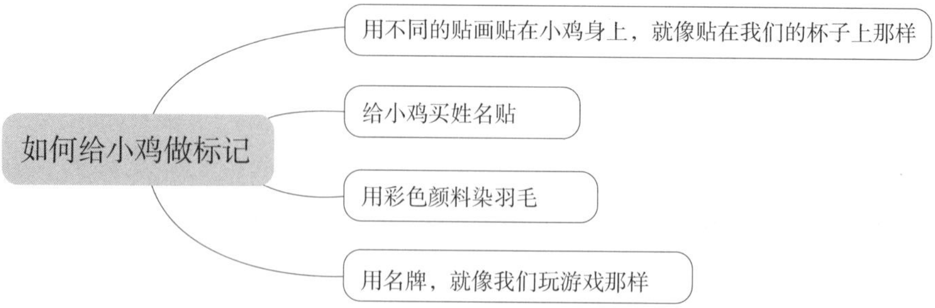

幼儿设想的区分小鸡宝宝的办法

关于这些方法的适宜性，我们进行了讨论和实践。贴画和姓名贴容易掉落，用颜料染羽毛又不利于小鸡的健康。最后我们一致决定用名牌来区分小鸡。于是，起名字和设计名牌的活动如火如荼地展开了。

这时，新的问题出现了：什么样的材料适合做名牌？如何把名牌挂在小鸡身上？

经过寻找和讨论，我们发现可以使用毛线和软绳，它们又轻又软，安全舒适。

说干就干。不一会儿，鸡宝宝们有家又有名。

幼儿用毛线和软绳给鸡宝宝挂名牌

瞧，这就是我们和小鸡的故事。小鸡们，咕咕向前进吧！当然，我们的故事还在延续……

（二）回顾与反思

一群小鸡的诞生，让从无到有、由弱渐强的生命成长过程变得可视与直观。幼儿通过自身的给予、付出，充分感受到了呵护生命的不易，并将外界生命同理到自身生命，这种自然连接感，也让幼儿更加深刻地理解自己的成长过程离不开家人的付出与呵护。

就在这样充满爱的迎接生命的过程中，关于生命诞生与生长的规律也在日复一日的观察中渐渐凝练成幼儿自身关于生命的理解与认知，进而对生命、对生活满怀尊重、期待与呵护。

1. 儿童在感知和实践中获得新生与成长

在孩子们与小鸡的故事中，“红色蜘蛛网”状结构引发了“受精的鸡蛋和不受精的鸡蛋是否都能孵出小鸡”这样一个现实问题。孩子们通过一系列观察、操作和实践，验证了书本答案，初步感受了生物的奥妙。

儿童通过探究、观察、思考得出答案，实践出真知。可见，对于儿童来说，直接经验是他们探索世界最基本、最常用的方式。直接感知、深度体验让儿童在原有认知上获得新的成长。

2. 儿童在付出与承担中理解生命的本色

5—6 岁的儿童能通过观察来感知、描述动物的生命周期，能运用个人对生命需要的理解来为动植物设计生存环境。在本案例中，儿童等待生命，见证生命，更加深刻地体会到了生命的内涵。在期待生命的过程中，儿童自然而然地学会了付出和照料，学会了承担与反思，他们从被爱者转化为付出爱的人，更深刻地体会到生命的珍贵，从而加倍学习珍惜和爱护所有的生命体。

【教师感悟】在孵化小鸡的过程中，教师与幼儿同行，以平等姿态参与其中，引导幼儿通过探究性学习不断发现问题、提出猜想、解决问题。教师的支持能使幼儿“好奇”“大胆”，这是他们对教师可贵的信任。作为教育者，教师应带领幼儿在自然、自由的环境和心理准备下感悟生命，收获探究的惊喜。

第五章　涵养完整教师，夯实完整儿童培养根基

日本教育家小原国芳在《全人教育论》中论述了教师的重要性，他认为育人目标的达成，归根到底是由教师来完成的，“制度也好，理想也好，课程也好，教科书也好，设备也好，方法也好，一切的一切均归之于人，即教师的身上”。所以，他主张教师首先一定要先成为“全人”，只有“全人”的教师才能培养出“全人”的幼儿。

综合课程要落实完整儿童培养目标，就必须先培养“全面而富有个性”的完整教师。那何为完整教师？完整教师须具备怎样的素养与能力？如何涵养完整教师？这些问题促使我们持续探寻并不断接近完整教师培养的真谛。我园以教育部“十一五”重点课题“幼儿园综合课程文化的再构”为基础，从课程文化角度反思综合课程的实践，向内求索教师、儿童与课程三者之间的关系；以国家社科基金“十三五”规划课题“完整儿童：30年幼儿园综合课程的深化研究”为契机，审思与完整儿童培养目标相匹配的完整教师形象，并力图重建课程管理生态，营造高品质的专业生活，支持教师趋向完整。

第一节　完整儿童培养需要什么样的教师

综合课程所期待的完整教师，除具备基本的职业要求外，还必须拥有区别于分科课程教学模式的能力和素养。作为知识的传递者、综合课程的建构与实施者、为幼儿创造机会的引导者，教师必须拥有丰满的精神世界、完整的生活体验，拥有综合课程浸润下的课程信念、课程知识、课程能力等，这些素养交织在一起，共同构成完整教师的生动形象。

一、完整教师的形象描摹

从“人之为人”的本质上溯源，人具有并渴求精神生活，唯有将完整的心灵融入日常的行动中，才会出现智慧。不管从事什么职业，幸福的人都是精神富有的人。教师塑造灵魂，培育灵性，引导幼儿走向真善美，更应有美好的精神世界。日本学者高杉自子在《与孩子们共同生活》中所言，教师不是在幼儿园看护幼儿的生活，而是与幼儿共同生

活；是幼儿的生活让教师的生活更有意义和价值。完整的教师肯定是热爱生活的，对生活充满期待，因为只有热爱生活，拥有丰满的精神世界，才能将对生活的丰富理解转化成支持儿童探索和成长的经验。

从建构主义学习理论观点来审思，综合课程应具有情境性，教师应根据幼儿现有发展水平，为幼儿创设能促进其发展水平的、有意义的问题情境，为幼儿的探索提供“鹰架”，促进幼儿的发展；教师应鼓励成人与幼儿的合作或幼儿同伴之间的合作。

从影响教师成功的因素来看，美国朱迪·海尔博士在她的《与幼儿一起工作》一书中提出：影响教师成功的特质是众多的，这些特质是一些基本的因素，在每个教师身上不同程度地存在着，在成功教师身上更是突出。这些特质可以概括为三个方面。一是态度和情绪，这对幼儿教师来说是至关重要的；二是专业素养、创新能力等，这是教师履行职责的关键；三是进取心和发展意识。

从综合课程的实践经验来看，幼儿园教师要在抱有正确的课程信念的基础上，从幼儿园课程建设的实际和需要出发，不断学习新的课程知识，提高课程实施能力，重塑自己的课程行为，不断建设高品质课程，以落实完整儿童培养目标。

在研究与探索中，我们对“完整”的内涵逐渐明晰，进而“完整教师”的形象也日趋丰满与立体，我们认为：

完整教师不是完美教师，甚至可以有些小缺点，但一定热爱生活，尊重孩子，喜欢与孩子共同生活，并能在此过程中找到专业成长的路径；

完整教师不一定具有多么高超、专业的技能技巧，但要理解孩子，能基于孩子的特点，引导、启发孩子大胆进行表现表达；

完整教师不一定现阶段已达到成熟，但一定拥有坚定的综合课程信仰，并不断学习，逐渐丰富和夯实综合课程基本知识，形成稳定的课程行为能力；

完整教师不一定在综合课程实施之初就能建构出最适宜的活动方案，但是做出的每个决策都是基于对孩子的了解，并能创造性地加以调整，让课程更加适宜。

二、完整教师的素养构成

我们描摹出完整教师的形象，这个形象是教师自我成长中的追求，是教师应不断努力趋近的目标。如果我们将完整教师形象的内涵更加具体化，就应该从另一个理性的层面进行思考：究竟需要在哪些素养、能力方面着力锻炼，才有助于塑造出我们渴求的完整教师。

精神世界是“人之为人”的本质。人的精神世界往往会决定其外显行为。对教师来说，教育行为往往是内在教育观念、教育信念的体现。那怎样向内建立自己充沛的教育精神世界？我园以教育部“十一五”重点课题“幼儿园综合课程文化的再构”为基础，站在文化的视野下对综合课程建设中的现象进行文化分析和思考，透过教师在课程实践中的行为去反观、提炼综合课程的基本理念；在课程理念指引下，教师重塑课程行为方式，进而将课程理念转化为信念。通过实践研究，我们深刻认识到：课程文化是课程的灵魂，课程文化的变革是深层观念的变革，变革的过程既是一个艰难的自我突破的过程，也是一个勇敢的自我超越的过程。

基于综合课程的特点，基于对教师职业特点与成长规律的体认，我们认为，能培养完整儿童、胜任综合课程的完整教师，其课程文化素养应包含坚定的综合课程信念、扎实的综合课程基本知识、较强的综合课程行为能力等。

（一）坚定的综合课程信念

课程信念是教师、园长对课程的最核心的理念、信仰和立场，这种理念、信仰和立场，与教师和园长对课程的理解、期待和旨趣有关。①

当前的幼儿园课程是多元的，怎样才能时刻保持清醒的意识，不迷失综合课程的发展方向，不跟风追潮、人云亦云，不唯上，不唯外？唯有具备冷静的辨别与选择能力，真正做到"行我所信，信我所行"，"在真实的充满实践智慧的课程情境中去思考和判断；做到有激情也富有理智，感动而不盲动；做到善于反思，却又不失灵性。② 这既是一种坚定的课程信念，也是一种文化理性的规范与约束。教师只有做到这一点，综合课程发展才能更多地从其内在的文化特点出发，走向良性循环的健康发展轨道。

课程信念是在实践中生发、在学习中形成的。在40年综合课程的研究中，我们从"分层次访谈""课程故事分享"和"多元评说"等多个渠道，对综合课程形成了规律性的认识，并以此作为综合课程最基本的课程信念，即"以综合的教育造就完整的儿童"。

"爱与尊重""自信与自新"是课程信念的核心。"爱与尊重"包含对孩子作为独特个体的"尊重"，包含对促进每一个孩子全面而富有个性发展的"关怀与信任"，面对孩子的发展潜质，师幼形成互促共生、一起成长的"平等、对话"关系。"自信与自新"包含教师在课程改革浪潮中对完整儿童培养目标的坚守，包含静心沉思学习、大胆自我解剖、自觉创新突破的专业自觉。

40年的综合课程研究，为什么没有动摇过，没有停止过？因为"综合教育、和谐发展"的课程思想是符合时代精神和人的终身发展需要的。教师们坚信并坚守着这一信念。在综合课程研究与发展的历程中，也出现过很多困惑，出现过从理念认知到行为转换的滞后，出现过课程建构只在微观层面上徘徊等现象。可以说，课程发展中的困难和问题，也就是教师发展的问题。但我园一批管理者和教师，在课程改革的浪潮中不气馁，静心沉思学习，大胆自我解剖，自觉创新突破，形成了如下课程观："源于生活、基于经验的课程内容是遵循幼儿的心理逻辑和经验生长规律的。""多元整合、有机渗透的课程结构是有益于幼儿形成全息观念和综合能力的。""内容丰富、形式多样的课程生活是能满足幼儿兴趣和个性发展需要的。"这种与课程同呼吸共发展的"自觉"能力，逐渐成

---

① 虞永平.从园长和教师的信念透视课程文化[J].教育导刊(幼儿教育)，2008(3).

② 张晓东.课程文化自觉：实现课程改革的文化转向[J].当代教育科学，2004(18).

为教师们坚定的课程信念。

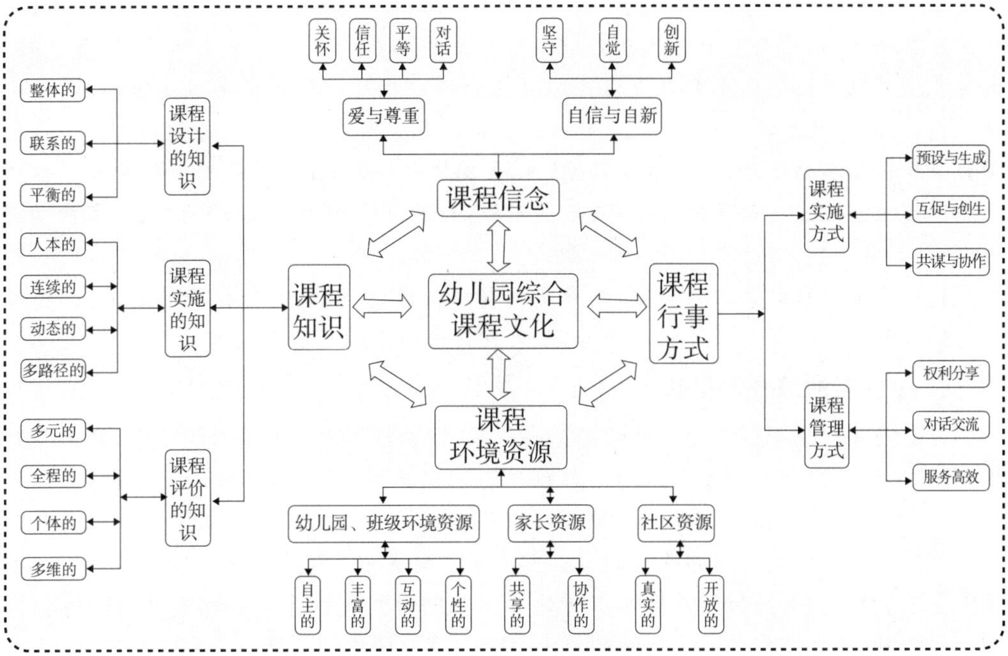

幼儿园综合课程文化图谱

虞永平教授的学生杜丽静曾在我园进行硕士毕业论文的研究，在其论文中，她以旁观者的视角，记录了实幼教师行为背后的课程信念。

一位教师敬业，只能说是这位教师的工作态度认真，是一种个人的品性。而一所幼儿园大部分教师都兢兢业业，对工作认真负责，对幼教事业有一份执着的热爱，则是一所幼儿园教师所共有的信念。谢笛梅老师回顾历史，充满了无限的骄傲与自豪。“那时候是没有教材、教具的，我们都很年轻，今天备明天的课，明天备后天的，白天全部精力组织孩子活动，晚上办公室灯光明亮，忙于制作玩、教具，练琴，试教……那种对着镜子练习有表情地讲故事、边讲解边示范动作、边伴奏边演唱歌曲、钻研教材认真备课的情景，直到现在我还是记忆犹新。”

前辈的敬业精神深深打动了后辈，曾在该幼儿园工作过的一位教师这样写道——有一次，我下班后回家，在经过办公室的时候，发现里面的灯还亮着，还有说话声“小朋友，你们想想，发生了什么？”原来是黄文奥老师面对一面镜子在练习教态、表情、手势。反反复复的练习，是为了明天为幼儿提供更精彩的教育活动。

老一辈老师兢兢业业、精益求精的精神深深打动了年轻教师。不仅仅打动了这一位教师，而是打动了一代教师。信念就是因对一个或某些人的崇敬而一代代传承下来的。

如今，幼儿园的接待任务仍然繁重，幼儿园的课程建设仍然一步一个脚印，教师们的负担也愈加繁重，但是教师们的责任感与敬业的精神仍然在闪光。这所幼儿园的教师是没有午休的，每天中午的两个半小时都充足利用：集体备课、业务学习、党务工作。有时甚至下班了他们都要留下来讨论公开课的情况——课程目标定位是否准确，策略使用是否合适，教具的价值在哪里，对孩子的挑战是否有层次……老师们告诉我："每次带孩子外出参观的时候，心里都很紧张，就担心少一个孩子，上了车就急着数人。但仍然觉得让孩子们出去是最好的学习，虽然辛苦，却很快乐，看到孩子们的笑脸，幸福溢得满满的。"

兢兢业业源自对事业的挚爱，挚爱是一种执着的爱，只有拥有执着的爱，才会把事情做到最好。这种爱是工作的原动力，是愿意付出的基础与前提。

（二）扎实的综合课程知识

教师的课程知识是专业发展的根基和源泉，课程知识由三个部分组成：基础素养知识、日常生活知识和专业知识。幼儿园教师的知识不仅要广博，还要精深，教师所拥有的知识以及对知识的转化程度，对知识的获取能力、更新能力等，都深深影响着幼儿园课程的发展，因此，幼儿园的课程建设必然要求教师弥补课程知识的缺陷，在知识的浪潮中不断更新已有的知识，并把知识转化为幼儿的经验。旨在培养完整儿童的综合课程，对教师的知识结构提出了特殊的要求，比如：综合课程的活动设计和组织的知识、主题活动实施与评价的知识、课程资源利用与整合的知识等。具体包括以下几方面：

1. 课程设计方面，教师应具备整合课程各要素的意识和知识

综合课程首先要求教师必须具备课程整合的意识，包括全面培养和发展幼儿素养的意识，从综合化的角度来思考知识的组成与联系的意识，将课程目标在集体活动、区域活动、日常活动中进行整合与渗透的意识，主题活动实施途径和方法的相互协调与有机整合的意识，等等。

综合课程往往横跨多个领域，因此它要求教师具备综合课程所涉及的领域及相关领域的整合性知识，即教师既要有深厚的专业知识，也要有广博的相关领域的知识，还要具有将跨学科知识结合起来的能力，使它们逐渐形成相互渗透的整合性知识，以满足儿童的求知欲。同时，教师还需要将知识与现实的生活世界相结合，与社会实际问题联系起来。

在进行课程设计（主题活动设计）时，教师要能从幼儿阶段性发展目标入手，以幼儿现阶段发展水平为起点，整体考虑发展目标所涉及的领域的要求，将领域要求和发展目标联系起来思考，将领域要求与实施路径联系起来思考，将实施路径与实施方法联系起来思考，从而设计出相对平衡的主题活动内容，满足幼儿全面发展需要。

2. 课程实施方面，教师应具备动态实施课程的意识和知识

综合课程的实施强调以儿童经验为本，以儿童生活为本，以儿童游戏为本。但每个

班每位幼儿的经验基础和生活背景都是存在差异的，课程蓝本只是为教师提供了一个总体的课程设计思路，并不能做到适合每所幼儿园、每个班和每位幼儿。因此，教师必须树立动态实施课程的意识，而不能照本宣科，“本本主义”。教师在课程实施过程中，必须在已有的综合课程蓝本的基础上，依据本班幼儿的经验基础、兴趣点及外部条件等加以班本化改造，使其既链接本班幼儿的前期经验，贴近他们的心理需求，接近他们的生活场景，又便于多路径落实主题目标，并伴随本班幼儿经验的积累和认知水平的提升，动态推进课程实施，促进幼儿和谐发展。

3. 课程评价方面，教师应具备渗透在过程中的课程评价意识和知识

要较好地实现课程的班本化改造，动态优化课程实施策略，促进幼儿群体和个体不断在原有基础上发展，教师就必须树立课程评价意识和正确的课程评价观，掌握一定的课程评价知识，自觉主动地在课程实施过程中渗透课程评价，做到看一步（了解幼儿）、想一步（制定计划）、做一步（实施计划）循环往复推进，将课程目标真正落实到幼儿身上。

综合课程的设计与实施，强调以儿童经验为出发点，这就需要教师在主题实施的前期或初期观察、评估幼儿的现实经验基础，做出准确分析，科学判断幼儿累积关键经验的空间、时间以及方式方法，为课程的班本化改造提供依据。在主题实施过程中，教师应伴随着幼儿的活动，随时关注幼儿群体或个体的情绪表现、兴趣指向、行为状态以及认知发展水平等，及时调整教育策略，为幼儿提供适宜的发展支持。主题活动实施结束时，教师更应该及时反思总结实施效果、目标达成情况，为下一阶段幼儿的发展搭好支架，帮助幼儿实现经验积累螺旋上升的良好状态。

在对幼儿个体进行评价时，应以人为本，注重实效，强调以促进幼儿发展为目的。在评价内容上，应该对幼儿各方面的情况进行全面综合的考查，不能以一概全；在评价标准上，采用个体内差异评价，使每个幼儿都有可能在原有的基础上得到肯定评价，而不能用固定且唯一的标准评价所有儿童；在评价方法上，要融定性评价和定量评价于一体，对幼儿发展的全过程持续给予关注，而不仅对幼儿发展的某些片段的结果进行评价；在评价主体上，应强调评价主体的多元化和评价信息的多样化，更真实全面地描绘幼儿的发展水平，不能由教师一人主观臆断。

总之，综合课程要求教师能够运用整合的方式向儿童展现整合性知识，抓住一切可以整合的契机，从课程设计、课程实施、课程评价等方面入手，对各种教育信息和课程资源进行整合，使教学活动更加合理化、综合化、更优化。

（三）较强的综合课程行为能力

教师的课程行为在一定程度上折射出其所秉持的课程理念和信念，但具备了某种课程理念或知识，并不一定会产生相应的课程行为。因此，在课程文化再构过程中，注重对教师课程行为的塑造，促进教师的课程理念和信念向课程行为转变，就显得尤为重要。综合课程文化中教师应具备的课程行为能力主要有以下几个方面。

1. 课程审议能力

综合课程是一个涵盖多种教育内容与形式、教育方法与路径、教育资源与环境等的课程形式,实施者首先必须具备理解与分析课程文本的能力,在学期目标、主题目标、活动目标中把准幼儿发展目标,扣住幼儿发展的关键经验目标;面对丰富的主题活动内容,会做出选择,或舍弃,或更新,以满足班级幼儿游戏、学习的需要;面对各种实施路径,明确其存在的意义和价值,能生发出更贴近幼儿生活的活动方式;在丰富的环境资源提示中,会选择优势资源为己所用。在此基础上,教师还应以幼儿现阶段发展水平和兴趣点为依据,调整、改进课程文本,甚至生成新的课程文本,使之更加贴合幼儿发展的需要。此外,教师不能只关注微观层面的改进,还应从中观和宏观的视角,审视综合课程文本,审视活动方案存在及修改后的意义与价值,并做出正确选择。

2. 课程班本化能力

综合课程文化尊重幼儿的个性特点和个别差异,倡导通过教师的创造性劳动和个性化教学,努力使每个幼儿都能以自己的方式在自己原有的水平上获得个性化发展,而实现综合课程的班本化是向这一理想的课程境界努力的第一步。每个班所处的环境位置、设施设备、幼儿群体、家长资源等都不同,包括教师个体之间也存在文化差异,因此,教师必须依托年级组集体备课制度,依据课程审议之后所确立的主题目标、主题线索和主题活动内容等,在年级确定的主题方案的基础上,依据本班幼儿的实际情况,调动身边的环境、社会和家长等各类资源,调整、改进活动文本,进行二次备课,以增强活动方案对本班幼儿的适切性。在课程实施过程中,教师仍要应时应景地调整课程方案,及时跟进幼儿发展的需要,组织各种活动,更好地落实主题目标。

3. 课程资源开发能力

每所幼儿园都有自己外部内部的自然环境资源、社会环境资源和人力资源等,教师应对幼儿园及周边的人、事、物有高度的敏感性。在课程审议时,应能敏锐地抓住可以为课程所用的优质资源,将其合理设计到课程计划中去,成为实现主题教育目标的有效的方法途径、有价值的内容信息、有意义的学习支架或必要的手段。例如:让幼儿园及班级丰富的环境成为幼儿自主探究、互动创生的学习资源,而非视若无睹的摆设品;让有特长的家长群体成为教育活动的协作伙伴、人力资源,而非近在咫尺的旁观者;让多姿多彩的社区环境成为开放的、真实的幼儿认识社会的课程资源。总之,对综合课程下的教师而言,依据主题活动目标做好"资源地图",组织好各类资源,有效运用各种资源,是其必备的能力之一。

4. 开展随机教育的能力

幼儿经验的获得不只通过集体教学活动,幼儿的学习无时不在,随时发生。综合课程中的教师,必须具有"一日生活皆课程"的理念和相应的实践能力,才能随机应变,把"师生共同存在的地方,课程就开始了"的信念变为行动。教师在教学、游戏、生活及过渡环节活动中的目标意识要强，角色意识要清晰，对幼儿的年龄特点要烂熟于心。对于幼儿在活动中的情感态度、兴趣反应、认知水平等行为表现应高度敏感，要经常比对幼儿发展目标和主题教育目标，捕捉有价值的信息，适时适度地给予幼儿积极回应。教师要在充分相信幼儿的基础上，把幼儿力所能及的生活自理环节，教学、游戏准备及收拾环节，幼儿自由活动环节等变成幼儿生活化、游戏化的学习途径，落实集体教学活动中未能涉及或未能充分实现的幼儿发展目标，真正把幼儿在园的一日生活当作课程来实施。

5. 师、幼、亲和谐创生能力

形成一种对话性、互动性、合作性的课程文化是综合课程文化的特征之一。综合课程强调教师、幼儿、家长三个课程主体之间的交互作用，要求加大对话行为的含量。教师应在三者之间建立和谐的关系，营造合作、对话的课程文化氛围，确保幼儿在课程中的核心地位，尊重幼儿的"话语权"，主张对话式互动，让幼儿在平等对话中自主探究、自主发现、自主成长。教师要在与幼儿的对话中"循声听音"，循着幼儿认知的心理逻辑创生新的话题，和幼儿形成探究共同体，进行合作探究，引导幼儿向发展目标靠近。教师还应在家园共育中使家长由被动配合转变为主动参与，确立家长在课程实施中的合作者地位，形成时间灵活机动、路径多种多样、方式或规律或随机的家园合作模式，实现家园各尽所能、优势互补、相互协作，实现课程效益的最优化和最大化。

6. 终身学习与持续发展的能力

终身学习是新时代对完整人的期待。幼儿园教师是儿童成长发展的重要引路人，对于儿童良好生活态度、学习习惯、行为品质的养成具有重要的作用。作为儿童学习的支持者、合作者、引导者，幼儿教师自身必须具有终身学习的习惯和品质，不断学习先进的学前教育理论，了解国内外学前教育改革与发展的经验与做法，优化知识结构，提高文化素养，做终身学习型人才的典范。

教师的工作本来就是充满创造性的，创造性地改造文本，创造性地和幼儿共建课程，创造性地在生活中开展随机教育，创造性地根据每个孩子的不同特点因材施教……但是创造不是凭空地随性而为，必须有"土壤"，持续学习和不断进取，就是创造性地实施课程的动力和保证之一。

第二节　怎样培养完整教师

培养完整教师是综合课程建设的重要内容，因为教师作为课程的建构者和实施者之一，决定着课程的品质与内涵。我们认为，培养完整教师应该做到以下几点。

一、民主赋权，凸显课程中教师的专业地位，激发其创造性

《3—6岁儿童学习与发展指南》指出，"教育活动的组织和实施过程是教师创造性

地开展工作的过程”。教师的工作是具有创造性的,教学的过程也是具有创造性的。班本化的课程实施是每位教师所面临的挑战,教师的创造性也在班本化课程实施中充分体现,教师作为课程的研究者、实施者,在不断总结和反思,尤其能大胆地提出自己的疑问,真正表现出在思考适宜性的问题。但是创造离不开“土壤”,我园努力调整原有制度中的管理方式,给教师的课程设计和活动调配安排等行为赋权,激发教师的内源动力,发挥教师的创造力。

(一)课程实施决策权

教师所面对的是一个个天真可爱、活泼好动、个性差异较大的孩子,教育过程中会有很多不确定的因素,教育也正因为这些意外因素的出现而呈现多姿多彩的鲜活的状态。虞永平教授指出,“园本课程建设应以班级为基点,应从各班幼儿和教师的实际出发”①,坚持“以学定教”。在综合课程研究过程中,我园允许并鼓励教师根据本班幼儿的需要、兴趣和学习状况,充分利用社区、家庭和幼儿园的环境、资源条件,采用适合儿童的活动方法和策略,对原有课程方案进行调整和创新。

赋予教师课程实施决策权,打破了原有的完全忠实取向的课程实施观,强调教师主动建构课程的行为,帮助教师树立起相互适应取向和创生取向的课程实施观。班本化的课程实施方式,不仅包含对课程实施途径和实施方法等在班级的适宜性的研究,也包括课程目标、内容及评价等的班级适宜性研究。我园将观察了解班级孩子、根据班级资源灵活设计课程、让课程内容和线索充满选择性、随着幼儿的需要和兴趣动态调整课程等一系列课程实施的决策权交给教师,支持教师主动性、主体性的发挥,为教师进行课程管理提供更大的自主权。

(二)弹性时间调整权

幼儿的学习和生活是整体的,对事物的探究深度以经验的获取为依据,而不是以时长多少来判断。如果刻板执行统一的作息时间,不顾幼儿的兴趣和经验,某个时间一到,就要求幼儿的学习戛然而止,这不符合幼儿认知和学习的整体性、连续性规律,更不利于培养幼儿深入探究和学习的思维品质。同时,教师如果严格执行幼儿园集体作息时间,会导致幼儿的一日活动紧跟教师,没有轻松感和自由感,更谈不上幼儿的自主性。基于完整儿童培养目标,以及对儿童学习规律的认识,我园将作息时间的调整权交给教师,鼓励教师根据幼儿学习和探索的进程做出弹性安排,调整以往对幼儿在园时间做统一安排的模式,使教师获得根据班级幼儿的实际情况进行调整、实施弹性作息时间的权利和空间。弹性时间安排具体体现在一日生活作息时间和课程实施时间两方面。

1. 一日生活作息时间的弹性化

这体现在幼儿可以在班级生活的某一时间段里自由安排自己活动的内容,或教师

---

① 虞永平.学前课程与幸福童年[M].北京:教育科学出版社,2012:258.

根据幼儿活动的需要灵活调整原定作息时间表中活动的顺序，以使幼儿获得连续性经验为依据，整合活动环节，将时间集零为整，保证孩子对活动的自主性。孩子具有连续性的经验后，更容易将经验与其他事物形成关联，这符合幼儿认知的规律和特点。从社会学角度来看，碎片化的时间安排，经常会割裂孩子的精神世界，而在一段整体连续的时间中，幼儿活动的自由性、自主性和愉悦感也更强。因此，综合课程实施过程中，我园教师可根据活动需要，将零散时间整合，或者调整一日活动中某些环节的先后顺序，以促进幼儿自主安排时间，建构连续经验。

在大班"小小兵"主题中，孩子们通过参观军营、邀请解放军叔叔来做客等活动，了解到解放军叔叔的威武和神气，萌发了学当解放军的愿望。于是，韩老师将晨间体育游戏和区域游戏时间整合起来，将活动室内部划分成若干个主题区域：美工区变成了"小小兵工厂"，制作各种"武器"；生活区变成了"小小军营"，幼儿在这里练习叠军被、整理物品；益智区变成了"作战指挥部"，安排"密码破译"、寻找线索等游戏；室外走廊上，布置各种适合幼儿使用的运动器械，成为"小小训练场"……孩子们自由选择区域，自主进行室内室外的游戏，使关于"小小兵"的多种经验相互联系起来。

2. 课程实施时间的弹性化

这体现在教师组织幼儿进行主题活动时，可以不受预设课程时间的限定，能自主根据幼儿活动的兴趣和需要延长或提前结束主题实施的时间。即以幼儿完整经验的获取和兴趣持续程度为依据，灵活调整主题的时长，支持幼儿深度学习。综合课程是包容、民主的课程形式，教师可以灵活整合学科知识，并根据实际情况决定主题开展的时间，帮助幼儿形成完整经验。同样，孩子的学习是有连续性的，孩子有深度学习的需要，这也要求活动不能在某个时间点上马上停下来。因此，灵活调整主题活动时长，可以为幼儿开展深度探索提供时间保证。

在大班"可爱的动物"主题中，孩子们前期根据兴趣自由组合形成了"动物外型特征""动物防身绝招""动物过冬方法"等多个研究小组，在组内分享了自己的研究结果。在今天的集体活动中，孩子们和教师共同讨论，决定用汇报表演的形式与同伴分享自己的研究。大家商讨决定，汇报表演需要制作海报、制作表演服装和道具、还要在小组内简单排练，等等。集体活动时间快要结束了，按照原来的一日活动安排，马上就要开始区域游戏了，可孩子们意犹未尽，跃跃欲试地想要开始做汇报表演准备工作了。朱老师有些为难：昨天已经准备好了今天的区域游戏材料，动物知识汇报表演准备工作的内容是安排在明天的，但是当她看到孩子们投入的样子，还是决定将预设的区域游戏内容调整为"为动物知识汇报表演做准备"，鼓励孩子们在各个区域分组操作，并积极帮助孩子们准备各种材料，让孩子们的兴趣得以延续。

当教师拥有了弹性时间调整权，课程实施中就不会出现"匆忙快进"或"空闲等待"的低效益情况，教师更加坚定了以儿童为本的教育观，让幼儿成为自己时间的主人，提高幼儿园教育活动的效益。

（三）方案制定自主权

教育活动开始前的备课是有效实施课程的保障，是教师不可减省的一项教育工作内容。活动方案是教师在教育教学活动实施前制订的活动计划，是教师在课程实施前对活动目标、内容、组织方式的具体思考，对落实课程目标起着重要作用。在综合课程研究初期，我园对教师制订活动方案有统一的模块要求，要求采用活页表格的形式来完成，在表格中明确列出每一模块的具体内容。对刚入职的年轻教师来说，这种形式能帮助他们按照基本流程进行思考和设计，起到了一定的指导作用，但是对经验比较丰富的教师来说，这种形式给予他们的个性化调整、班本化思考的空间较小，不利于其主动性和创造性的发挥，反而会流于形式。

于是，我园在已有的活动方案模块形式的基础上，针对教师团队专业发展水平的状况，实行分层级的管理，突破原有表格的限制，鼓励工作10年以上的教师依据自己对方案制订的理解，通过笔记、表格等方式个性化地呈现文本。我们尊重每一位老师独特的对课程实施过程及反思的记录方式，对文本书写的内容实行“减法与加法”相结合的原则——“减法”体现为在方案制订过程中可以减少一些对“蓝本”内容的抄写文字，通过周计划的制订来统领和体现一周内教育活动各环节的目标和内容；“加法”体现在教师对原有“蓝本”文本的班本化思考、调整和实施效果分析。我们还提倡逐日设计活动方案的方式，使活动方案的内容更加切合幼儿当下的真实需要。具体形式上，有电子备课，有纸质文本备课；从体例上说，可以自主设计表格，也可以自定其他格式；从内容上说，包含预设活动、生成活动，包含调整建议、策略跟进，包含活动反思、主题反思，等等。

开放自主的备课方式一举两得，既将撰写方案文本的主动权交给了教师，体现了对教师的尊重与信任，又要求教师更有针对性、更加高效地实施课程。在备课形式方面给教师赋权，无形中引导着教师们的课程实施行为，由统一实施方案文本，转变为以综合的思想、综合的视角、综合的眼光来组织与儿童的成长相匹配的多样化、适宜性的课程活动，进一步促使教师明晰自身在课程实施中的角色和地位，充分发挥自身的创造性。教师自主制定活动方案，也让活动计划走出形式化的约束，成为教师研究儿童经验、记录课程实施脉络、反思课程实施效果的载体，成为教师整理自己专业成长历程、实现课程实施能力稳步提升的个性化文本。

二、教研增能，完善教师素养结构，聚焦课程决策水平

幼儿教师的工作具有特殊性与专业性，因为儿童和成人具有认知特点、理解能力等方面的诸多差异，教师是成人，在与幼儿相处过程中，必须“在心智上暂时放弃自己”，用幼儿能理解的方式与他们进行对话，这是对教师最大的专业挑战。这种心智水平的转换是专业能力的体现，需要教师充分研究儿童、了解儿童，不断学习涵盖儿童心理学、幼儿学习方法与规律等的基本理论。综合课程的特点及培养目标也决定实施综合课程的

教师必须具备精良的职业素养。这些都需要通过各种形式的教研与学习来实现。

我园为教师搭建了不同层级、不同维度、不同群体之间的对话交流的平台，让大家在相互碰撞中树立课程信念、完善课程知识、重塑课程行为。通过系统深入的课程培训，提升教师的理论认知，在反复、渐进的诊断分析中明晰课程意识，在生动、鲜活的课程实践中检验研究成果。我们逐渐摸索出一条促进教师更新课程理念，不断积累知识、提升课程实施能力的系统化成长路径。

（一）完善课程审议机制，聚焦课程决策水平

课程管理是决定课程成效的一个重要因素，课程审议又是课程管理中的一个重要环节。谁来审议、审议什么、怎样审议，又直接影响到课程能否真正落实完整儿童培养目标，影响到课程实施的成效。在课程审议中，教师们通过集体的智慧，进行价值判断、适宜性筛选，增进理解，达成共识，进而形成课程信念。在综合课程管理探索中，我园逐步建立起多层级的课程审议制度。

1. 年级组课程审议

以课程实施为载体的各年级组课程审议，是以年级组为单位、全园教师共同参与的一项教研活动，它是保障各年级组、各班组在课程实施中充分尊重幼儿的兴趣与需要，有机整合各种资源，对幼儿实施教育的一种教研机制，也是综合课程园本教研最为常态化的一种形式。审议的内容，既包含主题活动的教育目标和教学内容，也包含一定的方法和手段，以及围绕主题活动的各类信息和资源。在年级组审议中，教师们发挥专业特长，通过分工和合作，将教师个人零散的实践经验上升为集体的实践智慧。以下呈现中班年级组一次学期初的课程审议方案。

2020—2021 学年中班年级组课程审议安排

1. 审议时间

2020 年 8 月 25 日上午 8:30—11:30

2. 审议内容

中班上学期第一次课程审议（学期初审议）

幼儿发展情况、各班班本化目标及学期主题预规划

3. 审议前的准备

• 各班对班级幼儿发展情况的回顾。

• 各班对本学期主题的预规划。

• 各班思考：幼儿升入中班后，可以通过什么形式引导幼儿做班级的小主人，做幼儿园里的小哥哥小姐姐。

4. 审议流程

①审　8:40 — 9:30

• 各班结合《指南》分析幼儿在小班一年的发展情况。（每班不超过 10 分钟）

②议　9:30 — 10:20

• 各领域负责人审核目标，并进行补充，确立各班本学期幼儿发展目标。

③探　10:20 — 11:20

• 根据幼儿情况分析，提出本班本学期重点，需要各班提出对本主题的预规划方案。

• 思考如何进行升班教育，通过什么形式引导幼儿做班级的小主人，做幼儿园里的小哥哥小姐姐，感受成长的快乐。

• 审议大活动、家长会方案。

• 商议新操。（讨论器械的使用）

课程审议工作结束后，教师会根据审议中得到的建议完善班本化儿童发展目标，调整预设的主题方案。我园在长期实践中梳理出课程审议的一般流程，详见下表。

开展年级组课程审议的一般流程

环节	具体工作
审议前的准备	• 年级组长工作：回顾课程实施经验，确保园本特色、典型经验的传承；了解其他年级组在课程实施中的问题及反思，借鉴好的经验；收集教师在课程实施中遇到的问题，分工到人。 • 教师工作：结合专业特长，分工负责（主要按领域）审议项目，提前审议方案文本，包括物质准备、幼儿经验准备等；提出问题和建议。
审议过程	• 对已实施主题的经验反馈：提升班级经验——形成集体经验。 • 对即将实施的主题进行集中审议：交流班级幼儿的已有经验，围绕主题目标、发展脉络、实施途径、课程资源、特色活动等进行审议，探讨活动的适宜性、实施策略等，最终确定在园本活动方案基础上如何做增删或调整。 • 教师交流预审议中对各领域活动的建议，交流遇到的问题，针对突出问题和难点进行预操作，即现场演练或模拟教学。 • 围绕以年级组为单位进行的集中活动进行交流。

2. 综合课程研究组课程审议

在年级组课程审议的基础上，当教师们在班本化课程实施中遇到了困难，或者有其他特殊情况，需要再次对课程进行审议的时候，就会通过综合课程研究组进行课程审议。综合课程研究组以幼儿园骨干教师为主要成员，来自高校的课程专家参与引领。大家共同围绕课程实施中的核心问题进行研究，不断优化课程建设，推动综合课程向更高、更远的方向迈进。

回顾综合课程研究组的研究历程，既有对教学活动的关注，也有对半日活动整合实施的研究；既有对课程实施中环境资源的有效挖掘，也有对课程实施班本化的深入探索。通过对教学活动中教师的教与幼儿的学的双向研究，发现幼儿的经验线索，并以此来调整教学活动设计，使预成的主题教学内容与幼儿的经验发生联系，促进其经验的生长；通过对半日活动整合实施的研究，发现蕴含在幼儿园一日生活中的各种教育契机，从而探索以多样化的路径来实施课程；通过对环境资源的有效挖掘，为幼儿的发展提供更加广阔的空间；通过对班本化课程实施的研究，为幼儿经验的生长探寻最佳契合点……在每一个研究阶段，综合课程研究组努力以系统深入的研训促进教师理论水平的提升，以反复、渐进的诊断与分析推进研究的深入，以生动、鲜活的课程实践开展研究。下面以活动简报的形成呈现我园一次综合课程研究组教研活动的全貌。

南京市实验幼儿园课程研究活动简报

第六十二期（简报编号 20160601）

研讨主题：小五班半日活动观摩与研讨

研讨焦点：活动的设计与实施如何实现发展目标的联系与整合

教师的课程行为所折射出的课程理念

参 与 者：陈国强　原晋霞　郭良菁　园内课程研究组成员

关 键 词：教师的专业特色　教育机智（随机性、细致性）

课 程 观：整合的　渗透的　生活化的

学 习 观：学习品质　幼儿主体性与参与性　真实的实习场

第一部分　半日活动观摩与研讨反馈表

时间：2016 年 5 月 10 日（周二）　　班级：小五班　　受观摩教师：王娟

主题名称：小主人　小客人　线索：1. 学做小客人、小主人　2. 我们一起玩

活动环节	活动设计与指导要点	对活动设计的思考	观摩反馈与研讨
晨间活动	1. 进班后，能在教师的提示、作息时间表的指引下，安静、有序地做好自己的事情，不影响其他同伴的活动。 •问好——能主动向老师问好，带着愉快的情绪进入班级。 •擦小椅子——能主动到固定区域认真仔细地擦小椅子。 （下略） 2. 较安静、稳定地进行桌面游戏。 •生活区——洗水果、切水果、拌水果色拉。 •数学区——分饼干，能根据袋子上的点数夹相应数量的饼干。 （下略）	•我班最近在进行活动室区域化的调整。原本集体活动时小椅子会占用活动室的大块面积，现将椅子都移到区域中，集体活动时，大家便围坐在“讨论区”进行活动。孩子们每天都到固定的区域里擦小椅子，每周五下午会有一次集体劳动时间，再擦一次小椅子。 （下略）	优点与赏析 •根据班级情况制定了一日生活安排，并以照片流程图的方式呈现出来，使孩子知道什么时间该做什么，有助于孩子建立秩序感。（王俊君、吴晨阳） （下略） 问题与建议 •教师和幼儿一起坐地垫，师幼地位很平等，体现了尊重幼儿。但这种做法与幼小衔接有些脱节，是否会造成幼儿上小学后很不适应？（吴晨阳） （下略）

续表

活动环节	活动设计与指导要点	对活动设计的思考	观摩反馈与研讨
早操	1. 律动:“小小蛋儿把门开” • 情绪饱满愉快,动作有力,能尝试边唱边做动作。 2. 早操:“春天花儿开” • 有精神地做操,动作到位。 (下略)	• 上个星期在做“扮家家”游戏时,幼儿是固定和一个朋友互动的,在大家相互熟悉以后,本周对幼儿提出了新的要求,要求他们在歌曲间奏时交换一个朋友,一来训练幼儿的反应能力,二来为主题目标服务,提高幼儿的交往能力。	优点与赏析 • 能及时关注个别幼儿在做操时的表现,并帮助、引导他们解决问题(如找朋友)。(王俊君)
晨间锻炼	1. 积极参加锻炼活动,愿意到各区域尝试不同器械的玩法。 •“蜜蜂采蜜”(投掷)、“拍拍小蜜蜂”(纵跳) •“小兔子采蘑菇”(钻) (下略) 2. 知道爱护器械,学习正确使用器械,收拾时能听信号主动协助老师将器材送到货架上,再站回到圆圈上等待。 (下略)	• 活动内容既考虑幼儿上下肢及全身的锻炼,又考虑与主题教育目标的结合。(下略)	优点与赏析 • 情境性强,适合小班幼儿。(韩静) • 联合游戏的形式,既增加了幼儿游戏的内容,又培养了幼儿的交往能力。(韩静) (下略)
集体教学活动	小班综合活动:“欢迎光临” 活动目标: 1. 能大方、有礼貌地接待来班级的客人老师,初步体验和积累做班级小主人的经验。 2. (下略) 活动准备: 1. 经验准备:在家里做过小主人或小客人;观看过视频《我是最棒的小主人》;活动前知道有客人老师要来班级做客。 2. (下略) 活动过程(略) 活动延伸(略)	• 活动背景: 正值进入“小主人　小客人”主题第一周的第三天,本主题中的活动多以“怎样做小客人”为线索,恰逢有客人老师来班这样有利的资源,故设计了此活动,目的在于让幼儿在亲身实践的过程中积累当小主人的经验,从而提高交往能力。 (下略) • 困惑: 本班活动室比较小,而客人老师较多,全班进行此活动比较有气氛,也给了全体幼儿锻炼的机会,但这样的社会实践活动会不会因为人多而影响活动的效率? (下略)	优点与赏析 • 能充分利用客人老师的资源,鼓励幼儿大胆去交往,使活动更具情境性。(王俊君　韩静) • 教师注意对幼儿语言表达能力的培养,引导幼儿练习与客人对话。(吴晨阳) (下略) 问题与建议 • 从任课教师的介绍和观摩情况来看,这是主题刚开始不久。疑问:幼儿是否具备与客人交往的经验,比如该对客人老师说什么等。(王俊君) (下略)

续表

活动环节	活动设计与指导要点	对活动设计的思考	观摩反馈与研讨
创造性游戏活动	1. 建构区：提供了上个主题中幼儿带来的车，以及幼儿自制的“红包娃娃”，引导幼儿搭建“房屋”和“马路”，可以玩“做客”的游戏。 2. 理发店：引导幼儿尝试使用礼貌用语，能主动询问客人的需要。 3. 娃娃家：增加餐具，鼓励幼儿玩“请客”的游戏。 （下略）	• 对于小班的孩子，本学期我们还是沿用挂牌的方式让幼儿选择游戏，这样的形式直观地提醒幼儿自己选择的游戏内容，在培养幼儿的任务角色意识的同时，也便于控制游戏人数，便于教师进行指导。 （下略）	优点与赏析 • 以“旅游团”的角色增加“自由人”。（陈洁） （下略） 问题与建议 • 在“旅游团”游戏中，小班幼儿更满足于操作材料，不愿外出进行交往。在小班开展这样的游戏是否特别合适？（韩静） （下略）
过渡环节安排	1. 点名：说一句欢迎客人老师的话。 2. 生活：如厕，喝水，及时擦汗，更换服装，整理衣服。 3. 选挂游戏牌。 4. 互动游戏：“邮递员” （下略）	• 整个半日活动有机整合，过渡环节也为教学活动埋下伏笔。 • 手指游戏在促进幼儿语言能力、小肌肉精细动作水平发展的同时，也可以很好地吸引幼儿的注意力，还能锻炼幼儿的胆量。 （下略）	优点与赏析 • 过渡环节中许多手指游戏的运用非常好，不仅提高了幼儿手指的灵活性，还有助于培养他们的方位知觉，帮助他们掌握每个手指的名称，在做手指游戏的过程中还能增强师幼之间的感情。（郭良菁）
餐前准备	1. 游戏评价：引导幼儿参与评价，可以请幼儿说一说游戏中最有趣的事，也可以讲一讲自己在游戏中遇到的问题和困难。通过这样的方式帮助幼儿提升原有经验。 2. 绘本故事：《我家来客人了》。	• 请幼儿一起参与对游戏的评价，让幼儿感受到自己是班级的主人，大家一起分享、提升经验，有利于幼儿真正内化经验。	
主题环境创设	1. 主题墙：“小主人　小客人”。分别呈现幼儿做小主人、小客人的前期经验。主题墙下方展示一些文明礼貌用语，让环境与幼儿对话。 2. 自然角：各种植物，引导幼儿观察小蝌蚪、蚕宝宝的变化等。 （下略）	• 幼儿园的墙面会说话，主题的内容不仅仅在主题墙上，还应该在幼儿活动的各个场所，以至于渗入一日活动中。 （下略）	优点与赏析 • 班级环境丰富，富有美感，不仅能反映主题的进程，还能给幼儿潜移默化的教育。（吴晨阳）

第二部分　关于小五班半日活动的综合研讨[①]

1. 班级环境的创设

①体现教师的专业特长

班级环境特别美。王娟老师本身具有美术特长，一进这个班，确实感觉到美术氛围非常浓。班级环境的布置、孩子作品的陈列，既是一种对环境的美化，又与主题、区域、游戏等都有一些结合，体现出孩子已经学习过的东西。(陈洁)

环境布置比较简洁，非常有程序感，并不感觉琳琅满目。其他班级也要这样，少挂一些东西。(陈国强)挂什么，怎么挂，也是有艺术的，并非把所有东西都挂上墙就是好的。(章丽)

②体现"幼儿是环境的主人"(略)

2. 教师的教育机智

①教育的随机性很强

今天的教育活动中，王娟老师的随机性很强。比如，从晨间入园，王老师就蹲下来和孩子轻声地交流，发现孩子的问题。后来进行集体教学活动时才知道她晨间为什么这样做，因为晨间的每一个活动都与集体教学活动的前期经验准备是有关系的。老师首先要了解孩子有哪些经验准备，才能在集体教学活动中引导他们大胆讲述，把话说完整。也就是说，老师并不是没有目的地去做一些事情。点名环节，她非常了解本班孩子的水平，当她点到不能够大声地跟客人老师问好的孩子的时候，用"大家和你一起说"这种方式鼓励和支持孩子和大家一起说，教育的随机性特别好。集体活动的准备环节，也是直接的谈话导入，好像是在给晨间活动做一个小结，又为集体教学活动做一个引入，教育的随机性是处处体现的。(陈洁)

②老师很智慧、很细致(略)

3. 教师秉承的课程观

①课程是整合的

整个半日活动的设计都紧紧围绕主题发展的目标，我从中真正体会到了目标的联系和整合。(廖晓青)而且半日活动的调整也都是围绕着"客人老师来了"这一话题来进行的。(章丽)这充分体现出王娟老师的课程观：课程是综合的，是生活的，就是我们说的"一日生活即课程"。也就是说，半日活动中的各个活动并不是割裂开来的，而是根据主题目标和半日活动计划，整体地考虑"晨间可以安排什么，游戏可以安排什么……"，是整合观的体现。(朱静晶)

②活动是生活化的

今天这个活动营造了真实的实习场，体现了教育的随机性、生活化、综合化，真实地体现了综合课程的精神。今天的实习场是真实的，孩子很自然地在此情境中按照小主

---

① 因篇幅有限，仅呈现研讨中的部分观点。

人的角色与客人老师互动，这样的一个实习场跟孩子的生活是接近的。这也反映出在课程研讨过程中，实验幼儿园老师们的课程观更加清晰了。（原晋霞）

（下略）

4. 教师秉承的儿童学习观

①互动中学习

今天整个活动中，“主人”与“客人”的互动也是非常明显的。我今天做了客人，非常有感受，尤其是那个叫“花若钦”小朋友对我特别好，尽管据说这个孩子在班里是个特殊一点的儿童。（王娟：这个孩子，当单独和他一起玩的时候，都会觉得这个孩子太好玩了，太喜欢他了，单独和他在一起的时候都很喜欢他，但他就不能在集体中和同伴在一起，一和同伴在一起他就控制不住自己的行为）但今天和我在一起的时候，这个小朋友非常专一，一直跟我玩，半日活动观摩结束的时候，他还跟我讲“你一定要到我家”，感觉这个孩子非常热情。（陈国强）

②重视孩子主体性的发挥

“小主人　小客人”主题在小班开展，很有必要，让孩子有当主人的感受，实质上是有一个主体感，就是让自己成为一个主体，而主体性的继续发展就是自主性的发展，自主性的发展就是自信心的发展，这些都是一脉相承的。从小班开始，就积累做主人、客人的经验，就能够有初步的体验，这种经验的积累是非常有必要的，不一定要到大班中班才体验。今天我发现小朋友一直忙着怎么样接待客人，从早上开始的“装饼干”“切水果”“画画做礼物”，都是幼儿在自己做主人，体验怎么样接待客人。整个活动中，有一个感觉，就是让孩子在“动”，让孩子在“做”，老师只是引导引导，这样孩子的主体性就体现出来了。（陈国强）

（下略）

5. 问题与建议：关于活动目标与重难点（略）

集体教学活动“目标”中的第二条“在接待客人的过程中能恰当运用礼貌用语‘请、谢谢、不用客气’等词汇与客人老师交流”，好像不应该用这样几个词，我觉得应该用诸如“请”“欢迎客人老师”“客人老师好”“欢迎光临”这类词，而且小朋友在欢迎客人老师的时候，与客人老师互动的时候都使用了这些词语。（陈国强）

（下略）

（二）创造多方面学习的机会，优化素养结构，助力课程实施

综合课程园本教研立足教师的自主发展，注重以正确的课程理念引领教师，帮助教师在教育实践的基础上，通过研究幼儿及幼儿的学习方式，为幼儿的发展提供适切的指导，从而提升教师的专业化水平，建构研学一体的教研文化，形成具有园本特色的教研基本范式。我园以教师成长为先，培养有课程研究与实施能力的教师，相信教师的潜力，发展教师，成就教师，支持教师开展研究，支持有不同能力、特长、个性的教师的发

展。这是综合课程园本教研的出发点，也是课程持续发展的内在动力。

1. 基础能力素养培训

幼儿园课程实施需要教师拥有全面的素养，既包括基本的人文、科学等通识性素养，也包括专业素养。幼儿园教育是综合的、整体的，幼儿园课程又是相互关联的系统，因此，幼儿园教师应具有全面的人文、科学素养。幼儿园教师的知识水平虽然不需要多么高深，但知识面必须是广博的。教师的专业发展涉及教师专业素养的方方面面，如专业态度和情感、专业知识、专业能力等。其中，专业能力是指经过专业学习后形成的有别于其他专业的特殊能力，这也就是一名专业教师的“看家本领”。

组织所有专任教师共同参与全员培训，这是综合课程园本教研的一项基本内容，也是一种常态化的研训方式。全员研训的内容往往针对综合课程实施某个阶段教师群体的共性问题，或者是课程建构过程中的研究重点，又或者是儿童认知学习的基本规律，等等。通过有计划、有针对性的研训，促进全体教师的理念及行为在原有基础上获得有效提升。下文以案例形式，展示我园多样化的研训组织形式。

主题研讨式研训活动。围绕一个研究重点开展研训，研究内容来源于教师教育实践问题，解决的是课程实施中普遍存在的共性问题，既有针对性，又有普适性。如以“《指南》研读”专项研训为例，为促进全园教师学《指南》、用《指南》，使《指南》成为课程实施的重要抓手，组织“《指南》研读”专项研训活动，通过案例解读明晰《指南》中各领域指标的意义，通过补充典型的与幼儿发展水平对应的行为，帮助教师形成目标意识，通过组织生动有趣的“有奖竞答”活动促使教师掌握《指南》内容。

理论提升式研训活动。课程建设需要教师不断更新理论，不断丰富知识，不断加深对儿童的理解，因此，定期组织相关理论学习至关重要。我园每学期定期开展专题读书会、专家讲座等，这些是理论学习的重要途径。比如，研读《生活化的幼儿园课程》一书，幼儿园提前制定导读方案，在学期中期，通过“读书讨论”和“主题沙龙”相结合的形式，以教师自主选择为主，形成阅读分享小组，围绕某些重要章节进行交流。交流形式多样，可以是情境表演、话题引领、案例分析、实操演练等。

2. 领域教学能力培训

教师善于搭建将学科知识转变为幼儿经验的“脚手架”，是课程进行整合的基础。对青年教师加强培养，是幼儿园教师队伍建设工作的重要内容。对于刚入职、教育经验尚不足的青年教师来说，他们在学校所接触到的课程设计和教学法几乎都是分科的或分领域的形式，他们对自然融合各领域核心经验的综合课程还缺乏最基本的了解，对各领域教学基本策略与必备技能的掌握也相对欠缺。针对这些情况，我园成立了由名师引领的“青年教师成长组”，每年以一个专题为重点研究内容，这些专题包括语言、音乐、美术、科学、体育、社会、健康专题，以及区域游戏专题等。

在园内外名师的引领下，青年教师成长组成员对各领域的核心目标及基本教学规律展开深入的研究与探讨，并立足综合课程教育教学实践，通过观摩与交流，把握各领域教学实施要领及组织策略，加深对幼儿的理解，提升自己的教育技能和教学水平，为更好地胜任综合课程实施者角色奠定基础。下面以我园某个学期青年教师音乐教研组研训计划为例加以说明。

青年教师音乐教研组学期研训计划

时间	2020 年 9 月—2021 年 1 月
研究目标	1. 学习、领会《3—6 岁儿童学习与发展指南》，了解自己所研究的某年龄段的儿童在音乐领域（歌唱、音乐欣赏＋游戏、打击乐三大板块）的主要发展目标。 2. 初步了解幼儿园音乐教学活动的基本形式及教学方法，熟悉我园综合课程第四版活动方案中各音乐活动的组织与实施过程。 （下略）
措施和方法	1. 领会《3—6 岁儿童学习与发展指南》中所提出的关于音乐活动的教育理念和指导要点。进一步了解幼儿园音乐教学活动的基础知识及相关理论知识，了解各年龄阶段的幼儿学习歌唱、音乐游戏的一般规律，了解组织歌唱、音乐游戏教学活动时适宜的策略和手段，掌握歌唱、音乐游戏教学的基本规律。 2. 教师相互观摩活动并讨论，收集、修改、完善“幼儿园综合课程”第四版活动方案中的歌唱、音乐游戏方案。 （下略）
参加人员	（略）
具体日程安排	（略）

3. 课程整合建构能力培训

综合课程需要教师具有课程整合建构能力，这种能力建立在教师扎实的专业基本功和领域教学能力的基础上，需要通过系统化、具体化的培训帮助教师习得并内化。

其一，提升课程整合意识。综合课程的实施，要求教师必须具有一定的课程整合意识，但由于教师个体层次的差异，在具体的课程实践中，多数教师的课程整合意识还有待加强。为突破这一现状，我园以骨干教师为引领的综合课程研究组决定以此作为阶段性研究目标，通过专题研训、对课程文本的分析与梳理、对半日活动的观摩和研讨等多种途径，推动全员教师提升课程整合意识。

其二，丰富课程整合知识。为了提升教师对课程整合相关理论知识的认识，我园邀请南京师范大学幼儿园课程理论方面的专家虞永平、边霞、原晋霞、郭良菁等老师在我园开设“综合课程文化再构”“忠实取向下的课程调适与创生”等相关专题讲座，帮助全体教师逐步建构相对完整的课程整合知识图谱。

其三，打通从课程整合意识、知识到课程整合能力的转化路径。课程整合意识与知识只有通过一定的操作方法转化为课程整合能力，才能回馈在幼儿的发展中。在教师意识觉醒、感知理解相关知识的基础上，我园引导教师探索课程设计、实施的具体方法，通过多个主题的实践、观摩、教师研讨及专家评说，帮助教师落实意识，将整合课程的知识应用在课程实践中。

下面以一个课程研究活动方案为例，教师课程整合建构能力培养过程中，教师根据各班幼儿经验进行班本化课程整体设计与实施为例，呈现我园如何通过相关培训帮助教师将课程整合的意识与知识转化为课程整合能力。

综合课程研究活动方案

活动时间：2020 年 9 月 11 日上午

参与人员：郭良菁、原晋霞、陈国强、刘颖、曲新陵、章丽，以及园内课程组成员

活动主题：班本化课程实施观摩与研讨

活动目标：

1. 结合班级主题活动审议和活动线索内容介绍，感受课程班本化开展的进程。

2. 通过参与和观摩课程实施活动，分析班本化活动开展的适宜性。

3. 针对完善课程方案开展商议，提升教师的课程实践和评价能力。

活动流程：

• 环节一：大四班“争当小小升旗手”活动观摩。(9:10—10:00)

幼儿按照已有经验和意愿组成 4 个小组，讨论制定小组内竞选升旗手的规则，并围绕这个规则进行升旗手竞选活动。

教研组成员将现场观摩活动，每位教师跟踪一位目标幼儿，全程做幼儿行为观察记录，并针对该幼儿已有发展状况进行分析。

• 环节二：大四班“五星红旗，我为你自豪”主题实施介绍。(10:10—10:40)

执教老师着重介绍该班本化主题活动的前审议(幼儿前期经验、发展状况及兴趣需求等)，以及自己对主题实施线索的思考、预设规划，还有主题不断生长发展的动态实施历程。

执教老师初步分析该班本化主题实施的效果和感悟。

执教老师介绍对主题活动推进发展的思考与规划。

• 环节三：大四班班本化主题活动实施研讨。(10:40—11:00)

观摩教师结合自己对幼儿的观察记录内容分析该班本化主题实施的适宜性，并提

出相关的调整建议。

• 环节四：专家点评。

三、文化润泽，经营高质量的智力生活，丰盈教师的精神世界

综合课程在课程管理和园本教研之外，还注重以文化润泽、丰盈教师的精神世界，帮助教师过一种“高质量的智力生活”。我们坚信，教师的完整状态与幸福感与他们的个人生活是分不开的，园所管理生态中，必须留出空间，让教师惬意地成为自己、整理自己、修炼自己。综合课程从以下几个方面帮助教师提升职业感受，完善自我，过高品质的智力和精神生活。

（一）以综合课程文化孕育教师的职业认同感

课程文化是课程的灵魂，课程文化也承载着一所幼儿园所有工作人员共同的教育理想与教育情怀。几代实幼人孜孜不倦地在综合课程之路上求索，沉淀下的精神与文化内核将会滋养一代又一代的年轻教师。

职业身份认同主要是指对一个职业认知的过程，在职业认知的基础上就有可能产生职业情感和职业归属感，最终形成职业身份认同。课程信念、课程知识、课程行事方式等，为实幼教师建构一个共同的话语体系，在其职业认知过程中起着重要作用；课程文化中的“爱与尊重”“自信与自新”，指向教师职业情感与职业归属感的发展，这是教师对职业的情感，更是作为一名实幼教师的特殊情感。

在“幼儿园综合课程文化的再构”研究中，我们通过课程文化的建设，不仅拓展了教师的课程理论视野，更进一步提升了他们的课程文化品质、文化自信；在对引领、亲历综合课程建设的专家学者、老教师们的访谈中，在老园长对综合课程研究史的讲述中，教师们为综合课程“从无到有”“从有到精”的奋斗历程自豪，更坚定了“走综合课程研究之路”的决心，并且信心百倍。

（二）以博雅社团活动润泽教师的精神世界

我们主张，在个人生活领域，教师应该有合理的物质保障、美满的爱情和家庭、健康的业余生活。教师的成长是复杂的过程，除了专业素养和专业知识外，个人对生活的态度是完整教师的重要组成部分。家庭是最小的社会单位，也是对人的成长有重要影响和塑造作用的重要单位。此外，业余生活也为教师的成长打上底色，丰富健康的业余生活会支持教师获得完满的心灵世界。

我园通过工会组织丰富多彩的读书活动、基于兴趣的社团活动，让教师充实自己的业余生活。通过园所的文化润泽、辐射带动，教师努力营造良好、温馨的家庭氛围，在个人生活领域渗透高雅的文化和令人惬意的关怀与支持。

（三）以成长共同体涵养教师的智力生活

教师积极的职业感受是教师拥有积极情绪的关键因素。良好的职业感受能让教师

奋发向上，反之，不良的职业感受会让教师丧失信心和斗志，丧失尝试的勇气、创造力，甚至丧失责任感。教师的职业感受不是从教师自身内在生发的，而是教师的个人状况与外界条件相互作用的结果。根据教书育人的需要，努力做一名研究型教师，其智力生活就要达到一定的水平。高质量的智力生活还包含知情统一的意思，有感情地学习、有感情地研究、有感情地教学，教师沉浸在其中，快乐在其中，自然也幸福在其中。

我园积极推动构建教师成长共同体。教师之间可以师徒结对，两者成为专业上的师徒、生活中的挚友；可以形成相同发展阶段的同盟，如年轻教师组成"实幼新生代成长同盟"；可以基于共同的研究兴趣组成小组，如"种植园地研究小组""户外游戏研究小组"等。各种类型的成长共同体，都有民主、开放、支持、理解、包容的氛围，以支持教师形成正向的职业感受；多类型的成长共同体，以集体的力量和智慧，支持教师在职业发展道路上不断前进。教师们在共同体内与共同体之间进行平等对话，相互启发，涵养教学能力与教学品质，追求高质量的智力生活。

综上所述，综合课程期待的完整教师，正努力靠近幸福教师的样态，生活中是明媚的"人间四月天"，与幼儿共同生活时"播散教育爱"，一起走向教育和生命的"春暖花开"。

第三节　教育叙事：我与完整儿童的幸福相遇

一路走来，我们深切感受到，要实现"以综合的教育造就完整的儿童"这一课程信念，教师也需要被看见、被滋养。如果没有良好的课程生态，教师感受不到"关怀、信任、平等、对话"，"爱与尊重"就失去了基础；如果没有"鼓励、支持与信任"的自主发展空间，"自信与自新"就没有了阳光雨露。不断追求"完整"的教师们也时刻提醒自己："幼儿园一日生活皆课程"，"师幼共同存在的地方，课程就开始了"。努力做到"对孩子再多一分了解，对课程再多一分研究，使我们的教育对孩子再多一分适切！""让幼儿园与家庭、社会的合作再密切一点，再融洽一点，给孩子的全面发展再多一分支持。"在这里，我们书写着和完整儿童一起生长的故事，故事里有孩子，有教师，有家长，还有携手并行的我们！

【教师视角】

一、不一样的"小宝成长记"①

一年前的夏天，我遇到了这个孩子，他叫"小宝"，小小的个子，圆乎乎的脑袋，包子

① 本案例由南京市实验幼儿园周云裳老师提供。

脸，机灵的小眼睛总是滴溜溜地转。当其他小萌娃还在怯生生地打量我，或者还在哭哭啼啼的时候，初来乍到的他每天一进班就飞奔着一头扎进玩具堆里，两眼放光地在偌大的活动室跑来跑去，所到之处，游戏材料和他的汗水一样挥洒遍地。这样一个肉嘟嘟又不停忙忙碌碌的小小身影，让我认识了可爱又有些不一样的小宝。

（一）被“拒绝”的小宝

1. 小宝快走开

小宝所在的是一个混龄的大集体，小伙伴之间初次结伴，其他小班孩子都是被哥哥姐姐拉起手，而小宝则主动拉起一位看上去亲切憨厚的哥哥的手。可仅仅过了几天，结伴时小宝总是最后被剩下的那个，无论他怎么坚持地拽着哥哥，哥哥都表情尴尬却动作坚决地甩开他：

“小宝快走开！”

哥哥姐姐们还相互推脱着：

“你带吧。”

“还是你带吧。”

为什么看起来活泼可爱的小宝短短时间就遭到同伴“抛弃”？他到底哪里不一样？

2. 小宝发脾气

吃饭的时候，前一秒还笑哈哈的小宝突然开始暴风雨般地哭闹：

“太多了！”

“太烫了！”

“我不吃这个！”

同桌的哥哥姐姐也开始叫喊起来：

“小宝不吃饭！”

“小宝把木耳丢进我碗里了！”

“小宝对我吐口水！”

“小宝踢我！”

小宝吃饭问题突出

桌上的碗勺也开始丁零哐啷，时不时满满一碗饭就掉到地上。哥哥姐姐常常感到挫败，又无能为力：“老师，你管管他吧。”可是，老师为了让小宝能吃上饭，几乎每天都没空吃饭，他会拽着老师的裤腿号啕大哭，直到直白地说出自己的需求：“你喂我吧！”有一天，一位小姐姐一边在户外沙池里挖沙，一边嘟囔着一首自己编的打油诗：

“小宝小宝真淘气，一到吃饭就哭泣，一到上课就生气，一天到晚发脾气。唉！”我无意中拍下这一幕，这让我有些心疼，又忍俊不禁。

第一次在园睡觉，紧张的小宝妈妈给小宝带了奶瓶、奶嘴、尿不湿和玩具熊，因为没有这些他就会大哭大闹。确实如此，第一天为他“断奶”，小宝足足手舞足蹈拼了半小时，后来的每一个宁静的午后，他都会抱着小熊在床上又唱又跳，拿走小熊他就撕心裂肺地哭闹，老师坐在他身边，他也用力地边踢边嚷：“我不要你坐在这里！”可是老师不坐在他身边，他就吵得别的孩子没法睡觉呀。

小宝午睡也难

3. 小宝不可以

在交往中他遇到的难题更多，有小宝在的地方，常常有小朋友突然就哭起来，却因为年龄原因说不清楚到底发生了什么，能表达清楚的哥哥姐姐频频来告状：

“老师，小宝不是在这里玩的！”

“小宝你不要乱动！”

“你看，小宝一来又搞得乱七八糟了！”

小宝常常会被嫌弃，受到拒绝，在被拒绝后，小宝甚至出现了一些攻击性举动。有一天，在阅读区，小宝像以往一样，把一本书拿在手中不超过半分钟，就想要看萱萱手中的绘本，他当然一再受到拒绝，气恼的小宝一把就将萱萱的脸挠出了长长的血印。半小时后，他又在冲突中挠伤了第二个孩子，同时自己也负伤了。晚上，老师会收到各种各样“投诉”小宝的信息。这些就是小朋友不接近小宝的原因啊。

小宝就像绘本作家大卫·香农笔下的小淘气大卫一样，每天都在做着“不可以”的事情。而他也面临着同伴的拒绝、嫌弃甚至是害怕。

（二）多元的小宝需要被了解

就这样听任小宝因为突出的情绪和行为表现一直被大家拒绝和嫌弃吗？我们怎样去支持他？会不会有什么“抓手”被我们忽略了？

1. 爱宅家的“小公鸡”

在小宝妈妈口中，小宝是只“属驴”的“小公鸡”，不仅“拧巴”“急脾气”，而且无比“搅毛”（编者注：方言，形容一个人不合群，爱挑毛病，什么事都找别扭），情绪激烈起来又哭又叫，搞得大家没有办法，也就依着他了。怪不得，天冷了他却光着脚丫穿着凉鞋来幼儿园，因为他不愿意穿袜子，家里谁也搞不定他。小宝还是一个小“宅男”，上高中的哥哥在外上课，他就在家闷头捣鼓堆得满满的玩具，很少有玩伴。

根据与小宝家庭沟通后获得的信息，我想他的问题更多的在于对自己情绪和行为的控制、对规则的遵守以及交往技巧上。

2. 扶着我，不用怕

曾经被小宝咬过、抓过的兮兮，怕极了小宝。这一天，孩子们第一次挑战高高的“蜗牛爬梯”,紧张的兮兮战战兢兢地抓住栏杆向上挪,挪到最顶端后,过了许久都弓着背,没有移动身体,谁也没有发现她在默默抽泣。正当老师要去看看时,在“大蜗牛”上灵活穿行的小宝从最下端快速地登顶,像个小英雄一样,对兮兮喊:“扶着我,不用害怕!”只见小宝拉着兮兮的手往下走,每向下走一步,就等兮兮也走一步,慢慢地将兮兮接了下来。这让兮兮很感动,还学着小宝的样子去帮助别人,从此她对小宝不再害怕了。

这让我发现小宝是一个会主动关心同伴的“暖男”呢。我在家长群里分享了这个暖心的故事,家长们都为小宝和小伙伴们之间的友爱点赞,小宝在小朋友们眼中的形象开始明亮起来,他也更加愿意去帮助老师和同伴,搬椅子、递纸巾、送水杯,小宝在班级里更忙碌了。

小宝搀扶小伙伴下爬梯

小宝帮助小伙伴擦嘴巴

3. 小淘气,大办法

哥哥姐姐们也发现了小宝的更多“不一样”。平时他们常说:“小宝你不要乱动。”“小宝你又搞得乱七八糟了。”可是有一天,在户外积木搭建游戏中,哥哥在搭建坦克的轮子时遇到了困难,小宝在一旁摆弄,发现将积木放在两根圆柱形棍子上就可以移动:“这个可以动。”小宝的做法启发了哥哥,哥哥设计出了可以开的坦克。“看,坦克开起来啦!”看着小宝坐在坦克上向前行驶,哥哥说:“别看小宝平时很调皮,但很多聪明的方法是他想的。”

小宝搭了一辆会动的“车”

我发现小宝经常制造“事故”，但也会热情主动地表现出对同伴和老师的“关爱”行为，他对大家认可他积极的社会行为感到高兴，而在其他领域，小宝也表现出优于他人的强烈的探究兴趣和开放灵活的思维能力。

（三）以适宜的支持面对独特的孩子

基于这些观察，我尝试运用一些个性化的方法去支持小宝。

1. 调整目标

孩子的发展是整体的，但每个孩子都有智能的优势和劣势，我根据小宝的发展情况确定了一些重点目标，并在普适的基础上调整了目标层次，例如，在小宝亟待发展的社会领域降低了部分目标，而在他擅长的科学领域增加了期望，试图让课程与孩子的发展水平相适切。

2. 避免冲突

寻找冲突重复发生的起因，试着去调整环境，如调整材料的摆放形式和投放数量，面对可能发生的冲突及时地预判并做出反应，减少和避免小宝与同伴间直接的、强烈的冲突。

3. 促进表达

小宝着急起来有轻微的口吃，常常因为说不清楚就动起手来。我在日常注意培养他的语言表达技能，鼓励他放轻松，慢慢表达自己的想法。

4. 建立情感

通过建立和小宝的情感联系，减少他因与家人分离而产生的心理焦虑，通过接纳和关爱让他对老师产生依恋。他开始在意老师对自己的看法，也开始在意哥哥姐姐是否接受自己。在“小英雄事件”后，大家的认可和赞美让他感受到自豪，我陪着他去“撕”掉小朋友和家长眼中的小宝“标签”，并利用他的优势为他提供更多的表现机会，在活动中展现自己的能力，等等，这些都让他放松和快乐起来。

小宝与小伙伴的关系越来越亲密

5. 提升能力

依托主题活动，引导小宝通过观察、对话、阅读、欣赏等多种方法了解朋友，在游戏、扮演、讨论中学习与人交往的方法，在分享、合作、互助中提升社会交往技巧。小宝的很多变化也被小伙伴们看在眼里，他的自信不断放大，小朋友也对他提出了新的期待。

6. 家园合作

信任和沟通也让家庭环境和幼儿园有了一致性，家长开始有意识地帮助小宝去“自我中心”，及时肯定小宝的利他行为，鼓励小宝分享与自我控制。

令人高兴的是，小宝开始渐渐发生了变化。

(四) 小宝转变了

曾经和小宝发生矛盾而被抓破脸蛋的萱萱在收游戏材料时收走了小宝“买”的“面条”，换作过去，小宝一定会动作先行，即刻反应。而现在呢，小宝依然是那个着急的小宝，他拉住萱萱的衣服一路追随，左商量右等待，虽然最终也没有得到满意的结果，但他只是可爱地吐槽了一句：“讨厌！”然后趁萱萱离开，自己抓回那一坨“面条”，放回“家”里的“冰箱”。

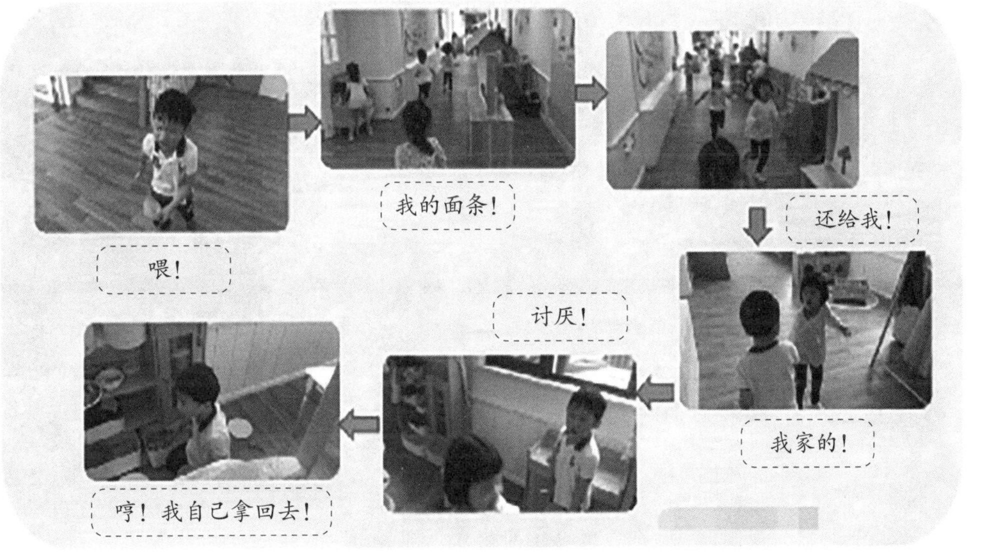

小宝不随便发脾气了

在小宝的成长经历中，经验得到生长的不仅仅是小宝自己，和小宝打打闹闹一起长大的萱萱开始包容和理解小宝，被小宝咬伤又被小宝关心帮助的兮兮开始赞扬小宝的变化，还有更多的他、她、他们，都在小宝的经历中收获着自己的成长。面对小宝，小伙伴们也会遇到认知冲突、多元评价的挑战，他们学习接纳差异、阐明规则、解决冲突，他们彼此促进，共同“完整”地成长。

请看一下现在小朋友们给小宝的评价吧——

"小宝在户外游戏时搭了一辆会动的车。"

"现在小宝会排队啦!"

"小宝睡着了,不抱小熊了。"

"原来小宝会抓我,现在我哭的时候他来关心我。"

"小宝现在吃饭吃得很好了。"

"我隔离回来的第一天,小宝紧紧地拥抱我!"

在陪伴小宝和他的小伙伴一起成长的这段经历中,我体验到"完整儿童"不是一个定义,也不是一个结果,它是关于儿童发展的价值导向,是儿童跟周围环境、同伴和老师构成的生动、复杂的关系,是落实到每一个儿童身上的,期待他们比原来进步一点点、再进步一点点的支持。

其实,很多孩子和小宝一样,不是完美的,但他们都是独特的、多元的、可爱的,需要我们去了解和支持。正是不一样的我们,在共同构建、不断生长的经历中,让彼此更加"完整"。

二、没错,是春天[①]

我们以为孩子认识季节、知道春夏秋冬的轮换是一件自然而然的事情,然而这一年春天,一棵落叶的香樟树却给小班孩子带来了困扰:"老师,大树落叶子了,是秋天到了吗?"因为他们在上个学期通过观察得知:大树会在秋天落叶。

苏苏:"秋天到了吗?"

其实,引导孩子建立对"季节"的概念并非易事,季节名称所代表的大自然真实又丰富的现象与变化具有重要的教育价值。支持孩子自主建构关于季节的经验,是一段教师不断走近儿童、重新理解儿童、努力回应儿童的过程。回归儿童视角,倾听儿童声音,带着问题共同找寻"是春天"的证据,师幼携手前行的旅程开启了。

入春不久,一天晚上忽然降温,幼儿园里那棵高大的香樟树一夜之间落了很多叶子。第二天,下楼做操的幼儿被眼前的情景所吸引,禁不住欢呼起来。苏苏捡起一片红色的香樟树叶问:"老师,大树落叶子了,秋天到了吗?"其他幼儿纷纷附和着问:"秋天到了吗?"

(一)树叶落了,现在是秋天吗

以前,面对幼儿如此提问,我可能会自然而然地回应:"现在是春天,香樟树是常绿

① 本案例由南京市实验幼儿园夏萍萍老师提供。本文发表于《幼儿教育》杂志2021年3、4月刊。

树，一年四季都会落叶子。”但此刻，话到嘴边又咽下了，直觉告诉我，这是一个教育契机。

1. 对季节的误会从何而来

①惊喜：小班下学期的幼儿已经可以迁移季节方面的经验

上学期秋天，幼儿进行过“你好，秋叶”主题活动，所以他们对秋天的特征印象深刻，一看到满地落叶就联想到秋天。当时，小班幼儿刚入园不久，几乎没有关于季节的经验，所以我给予了较多的引导，和他们共同观察秋天最典型的落叶现象。今天幼儿的表现让我惊喜，因为我看到小班下学期的幼儿已经有了初步的自主观察能力。正因为他们迁移了之前关于秋天大树会落叶的经验，所以才有了这样一个关于季节特征的美丽误会。

②反思：关于季节的主题活动中教师的惯性思维

关于季节的主题活动在幼儿园十分常见。以往在开展该类主题活动时，教师会有一些惯性思维，比如，先和幼儿聊一聊现在是什么季节，周围有什么变化，然后自然而然地带幼儿去观察、发现大自然的变化，接着用各种方法多通道地丰富幼儿的经验，最后让幼儿表达表现。其实，这种“先认识季节名称，再丰富季节现象，最后表达表现”的课程实施方式，是成人基于“知识的逻辑”而设计的。那么这一次，面对幼儿的问题，我是言简意赅地告诉幼儿答案，顺着我自己的惯性思维走，还是换一种方式，让幼儿自己寻找答案呢？

③期待：关于季节的主题活动中的新尝试

从幼儿认知发展的逻辑来说，幼儿认识上位概念比较困难，认识具体现象则比较容易。所以，让幼儿先观察各种各样的季节现象，然后归纳季节的特征，最后形成整体认识，给季节命名，更符合幼儿的“心理逻辑”。是否可以在小班下学期让幼儿用这样的方式自主建构关于季节的经验呢？虽然小班幼儿已能调动已有经验提出问题，但他们能自己寻找答案、解决问题吗？此时我并没有把握。

2. 香樟树下找到新契机

不直接告诉幼儿答案，让小班幼儿自己建构关于春天的经验，这个不同于常规做法的新思路让我十分兴奋。但是我不确定小班幼儿是否具备自主建构经验的能力，也不知怎样为他们提供适宜的支持。第二天，我又带着幼儿从香樟树下经过，并且有意识地多停留一会儿，想看看他们会不会有新发现。

①新叶子在树上“拍照”

幼儿昨天那样兴奋地捡着叶子。忽然，一个幼儿大声喊道：“看，我这片叶子最红，全部都是红色的！”“落叶从哪里来的呢？”我抛出了一个问题。幼儿抬头寻找，叽叽喳喳地讨论起来。他们敏锐地观察到，掉在地上的都是红叶子，而树上的大多是绿叶子。佑佑说：“红叶子是长老了才掉下来的，就像人老了会掉头发。绿叶子是新长出来的。”菲菲的说法更有趣：“看，绿叶子在树上拍照，红叶子在地上睡觉。”

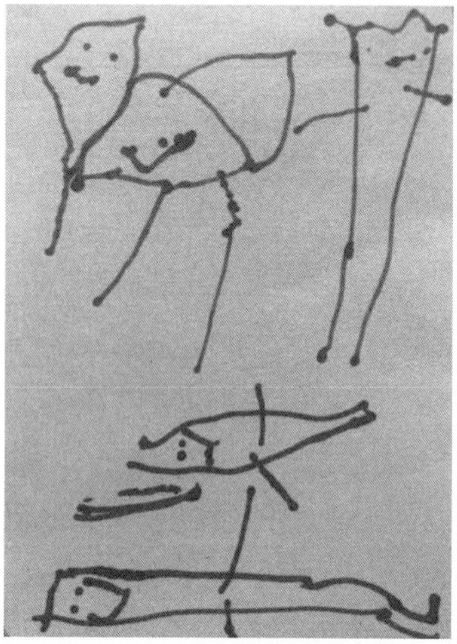
菲菲画的树上的叶子和地上的落叶

回到活动室后，幼儿记录了各自的发现。我反复端详着菲菲的作品（见右图），她用“拍照”“睡觉”两个词把新叶和落叶的不同状态生动形象地表现了出来。其实，幼儿通过这次观察，已经微微感受到了春天万物生长、万象更新的气息。

②从落叶里找春天

幼儿发现地上有落叶，但树上还有嫩嫩的新叶子长出来，这再次说明幼儿有一定的观察能力。《3—6岁儿童学习与发展指南》科学领域目标中提到，小班幼儿“喜欢接触大自然”“对感兴趣的事物能仔细观察，发现其明显特征”。我是否可以尝试引导幼儿从香樟树叶着手，迁移小班上学期找落叶的经验，仔细观察秋天落叶和现在落叶的不同，从而帮助幼儿发现不同季节的明显特征呢？我跃跃欲试，很想看看接下来在这一课程实施思路下，幼儿有怎样的探索和发现。

3. 与秋天落叶比较后的新发现

“找落叶”活动主题海报

在上学期秋天找落叶的时候，我有意识地留存了幼儿活动时的照片、幼儿的表征作品和主题海报（见右图）。现在这些资料恰好可以用来唤醒幼儿的记忆，成为他们对比观察的“证据”。在这些图片的帮助下，幼儿回想起上学期秋天捡拾落叶、观察落叶、用积木捣出“叶汁”的种种趣事，并开始饶有兴趣地在幼儿园里寻找和对比，陆陆续续有了一些发现。

①发现一：落叶种类变少了

孩子们记得上学期在幼儿园里以及在绿博园秋游时找到了很多不同种类、形状的落叶，他们用自己的方式观察和记录，对落叶进行分类，还把这些落叶展示在主题海报上（右图）。而现在虽然幼儿园里其他树有时也会落下几片叶子，但香樟树的落叶最多。“为什么秋天好多树都落叶子，而现在只有香樟树落叶子呢？”这是幼儿的第一个发现。

②发现二：落叶里的“叶汁”变多了

上学期秋天，幼儿玩过找叶脉、撕叶脉的游戏，龙龙无意间发现用鹅卵石敲打树叶能分离出叶脉，十分有趣，好多幼儿都模仿着用鹅卵石、小积木去敲一敲、捣一捣，发现秋天的树叶是干干的、脆脆的，一使劲就会被弄碎。他们当时也捡到过香樟树叶，在用小积木捣时捣出了一点点咖啡色的液体，他们将其称作“叶汁”。现在他们用以前的方法捣香樟树叶，也捣出了“叶汁”(见右图)。但是，与上学期秋天时拍的“叶汁”照片一对比，他们发现，现在的“叶汁”比以前多，而且叶子不容易被捣破。“为什么秋天的叶子干干的，现在的叶子有很多‘叶汁’呢?”这是幼儿的第二个发现。

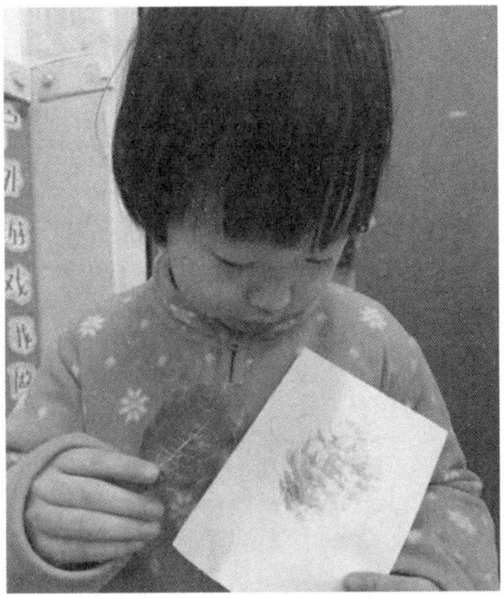
现在捣出的“叶汁”

③发现三：叶子落了，但大树不是光秃秃的

上学期秋天，幼儿观察到幼儿园里的紫薇树、水杉树、柿子树、樱桃树都是光秃秃的，那现在呢？于是，我带领幼儿拿着那时拍的照片在幼儿园里找一找不同。幼儿发现秋天时樱桃树光秃秃的，而现在樱桃树“开满了花”“花像白白的蝴蝶”。从我们班活动室二楼窗户望出去，可以看见一棵大树，从上学期秋天拍摄的照片上看，这棵大树是灰灰的，而现在它的树叶拥挤地抱在一起，看上去颜色亮亮的。(见下图)“为什么秋天树上的叶子会掉光，而现在树上又有叶子又有花呢?”这是幼儿的第三个发现。

幼儿经对比后发现：秋天和春天的大树景色不同

④发现四：叶子落了，天气变暖和了

幼儿通过看图片回忆起自己上学期刚开始捡落叶时“穿的衣服还不多”，慢慢地，天气越来越冷,“穿得也越来越多”,到后来还下雪了,“要穿厚厚的衣服,戴手套戴帽子”。那现在呢?午后散步时幼儿也感觉到了气温的变化,“我们穿得越来越少了。”“风吹在脸上没有那么冷了。”“太阳照在身上暖洋洋的。”“为什么秋天越来越冷,现在却越来越暖和呢?”这是幼儿的第四个发现(见下图)。

秋天天气渐渐变冷

春天天气渐渐变暖

在对比中,幼儿有了以上四个新发现,他们惊叹:“现在的落叶变了!”得出“现在不是秋天”的答案,由此,幼儿通过观察初步获得了“现在不是秋天”的经验。在解决“现在是秋天吗”这个真问题后,幼儿提出了新的疑问:现在到底是什么“天”?

(二) 不是秋天,现在到底是什么“天”

幼儿不是生活在真空中,他们经常会从爸爸妈妈那里、从广播电视里听到“春天”这个词,一些幼儿还能掰着手指说“春夏秋冬”,但是,幼儿关于季节的回答很多时候只是对成人的附和,他们并不清楚与“春天”这个词相联系的季节的特征。所以,重要的不是引导他们知道季节的名字,而是让他们通过直接感知、实际操作、亲身体验,丰富和整合经验,自然而然地发现一个新季节的到来,而这个季节的名字是“春天”。

1. 幼儿和爸爸妈妈找到的“春天”

课程的建构和实施需要家庭的支持。这次我并不是通过发调查表让幼儿去了解有关春天的间接经验,而是请家长周末带孩子找一找春天里的变化,并共同商量带一样最能体现春天特征的实物来幼儿园。于是,殿殿带来了五颜六色的小野花,苏苏带来了泥土包裹着的春笋,菲菲带来了几粒油菜籽儿,佑佑带来了漂亮的风筝……各种鲜活的实物让小班幼儿直观地感受到了春天,也在分享交流中丰富了经验。(见下图)除了这些和爸爸妈妈一起找来的“春天”的实物,幼儿还能在哪里找到春天呢?接下来,我通过引导幼儿寻找和验证,让课程更有情趣。在好奇心的驱动下,幼儿的主体性和主动性也得到彰显。

和爸爸妈妈一起找到的“春天”

2. 幼儿寻找季节的“证据”

现在真的是春天吗？春天到底是什么样子的？我引导幼儿带着从爸爸妈妈那里得到的一些信息，一起去寻找大自然各种各样的变化，让这些现象成为命名季节的“证据”。

①幼儿园“寻春记”

我带领幼儿从最熟悉的幼儿园开始，寻找春天的足迹。幼儿园里的春天，最明显的特征就是成片的二月兰开放了，美丽的色彩给幼儿带来强烈的视觉冲击。幼儿还发现最近幼儿园大草坪上的滑梯不能玩了，被围栏挡起来了，因为要让草坪上的小草发芽长大。柿子树虽然还没长出叶子，但是能清楚地看到它蒙有一层毛茸茸的绿色。这些是孩子们自己找到的“春天”。

幼儿回班后画了自己的发现，但是仅凭这一次活动不足以支持幼儿建构关于春天的经验，并且有的幼儿发现的春天迹象多，有的幼儿发现得少，看似丰富的个体经验不等于集体经验，于是我带领幼儿去附近的社区、公园继续寻找春天的“证据”。

②鼓楼公园“寻春记”

鼓楼公园步行即可到达，它地势较高，空间开阔，有大片草地，可弥补幼儿因幼儿园草坪被挡起来而不能亲密接触小草的遗憾。于是，我把这里作为寻找春天的第二个场地，幼儿可以在这里感受到与幼儿园不同的更多的春天景色。

一进公园大门，幼儿就被蝴蝶花丰富的色彩所吸引，不禁赞叹起来：“这是五颜六色的春天！”这里的小草和幼儿园里的不一样，长得很茂盛，幼儿像一群快乐的小鸟全都扑到草地上，与小草亲密接触。豆豆说：“小草的味道像茶叶。”贝贝说：“像我妈妈的香手摸着我的小脸。”佑佑说：“躺在草地上很舒服，像睡在枕头上一样舒服。”

这里还有空旷的场地、没有被遮挡的阳光，幼儿通过视觉、嗅觉、触觉等通道积累了更多的经验(见下图)。他们在墙壁上、草地上、微风里、阳光下又发现了很多不一样的“春天”。萌萌说:“墙壁上阳光照到的地方暖暖的,没有照到的地方凉凉的。”仔仔说:“风吹在脸上,像暖宝宝一样。”平平说:“我闻到了空气里有像芹菜一样的味道。”

孩子们在鼓楼公园用嗅觉、触觉感受春天

③情侣公园“寻春记”

幼儿带来了许多关于春天的绘本,殿殿带来的绘本上说春天是一位美丽的姑娘,戴着粉色花环,穿着粉色裙子。女孩子们认为春姑娘就像美丽的公主,会穿很漂亮的长裙子。令我诧异的是男孩子们也自动把春姑娘的形象和妈妈联系起来,他们说“春姑娘一定像我妈妈一样漂亮”。在几个女孩子的提议下,大家决定去鲜花最多的情侣公园寻找春姑娘。考虑到小班幼儿兴趣持续的时间短,以及为了充分发挥外出活动的价值,引导他们寻找更多春天的植物,感受大自然的美好,我事先按照绘本上的样子画出“春姑娘穿长裙”的形象,并把“长裙”处镂空。

幼儿在公园里兴致勃勃地给“春姑娘”寻找漂亮的裙子,事先剪好的“春姑娘”轮廓为他们创设了情境,提供了支架,婆婆纳、樱花、鬼脸花、郁金香等,都成了纸上“春姑娘”的花裙子(见下图)。观察、感知和体验的过程充满了乐趣,幼儿和大自然的联系又近了一步。

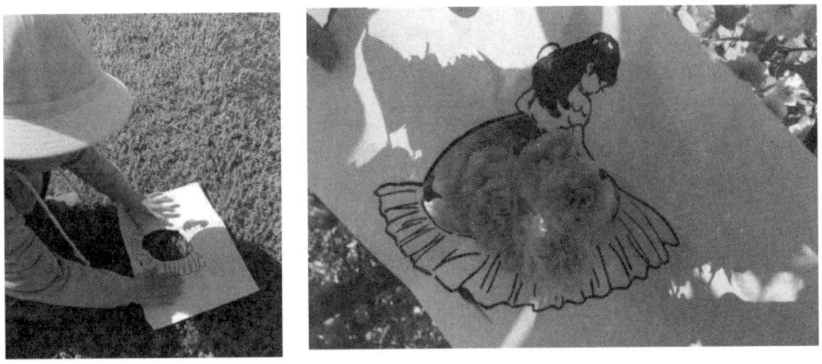

孩子们在情侣公园寻找“春姑娘”的花裙子

(三) 没错，现在就是春天

1. 在表达表现中走进春天

经过三次寻春，尤其是给“春姑娘”寻找花裙子后，幼儿对五颜六色的鲜花兴趣浓厚，自发地从观察、欣赏进入表达、表现，我也支持幼儿用多种形式表达自己对大自然和美的感受。幼儿在室外、室内绘画和创作时，更加关注花朵的细节，关于花朵的丰富经验也促进了幼儿对春天整体经验的建构。

①我的班是“二月兰班”

幼儿园里二月兰开得十分耀眼，幼儿每天入园、离园、游戏、散步时总要驻足欣赏。“二月兰的花瓣像花边帽子，花蕊是几个黄色的小圆点。”“小小、紫紫的花从很远的地方看过去就像紫色的云，软绵绵的。”在温暖的阳光下，幼儿带上工具，坐在二月兰旁边画点彩画，我和幼儿一起用点彩画作品组合成装饰帘（见下图），用紫色纽扣和树枝创作出二月兰插花作品。那段时间，活动室里布置了各种以二月兰为主题的作品，许多幼儿说“我们班是二月兰班”。

幼儿创作点彩作品《二月兰》

②我给绣球树“拍照”

我们班的活动室在二楼，窗外有两棵木绣球树，树冠与幼儿的视线一样高，幼儿每天都会站在窗边观察，看着树上的绣球花从“花宝宝”逐渐长成“花妈妈”，并尝试记录自己的发现：“绣球花妈妈有很多宝宝，宝宝们紧紧地靠在一起，抱成一个大大的花朵妈妈。”“绣球花小时候是绿色的，长大后成了白色。”“每朵小绣球花有四个花瓣，花瓣有的地方是白的，有的地方还是绿的。”……

小班幼儿有表达的愿望，但经验有限，因此，我更多地借助布料、色纸和颜料等材料支持幼儿创作（见下图）。幼儿用包上泡棉的圆柱体小积木盖印出圆圆的大团绣球花，装饰活动室。他们还将深浅不同的颜料通过点彩、抹画的形式，在玻璃窗上表现绣球花，为玻璃窗做“绣球花腰带”。玻璃窗上的“绣球花”和窗外的绣球花虚实相应，幼儿感叹道：“我们不是在画画，是在给绣球花拍照！”

孩子们以多种形式表现绣球

2. 自主建构立体的经验

幼儿根据观察到的大自然的变化和收集到的林林总总的现象，推断出：一个不同于秋天的新季节到来了，这个新季节的名字就是大家说的“春天”。他们自信地说：“没错，现在就是春天！”

在日常活动中，幼儿对春天景物的观察更加细致，艺术表现形式更加多样，语言表达则更加生动。在之后的一次散步中，幼儿边走边聊自己的发现，你一言我一语，脱口而出的童言稚语俨然就是一首儿童诗。回班后我赶紧记下这些充满童趣的语言，念给幼儿听，他们主动要求再念几遍。

儿童诗《春天藏在哪》

春天藏在幼儿园的二月兰里，
春天藏在大树新长出的小苞苞里，
春天藏在小树叶的纹路里。
春天藏在小草里，小草发芽了。
春天藏在花苞里，花苞上长出了小毛毛。
春天藏在树叶里，又流到了树干上。
春天藏在滑滑梯里，在滑滑梯上能看到春天所有的风景。

——小一班幼儿集体创作，教师记录

（四）反思

1. 回归儿童立场，打破惯性思维模式

在幼儿园关于季节的主题活动中，教师往往会假设幼儿自己没有能力发现季节现象，认为幼儿无法通过整合各种现象自主感知新季节的到来，所以习惯于引导在先，让幼儿在教师设定好的有关季节的框架中补充和丰富内容。但在这个课程故事中，小班下学期的幼儿，在教师的引导、支持下，通过自己的观察、比较、归纳，发现春天的到来，其观察、推理、整合的能力得到了发展。这样的活动是一个整合幼儿经验、培养幼儿良好思维习惯的典型案例。

如果在日常教育教学中教师能打破惯性思维模式，多反思，多追问自己，尊重幼儿的需要和能力，就不难在一些自己习以为常的做法中找到帮助幼儿发展的契机。因此，教师需要站在儿童立场，打破惯性思维模式，回归现实问题，回归儿童本身。

2. 整合跨主题的资源，支持幼儿自主建构经验

主题之间的经验是连续和生长的。从小班上学期的“秋天”主题，到下学期的“春天”主题，跨越了好长时间，幼儿的经验看上去并不连续。于是，教师扣住《3—6岁儿童学习与发展指南》中关于该年龄段幼儿的发展目标，将幼儿以往的经验和当下需要的经验联系起来，通过有意识留存的资料，让比较上学期秋天时的落叶和现在的落叶成为可能。在这种比较中，教师提供一些支架，支持幼儿通过观察和体验自主建构有关季节的经验。

当然，幼儿建构有关季节的经验并不是通过一个主题活动就能达成的，在接下来的夏天、秋天、冬天，以及来年的春夏秋冬，只要留心，教师就能发现幼儿对季节的新问题、新兴趣，找到支持幼儿发展的新路径，让幼儿建构螺旋上升的立体经验。这既是对教师专业能力的挑战，也是教师专业能力发展的契机。

这段探索经历不仅促进了幼儿的成长，也让我体会到作为一名教师的职业幸福感。幼儿并非成人认为的“自然而然”便认识了不同的季节，我庆幸自己能发现并尊重幼儿已有的经验和能力，同时不断反思自己有没有错过幼儿的真问题。这次活动以后，我一直把一片香樟树叶夹在书里，时刻提醒自己去不断去认识幼儿、发现幼儿、支持幼儿。

【家长视角】

一、最美的教育[①]

孩子从南京市实验幼儿园毕业半年有余，一直想对孩子的第一个母校说点或者写点什么。作为家长，也作为教育人，我觉得“最美的教育”之于实幼而言再适合不过了。

---

① 本文作者为南京市实验幼儿园2013级2班周时济的家长。

因为，人的一生少则经历三四所学校，多则七八所学校，幼儿园位于起点，我想，在这里接受的教育应该是最美的教育。更因为，孩子的感受是最真切的，从经常洋溢在孩子脸上的笑容里，从孩子与我们交流的幼儿园的人和事中，我们能看出孩子情不自禁流露出的对幼儿园的喜爱，这些使我确信实幼的教育就是最美的教育。

最美的教育，美在其根植于心的文化和理念。文化和理念就像无所不在的空气，弥漫在校园里，浸润在孩子们活动的情境里。“草色遥看近却无”。口头上，我总喜欢称呼实幼为“代代红”。这是一个带有特定时代色彩的园名，在新的时期应该被赋予新的含意、新的注解，我觉得就是“一代更比一代强”。红在哪里？红就红在对社会主义核心价值观的启蒙上。幼儿园早早就让孩子们参与升国旗，让孩子们模拟民族角色开展大联欢活动，让孩子们讲文明、懂礼貌。红就红在立德树人的实践上。无论是老师的一言一行，还是活动的组织设计，都以孩子为本，都以孩子的成长为出发点，都在为孩子的未来奠基。这种文化和理念的塑造传承，与幼儿园的管理者密切相关。我印象最为深刻的有这么几件事：我的孩子刚上小班时，班上有个小朋友特别不适应，天天哭闹，章丽园长陪在他身边好几天，直到小朋友基本适应幼儿园生活；好多次送孩子上学，看到曲新陵书记和几位副园长拿着扫帚在打扫卫生；还有一次，搞活动时突然下雨，雨停后，园长、书记与老师们一起抓紧时间清除积水，防止孩子活动时滑倒。这就是文化和理念的根，而这已经成为实幼教师日常的行事方式，日复一日，年复一年。

最美的教育，美在充盈着爱的老师。实幼之美，莫过于有一群美丽的老师；老师之美，莫过于心里装满了对孩子的爱。在实幼，我接触的老师并不算很多，但窥一斑可知全豹。孩子的三位老师各有特点：工作二十多年的程霞老师经验丰富，把控全局；刚毕业的周云裳老师特别亲和，有活力；生活老师郭明耐心细致。如果将三位老师比作三个集合，那么她们的交集就是大写的爱，对孩子的牵挂、操心、关切。有孩子生病了，老师会特别关照；有孩子掉牙了，老师会帮着保存；有孩子挑食了，老师会想方设法说服……我的孩子上托班时哭闹，三天两头生病，拒绝上学，到了实幼后却很高兴，很愿意上学，情感态度发生了 180 度的大变化。毕业后的当年暑假，每次走到幼儿园附近时，孩子都会说“这是我的幼儿园”，就像说“这是我的家”一样。此情此景，让我联想到泰戈尔的诗句：“让我的爱，像阳光一样包围着你，而又给你光辉灿烂的自由。”这就是爱的魅力吧。

最美的教育，美在综合视野观照下的课程。课程是学校教育的重要载体，幼儿园也不例外。实幼以实施综合教育课程见长，这一点，我听说得早、领略得晚。三年过去了，恍然悟出这是实幼美得有深度的一面。我理解，这种综合是主题的整合，采取游戏、活动等多种形式，契合孩子身心发展规律，一个阶段实施一个主题。比如，从小班的“生活自理秀”，到中班的“蔬菜节”，再到大班的“小兵”“野营”等活动，通过主题串点连线，促进孩子持续发展。这种综合还是家园共育，实幼家长对活动的参与度很高，很多活动，从开始策划，到组织实施，再到评价反馈，有时间的家长可以全程参与，没有时间的家长也能幕后参与，这样能够让家庭与幼儿园想到一起去、做到一起去。事实证明，家园合力对于孩子的成长至关重要。这种综合也是与社会的合作互动，实幼发挥社会资源丰富的优势，把博物馆、科技馆当教室，把蓝天白云、林间地头当课堂，把各行各业的科学家、志愿者当老师，拓宽了孩子们的眼界，增长了他们的见识，滋养了他们的精神和心灵。

最美的教育，还美在活泼泼的孩子。作家王朔曾调侃一个人“长得像教育似的”，可见“教育”在大家印象中是呆头呆脑、标准化的，没有个性特点。而“海阔凭鱼跃，天高任鸟飞”，这可能就是从实幼走出来的孩子的写照。我一直记得一件事：孩子上中班时，幼儿园组织了一系列游戏竞技活动，报名参加拼图比赛的孩子特别多，我的孩子拼尽全力才刚刚通过班级筛选，不知道着了什么魔，之后几天孩子主动让他妈妈买了很多拼图游戏材料回来练习，每天练 10 来张，似乎比参加高考还要拼，最后遥遥领先，得了年级第一名，好多小朋友围上前抱他搂他亲他，孩子一下子就自信了。对比此前不太自信的他，我甚至感到这好像是他人生的第一个转折点。类似的例子应该不止我家孩子一个。实幼总是以欣赏的方式看待孩子，特别是采用欣赏的教育方式帮助一些遇到困难的孩子，所以，孩子们都生机盎然、鲜活水灵、挺拔向上。

著名的瑞士教育家裴斯泰洛齐说过这样一段感人至深的话：“从早到晚我一直生活在他们中间……我的手牵着他们的手，我的眼睛注视着他们的眼睛，我随着他们流泪而流泪，随着他们微笑而微笑……”实幼如斯。

二、爱在细微处

(一) 你的幼儿园，也是我的幼儿园[①]

从我送范翊晨到实验幼儿园的第一天起，就一步步感觉到了幼儿园小二班四位老师的爱心、耐心。她们业务能力很强，工作尽心尽力。这就是我在心里对老师们的评价。

入园初期，范翊晨分离焦虑严重，经常在幼儿园门前哭闹，不肯入园。但只要王老师在场，她总能巧妙地化解孩子的焦虑，轻轻松松地把孩子领入园内。在以后的日子里，范翊晨数次在幼儿园因自身原因发生呕吐、流鼻血等，弄脏了衣裤，老师们每一次都是把他的脏衣裤洗干净且晾晒后才交给我，并告诉我可能的原因和应对方案。老师们这种负责任的态度让我印象深刻、很受感动。我是一个新手爸爸，育儿知识匮乏。在本学年的上学期，从小到“一日三餐如何搭配”，大到“离园后的家庭教育”，王老师和李老师均耐心、详细、持续不断地给我提了大量的育儿建议和指导。两位老师不仅仅解答了我的困惑，更重要的是帮助我改正了错误的养育方法。接替李老师的朱老师，在短短几天时间内就赢得了范翊晨的信任与喜爱，证明朱老师不但对学生充满爱心，同时幼儿教

---

① 本文作者为 2022 级 2 班范翊晨的家长。

育经验也非常丰富，所以很快赢得全班学生家长们的认可。

范翊晨是幸运的，在他学生生涯的起点就遇到了如此优秀的老师团队。我由衷感谢小二班的四位老师对范翊晨和我的教育与帮助，衷心祝愿小二班的孩子们在各位老师的教育与帮助下继续茁壮成长！

（二）爱在细微处[①]

一次真诚的鼓励，一句关心的话语，一个温暖的拥抱……其实都蕴含着老师对孩子们浓浓的爱。

刚入园时，球球可能因为平时比较独立，并没有让我们太操心。美丽的校园、新交的伙伴、亲切的老师，让她每天都觉得很开心；老师们的鼓励，更是让她充满了自信。直到有一天，我发现她开始为担心睡午觉会尿床而感到焦虑。原来，我将她的隔尿垫放在了家里，没给她铺在幼儿园的小床上，她特别担心会尿床，认为那就意味着犯了错误，老师会批评她，从而有些抵触上幼儿园。即便我说"老师不会责怪的"，她依然很忐忑。于是，我寻求了韩圆圆老师的帮助。和圆圆老师的第一次交流，让我感受到这位年轻的老师非常有亲和力，很关心也很重视孩子的问题。第二天我下班回家，球球就和我说："圆圆老师今天单独和我说悄悄话的，说睡午觉前去上个厕所就不容易尿床了。如果睡着后尿床了是没关系的，让我不用担心。"看到球球的神情，我也很替她高兴，因为她战胜了自己内心的焦虑。爱，在老师与孩子的一次悄悄话里……本以为这个关于"尿床"的焦虑应该消除了，可谁知第二天晚上睡觉时，球球又开始担心了，不敢睡午觉。我决定放学时再和老师沟通一下，当着老师的面，帮球球克服这个心理问题。那天放学，正好施老师也在，我把球球的情况和她也反映了一下。施老师不仅鼓励球球，还给了她一个"特权"——想上厕所可以不用和老师汇报，直接自己去。球球一听，立马瞪大了双眼，觉得不可思议。接下来的日子里，施老师每天都会悄悄地走到球球的床前，弯下腰问她要不要上厕所，好让她安心睡觉。爱，在老师的一次次弯腰中……在老师们的关注下，球球很快放下了内心的负担，经常回来指着自己各式各样的小辫子，开心而又满足地说："这是我们周老师帮我编的新发型，漂亮吧？你明天也要帮我这样编哦！"每当午睡起来，班里那么多孩子都要扎头发，老师还这么用心！爱，在孩子们一缕缕的发丝中……

爱，在细微处。小四班的孩子是幸福的，有这么多老师用爱心包围着他们；作为小四班孩子的家长，我们的内心充满了感激，因为我们觉得南京市实验幼儿园的老师真的是在做一件伟大的事——育人，一直在为孩子的长远发展而努力探索。我们将与孩子们一起成长！

---

① 本文作者为2022级4班球球的家长。

(三) 迟来的“爱”[①]

娃在幼儿园把一个小朋友的手臂抓破了，家长反映给赵柳老师。时隔8天，赵老师才在每学期例行的约谈中告知我这件事。我忙向赵老师表示歉意，因为给那个孩子的家庭添了麻烦，也给赵老师的工作添麻烦了。赵老师说：知道你家老大当时没两天就要中考了，所以就没有打扰；我已经和对方家长沟通了，保证今后一定会对孩子们加强教育，妥善处理好这样的事情。我感动于赵老师如此体贴的处理方式，也为对方家长如此通情达理而感激。面对这样一份迟来的“爱”，我真的感觉好温暖。

赵老师接着说：你家娃的这个行为是反常的，后来我找娃进行了交谈，了解到她行为反常的背后是情绪反常，而引发她反常情绪的是分离焦虑。原来，中考前两天，我们的关注点都聚焦到了老大身上，几乎所有的陪伴都给了老大。娃早上醒来时我们已经不在家中了，等我们晚上回到家，娃也已经睡着了，这让娃心理上有了很大落差。谈着谈着，娃在赵老师的面前哭了，哭得挺伤心。赵老师对娃进行了安抚和疏导。多么细致入微的觉察！多么专业的分析和处理方法！

“不要给孩子‘贴标签’。”赵老师最后反复关照我，“中考结束后，你们家的生活就回归了日常，娃也没有再出现这样的行为。这是孩子成长中的烦恼。以后注意同伴交往方面的引导就好……”

每次和赵老师交流，无论是线上还是线下，我都觉得如沐春风，如饮甘霖。赵老师是一位心中有爱、眼里有光的老师。阳光的心态、积极的行动、专业的引领、温暖的陪伴……这一切滋养着孩子，也让我们家长成长。

(四)“虫儿飞”过爱留痕[②]

橙子是个慢热的孩子，特别害羞、胆小，刚进入2班的时候甚至不敢大声说话。在幼儿园日常的活动中，仲老师和朱老师特别善于倾听孩子的心声，发现孩子的闪光点。她们肯定橙子的声音好听，唱歌音准好，建议我们给她报名幼儿园的“唱歌小能人”活动。橙子果然在活动中得奖，特别高兴，自信心倍增。

橙子学习钢琴没多久，在幼儿园听到了优美的钢琴曲，仲老师发现她听得特别认真，特意表扬她。令我们感动的是，孩子随口说自己会弹《虫儿飞》，老师就忙着给孩子找乐谱。橙子回家后说，仲老师和朱老师给她找了好多《虫儿飞》谱子，可都不是她会弹的那首，两位老师让她把家里的《虫儿飞》曲谱带到幼儿园去，这样她在幼儿园就可以弹给大家听了。作为家长的我，一下子被感动了。我自己也是老师，知道教师的日常工作是多么繁杂，听了橙子的话，我仿佛能看到老师们一篇一篇寻找乐谱的急切，看到这暖心行动背后满满的师爱！其实孩子只是初学钢琴，可老师却给她这么大的鼓励！橙子

---

① 本文作者为2022级5班杨沁萱家长。

② 本文作者为2021级2班橙子家长。

也因此更热爱钢琴，更热爱幼儿园了。

橙子是家中的老二，平时阿姨带得多，刚入园时特别挑食(在其他地方上托班时她只吃白米饭，小班时渐渐开始吃菜，但是非常挑食)。我们不知道李老师(保育老师)施了什么魔法，橙子到中班后不久，就光荣地宣布："我已经加入'添饭小队'!"作为家长，满满的放心。我们也总听到橙子回来说："李老师最辛苦了!"孩子或许不能记得许多细节，但孩子能感受到老师的爱。感恩遇见 2 班的每一位老师，包括来实习的迎老师，她们都在孩子幼小的心灵里种下爱的种子。感谢实验幼儿园，在疫情防控期间，依然能为孩子们创设丰富多彩的活动。希望我们的实验、我们的 2 班，越来越美好!

【同行视角】

求真务实的和谐教育①

南京市实验幼儿园的前身，是 1955 年在陈鹤琴先生倡导下创办的南京师范学院附属幼儿师范学校幼儿园。1982 年被江苏省教委命名为南京市实验幼儿园。南京市实验幼儿园的"和谐教育文化"强调建立和谐的教育管理体系与和谐的人际关系，强调教育教学活动中的各种教育因素和谐统一，通过采取灵活多样的教育方式，让儿童在真实的自然和社会环境中，接受客观真实的科学知识教育和"诚信"人格教育。依据每个孩子的自然禀性，走进他们的精神世界——鼓励他们真实地面对自己的缺点和错误，鼓励他们在尝试中不怕犯错误，注重过程的体验和收获；鼓励他们真心实意、坦诚相待，从心底感动他人而获得他人的信任；鼓励他们在日常生活中成为一个真实的、真诚的、真正的人，而不是戴着"好孩子"面具的"成人宠物"和"听话机器"。

1. 纯真自然的和谐教育

走进南京市实验幼儿园，先看到的是孩子们进行各种活动的展示牌。听管理人员介绍，有一个活动叫"蔬菜朋友"——小朋友们装扮成各种蔬菜，有甜椒，有青菜，有萝卜，有南瓜……五颜六色，组成营养均衡的"蔬菜大家庭"，跳起《蔬菜色拉》舞蹈。孩子们自己动手凉拌蔬菜、榨蔬菜汁、玩蔬菜拼图、用泥塑表现蔬菜……舞蹈跳得不整齐、盘子被打翻了、拼图没拼成、泥工没做好……都没有关系，重在参与、合作，在尝试中进步。还有"读书月 · 角色扮演乐"活动——读书后，孩子们在老师和家长的指导下，自选故事中的不同角色，准备道具，自编、自导、自演各种童话剧。还有更有趣的"图书跳蚤市场"活动——孩子们在自制的书摊、展柜后，或站，或坐，或蹲，想方设法把自己读过的图书卖出去，他们连写带画地做广告牌，学说热络诚恳的推销话语，戴着麦克风叫卖；也有自己一个劲儿捧读图书的，一本也卖不出去眼巴巴看着别人交易的，还有令人感动的向灾区捐书环节……他们一个个忙得满头大汗，不亦乐乎。

---

① 本文作者为天津市教育科学研究院王彦力老师。

从这些活动中，我感受到：孩子就是孩子，世界上从没有完美的人和事，也不存在没有缺点和不足的儿童；希望孩子事事正确、处处完美，这本身就是成人世界强加给孩子的不合理要求。在幼儿园日常生活的一个个活动场景中，孩子们用他们特有的纯真和自然体现出他们是真实鲜活的生命存在，这种真实意味着“虽不完美却和谐完整”，他们在超越自我缺陷的过程中不断生成和谐完整的自我。每个孩子都是独立的个体，是他自己思想和行动的主人，不是“宠物”，不是听凭成人的操作指令而行动的“机器”。“把孩子当人看”，这要求幼儿教师和家长通过共同活动走进幼儿的心灵，成为幼儿和谐生活、学习环境的创设者、支持者，成为幼儿身心发展的促进者，努力使孩子们在他们所组成的带着固有的顽皮和天真的小社会中享有公平、机会、关怀、满足、快乐、成功。

2. 与真实生活密切联系的综合课程

人一生的发展是一种全面和谐的发展，而不仅仅是某个方面或某一部分的片面发展。幼儿个体真实完整的存在，是其一生发展的基础。这就决定了促进幼儿肉体和精神、情感和理性、个性和共性和谐统一的发展是幼儿园教育的根本目的。南京市实验幼儿园的实践证明，幼儿园综合课程的实施是实现上述教育目的的有效手段。

如何根据每个幼儿的实际能力，在满足其兴趣和发展需要的基础上，以不同孩子的直接经验和实际生活为基础，展开多层次、多角度、多学科的综合课程教学活动，促进每个孩子在各自原有基础上发展？南京市实验幼儿园在20世纪80年代中期就创造性地运用多种教学形式，在小、中、大班开设如“数豌豆”“剥花生”“做风筝”“奥运会”“神秘的天空”“野营”“小小兵”等主题活动，教师们灵活运用全班教学、分组教学和个别教学的形式，使幼儿不断积累连续性的生活经验，促进幼儿全面和谐发展。教师们还带领孩子们走出幼儿园，在家庭、社区、社会真实的生活中观察、体验、学习。鼓励孩子们大胆与幼儿园外的小朋友交往，和各行各业的叔叔阿姨、解放军、外国友人等近距离交往，真正帮助孩子们在真实生活的交往中形成各种经验——语言、计算、思维……让孩子们通过观察和体验将自己的感受用语言交流、画画、表演等各种不同的方式表达出来，建构起个体的完整经验，为幼儿将来学习各种客观真实的科学知识提供具体可感的形象，也有助于幼儿理解、体会真实社会生活中的真、善、美，使幼儿从小形成人性之真，真正做到了“幼儿园一日生活皆课程”。

3. 求真务实，“真理使你自由”

生活在这个竞争激烈、快节奏的世界上，很多人觉得“快”胜过“慢”，最好是孩子在幼儿园就能认识几千字，百位数以内的加减法全“拿下”，早早就学会小学要学的很多东西，一开始就“赢在起跑线上”。南京市实验幼儿园以综合教育课程为载体教孩子“求真、做真人”的和谐教育探索实践，显然与当今社会上盛行的“快节奏”“赢在起跑线上”幼儿教育观不符。那么，这样的教育，在功利、浮躁的社会环境中怎么能够实施30多年？又是怎么得到社会各方的支持、家长们的认可的？

幼儿园管理人员回答：不信吗？可以随意到任何一个班去看看，幼儿一天在幼儿园的所有活动都可以参观。无论什么人来,我们展示的都是真真实实的,没有为迎合什么事先排演,没有遮蔽,没有说一套做一套。我们不跟风,不怕听到批评的声音,但我们始终坚守"行我所信,信我所行"。不管社会现实怎么样,幼儿园从理论研究到实践探索始终坚持"做有利于为孩子一生发展奠基的教育"。就算在某个时期不被社会上某些人理解,家长中有反对的声音,幼儿园也没有动摇过,不会为了一些表面的"利益"把幼儿园办成小学的预成班。正如幼儿园创办人陈鹤琴先生曾留学的美国霍普金斯大学的校训所言,"真理使你自由",坚持做自己认为对的事情,不被世俗、功利、卑下的事物所牵制,摆脱物质世界的诱惑和束缚,人才会广施仁心、博爱众生,充实的精神世界能使人的心灵愉悦、平和,使人得到精神世界的自由和思想上的解放。

始终将幼儿的发展放在幼儿园工作的首位,坚定信念,执着追求,是南京市实验幼儿园在江苏省幼儿教育领域出类拔萃的重要原因,也是幼儿园求真务实和谐教育文化特色的重要体现。

【研究者视角】

这就是实幼教师①

行为,不是简单、孤立的动作,其背后蕴含了深刻的意义。从实幼教师的课程行事方式,可窥见他们所追求的完整教师样态。

2007 年 12 月,我开始选择硕士论文题目,恰逢南京市实验幼儿园申请了一个国家级课题"幼儿园综合课程文化的再构",这个课题激起了我对课程文化的那份深埋于心却不知如何下手的热情与激动。这所幼儿园的课程文化特质是什么?幼儿园课程文化与课程的关系如何?幼儿园课程文化是如何影响课程发展的?带着这些疑问,我确定了硕士论文题目《南京市某幼儿园课程文化特质研究——从教师课程行事方式角度》,并开始了研究。在研究中,我通过对实幼园长和教师行事方式的推敲与诠释,探析实幼的信念、价值观:幼儿园课程文化是以儿童和谐发展为导向的,教师们拥有"儿童至上"的坚定信念,拥有科学、正确的课程知识,并践行之,教师们把坚定的信念与娴熟的知识外显于课程行事方式中,以促进儿童和谐发展。

(一) 教师对幼儿的支持

1. 教师对幼儿的物质支持

今天幼儿园大班去古林公园远足。

上午十点,李阳老师②带领幼儿步行到达古林公园,随后让孩子们坐在草坡上休

① 本文作者为南京师范大学学前教育专业 2009 届硕士毕业生杜丽静。

② 本研究报告中出现的教师姓名均为化名。

息。她看到衡衡[1]没有带水（衡衡前两天拉肚子，一直没有来幼儿园，今天是婆婆送来的，不知道今天要远足，所以没有给他准备水），就走过去蹲在他身边，把自己带的水给他喝，关切地问："今天怎么样了？还难受啊？走了这么多的路，有什么不舒服吗？"衡衡摇了摇头。

李老师发现云云带了两瓶水，就问她是否可以把多的那瓶水给衡衡喝，云云说："不，我还要喝呢。"李老师说："你能不能帮助一下有困难的小朋友啊？我们要互相关爱啊。你有困难的时候，大家也会帮你的。"她还是摇头。这时源源走到衡衡身边："我只带了一瓶水，可以和你一起喝。你先喝吧。"衡衡感激地说："谢谢。"李老师表扬源源："真是一个善良的孩子，帮助小朋友解决困难。"李老师帮助孩子们打开矿泉水瓶，并整理他们脱下的衣服。（2008 年 4 月 11 日观察记录）

这是一次大班幼儿的户外远足活动，李阳老师对幼儿的支持在只言片语和举手投足中流露出来。幼儿经较长时间的步行后，终于到达目的地，他们需要休息，所以老师请大家席地而坐。当李老师发现一位幼儿没有带水，就主动把自己的水给幼儿，这种支持是物质上的。如果说这种支持是直接支持的话，那后面对云云的建议则是对没有带水的小朋友的间接支持。李老师建议带两瓶水的小朋友给这位没有带水的小朋友"雪中送炭"，把自己多出来的资源让给其他更需要的小朋友来使用，但是情况并不如老师所愿。恰好一位善良的男孩认为自己虽然只带了一瓶水，但是可以和小伙伴一起喝，并让小伙伴先喝。李老师对衡衡的支持行为，成为源源这位小朋友学习、模仿的典范，他把这种行事方式记于心、践于行。一个富有实践智慧、胸怀幼儿的老师，对那名不愿意为其他小朋友提供帮助的幼儿，则采取了建议的方式："你能不能帮助一下有困难的小朋友啊？我们要互相关爱啊。你有困难的时候，大家也会帮你的。"当她仍然拒绝而源源出手相助的时候，老师机智地表扬了源源："真是一个善良的孩子，帮助小朋友解决困难。"短短一句话，实质上是借表扬一位幼儿而触动其他幼儿，尤其是那位有两瓶水却不愿意行举手之劳的幼儿。这也是一种支持，是对幼儿做出善良、积极行为，进而树立"危难之中助人一臂之力"的人生品性的支持。从这则故事可以发现李教师拥有乐于助人的品格，因此，她会在教育过程中自然流露出助人的行为倾向。只有在教师身上经常出现的课程行事方式才会感染幼儿，成为幼儿学习与模仿的行为方式。

2. 教师对幼儿的意愿支持

孩子们在一块宽阔的草坪上采荠菜花，这时周周走到老师跟前说："老师，我想光脚踩在草地上。"李老师问所有小朋友："还有谁也想光脚踩在草地上?"很多孩子举手，老师说："好的，可以光脚踩在草地上。你们把鞋子脱在石头路上，把鞋子摆整齐。在草地上走走看，是什么感觉。"孩子们迅速脱了鞋子，光脚踩在草地上，嘴里说着："真舒服啊！"有几个小朋友在草地上打起了滚，其他小朋友马上效仿，老师没有阻止。很多孩子

---

[1] 本研究报告中出现的幼儿姓名均为化名。

从小草坡高处滚下来，高兴地叫着。过了大约十五分钟，李老师说："你们围着老师坐下来。"小朋友坐好后，老师问："你们光脚踩在草地上是什么感觉？"小朋友说："软软的，有点扎。"老师："那你们打滚是什么感觉？""很舒服。"老师："你们以前打过滚吗？爸爸妈妈让你们打吗？""没打过！打滚真好玩，真舒服！"老师笑了笑："那请你们躺下来，感受一下温暖的阳光。"(2008 年 4 月 11 日观察记录)

"教育应该释放孩子们的能量和能力。"李阳老师是深知此道理的。在她心中，儿童是完整、独立、有自由思想与个性的人。当一名幼儿提出他的想法或需求时，李老师可以把这名幼儿的需要"反射"向所有幼儿——"还有谁也想光脚踩在草地上？"教师把幼儿放大，把幼儿的需求放大，把一名幼儿的需求放大为所有幼儿的需求，这个放大的过程凸显了教师对幼儿年龄特点的熟知，凸显出教师真正的儿童观，在这种观念和专业知识的支撑下，就会生发相匹配的课程行事方式——支持幼儿需求的行事方式。当有的幼儿开始在草地上打滚，享受大自然带来的乐趣时，老师没有打扰，这个情境下，老师的"无为胜过有为"，只需关注，不必说话。这看似忽略幼儿的行事方式，恰恰是教师尊重儿童、支持儿童需要的行为。在幼儿与大自然亲密接触之后，老师请幼儿围坐在一起，把自己的感受，连同那份对自然的喜爱之情，通通表达出来，这是一种对幼儿表达机会的支持，使幼儿心理的湖泊因为"打滚"而产生阵阵涟漪。李老师用儿童的眼光看待儿童周围的事物，允许他们充分体验，用心体悟他们的感觉，并倾听他们的述说，为他们的意愿表达提供机会。这是教师作为"幼儿及其活动支持者"的最好写照。

综上所述，综合课程中的"完整儿童"是各方面素养在生活历程中相互交织的成果，是具体、全面而富有个性的。幼儿园课程建设是一项没有终点的事业，综合课程努力回应新时代社会的育人期待，让完整儿童培养目标真正惠及全园孩子。我们将坚守自己的价值立场，不断推进综合课程完善和发展，在全面深化课程改革的行动中落实立德树人根本任务！

结 语

我园自1983年起，在全国率先进行综合课程改革，40年来，一直聚焦“综合”，确立了“以综合的教育造就完整的儿童”的核心主张，建构了独到且具影响力的观念体系与实践模式，研究成果荣获2018年基础教育国家级教学成果奖一等奖。

在国家教育改革深化与发展的背景下，2016年起，我园依托国家社科基金“十三五”课题“完整儿童：30年幼儿园综合课程的深化研究”，探索如何一以贯之地将“综合”的理念转变为实践的模式，使综合课程与培养“身心健康、和谐发展”的完整儿童的目标相呼应、相匹配。基于5年的课程研究，我们重新描摹“完整儿童”形象，厘清“综合课程”与“完整儿童”的关系，达成了综合课程观念体系的变革与实践模式的重构，以从“同一”到“适切”的课程班本化研究呼应完整儿童发展的差异性，并基于课程文化视角探求完整教师的培养之道。我们以不断精进的课程研究，努力回答“如何让幼儿园课程更具有综合性和整体性，如何培养真正意义上的完整儿童”这个宏大问题。

综合课程之于完整儿童意味着什么？综合课程对于培育完整儿童又有怎样的优势？这些问题一直萦绕在实幼人的综合课程探索之路上。回归教育本质，回到教育原点，答案日渐清晰。

1. 超越学科边界，建构遵循幼儿身心发展的课程新模式

综合课程遵循儿童学习与发展的整体性，以“主题活动”为主要形式的幼儿园综合课程，突破学科割裂现状，既允许每个学科领域保留其核心的概念、程序和认知论结构，又在各个学科领域和发展领域之间建立丰富的联系，以整体视角达成学科间的融通，努力实现对学科的组合、整合和超越。这符合幼儿的学习规律，更好地促进了幼儿的发展，提高了课程实施的效益。

2. 以课程结构的完整性，实现幼儿发展结构的完整性

杜威说过：“教育即生长，生长就是目的，在生长之外别无目的。”可见，帮助幼儿从内部建构经验，促进幼儿经验的生长，是教育的至臻追求。综合课程在“整体”理念下思考儿童的发展问题，基于幼儿生活、按幼儿成长的心理逻辑有机编织主题，横向上达成多领域内容有机联系，纵向上促进儿童经验连续生长；通过各种类型、有机联系的活动，帮助幼儿回顾和反思经验，整理同类型经验，再引导幼儿进行联系、对比、归纳，在经验之间形成关联；发挥多种教育路径、资源、时间、空间的整合力量，促使幼儿在连续完整的时间段内，形成连续、整体的经验。综合课程以外在结构的完整性带来儿童发展结构的完整性。

3. 以面向未来的综合视角，为幼儿终身发展奠基

综合课程不仅立足于幼儿当下的生活，更指向幼儿未来的生活，指向21世纪学生发展的核心素养。综合不仅是一种理念、一种行为方式，更是一种思维习惯和终身发展必需的素养。在综合课程中，我们努力培养个人终身发展必备的品格和关键能力：产生想法、寻找答案、以多种方式解决问题的能力；好奇好问、持续探究的学习品质与能力；独立想象、大胆创造的能力；情绪管理、沟通合作的能力；尊重自然、爱护环境、可持续发展的生态素养；等等。

本书便是基于我园自2016年出版《幼儿园综合课程》以来，在新的时空坐标下，遵循国家纲领性文件、呼应社会育人期待、基于园所与幼儿发展现状，对"如何培养完整儿童"这个问题所做出的又一次回答。

课程建设是一项没有终点的事业。虽然在上一阶段的研究中我园厘清了对"完整儿童"的认识，更新了完整儿童培养目标，并尝试进行与之匹配的形成性评价方式的探索，但仍存在如下问题：1.尚未很好地将完整儿童培养目标转化为教师进行形成性评价、观察理解儿童行为的实践视角；2.要求教师收集幼儿全面、全过程发展的信息，但忽略了巨大的信息量给教师的加工与整合工作所带来的挑战，尚未能有效结合现代信息技术为教师提供支持；3.课程调适与评价尚未很好衔接，通过评价结果改进课程实施的机制尚未完全形成。

按照国家建设高质量教育体系的要求，响应新时代课程评价改革的号召，2022年我园申报了国家社科基金"十四五"规划课题"指向完整儿童发展的形成性评价研究"并成功立项，下一阶段，我园将以课题研究为抓手，努力构建与完整儿童培养相匹配的形成性评价体系，引领课程实施，支持儿童发展，涵养教师成长。这是我园践行"培养什么人、怎样培养人、为谁培养人"的使命与担当，也是我园不断突破课程建设瓶颈、追寻教育本质的坚守与努力。

40载奋楫笃行，"以综合的教育培养完整儿童"是综合课程矢志不渝的追求。以初心筑梦，综合课程研究赓续接力再出发！

参考文献

1. 南京市实验幼儿园.幼儿园综合课程[M].南京:南京师范大学出版社,2016.

2. [美]帕特丽夏·韦斯曼,乔安妮·亨德里克. 幼儿全人教育[M].钟欣颖,张瑞瑞,杜丹,译. 南京:南京师范大学出版社,2015.

3. [日]小原国芳. 小原国芳教育论著选(下)[M].刘剑乔,由其民,吴光威,译. 北京:人民教育出版社,1993.

4. [美]杜威.学校与社会 明日之学校[M].赵祥麟,译.北京:人民教育出版社,1994.

5. [美]劳伦斯·阿瑟·克雷明.学校的变革[M].单中惠,等译.济南:山东教育出版社,2013.

6. [美]约翰·杜威.民主主义与教育[M].王承绪,译.北京:人民教育出版社,2001.

7. [美]约翰·克莱佛雷,丹尼斯·菲利普斯.西方社会对儿童期的洞见[M].陈正乾,译.台北:文景书局,1986.

8. [意]艾格勒·贝奇,[法]多米尼克·朱利亚.西方儿童史(下卷:自18世纪迄今)[M].卞晓平,申华明,译.北京:商务印书馆,2016.

9. 朱静晶.完整儿童:30年幼儿园综合课程的续进研究[J].江苏教育研究,2017(S1).

10. 章丽,黄菲.借助课程审议优化活动方案——以大班年级组对秋游活动的审议为例[J].幼儿教育,2020(13).

11. 曹能秀.全人发展的幼儿教育——世界幼儿教育的发展趋势之一[J].学前教育研究,2008(03).

12. 杜威.杜威文选[M].涂纪亮,编译.北京:社会科学文献出版社,2012.

13. 方艳.什么是完整儿童的教育[J].郑州铁路教育学院学报,1999(02).

14. 何梅,武敏.课程视角下的幼儿园自然角活动的创设与实施[J].上海教育科研,2020(08).

15. 江林美.心智能力的培养与体育实践教学的成效[J].新课程教学,2020(11).

16. 李季湄.幼儿教育学[M].北京:北京师范大学出版社,1998.

17. 刘宝存. 全人教育思潮的兴起与教育目标的转变[J].比较教育研究,2004(9).

18. 楼仲青.《幼儿园完整儿童活动课程》的优势[J].幼儿教育,2019(34).

19. 麦浪.确立培养"完整儿童"的教育观[J].教育导刊(幼儿教育版),1998(02).

20. 钱晓菲,张斌贤.以儿童为中心:有机教育学校实验[J].教育科学研究,2016(07).

21. 乔新. 非形式课程:"完整儿童"精神发育的必需营养[A].江苏省教育厅.2014年江苏省中小学课程规划与实施现场观摩研讨活动论文集[C].江苏省教育厅:江苏省教育学会,2014.

22. 汤英峰.在评价中塑造完整儿童[J].学周刊,2012(06).

23. 王振宇.儿童发展心理学[M].北京:人民教育出版社,2004.

24. 巫蓉.全人教育视域下幼儿园园本课程的构建[J].学前教育研究,2019(12).

25. 杨洁，涂文娣.论小原国芳全人教育思想及现实启示[J].教育文化论坛，2020，12(01).

26. 虞永平.今天，我们如何培育完整儿童[J].教育家，2018(43).

27. 张斌贤，等.美国教育改革：1890—1920年[M].北京：中国人民大学出版社，2019.

28. 张斌贤，王慧敏."儿童中心"论在美国的兴起[J].北京大学教育评论，2014，12(01).

29. 张斌贤，王蓝慧，祝贺."完整儿童"观念在美国的早期演变[J].比较教育究，2020，42(11).

30. 赵金苹，曹能秀.全人发展的教育：华德福幼儿教育的精髓[J].教育文化论坛，2016，8(02).

31. 庄虹. 幼儿园实施综合教育课程存在的问题与对策[J].教育导刊(下半月)，2007(7).

32. C. HANFORD HENDERSON. Education and the larger life[M].New York：Mifflin，1902.

33. CATHERINE C. DUCHARME. The concept of the child：1890—1940[R].U. S. Department of Education，1995.

34. DANIEL W. STUCKART，JEFFREY GLANZ. Revisiting Dewey：Best practices for educating the whole child today[M].Lanham：Rowman & Littlefield Education，2010.

35. DAVID R. OLSON. Reprising John Dewey：A review of Andreas Demetriou，George Spanoudis & Antigoni Mouyi's "Educating the developing mind：towards an overarching paradigm" [J].Educational Psychology Review，2011(24).

36. EMMONS BLAIN. Francis W. Parker School yearbook Vol. 1：Origins and aims of the Francis W. Parker School[M]. Chicago ：the University of Chicago Press，1912.

37. FRANCIS W. PARKER. The first yearbook of the Herbart Society for the scientific study of teaching：Discussion on Dr. F. M. McMurry's paper concentration [M]. Bloomington：Pantagraph Print and Stationary Co.，1907.

38. FRANCIS W. PARKER. Talks on pedagogics[M].New York & Chicago：E. L. KELOGG & Co，1894.

39. FREDA EASTON. Educating the whole child—head，heart，and hands：learning from the Waldorf experience [J].Theory into Practice，1997，36(02).

40. FRIEDRICH FROEBEL. The education of man[M].WILLIAM N. HAILMANN (Trans.) New York：D. Appleton and Co.，1901.

41. HAROLD RUGG & ANN SHUMAKER. The child－centered school：an appraisal of the new education[M].New York & Chicago：World Book Company，1928.

42. HENRY BARNARD. Froebel's system of infant － gardens [J]. American Journal of Education，1856(06).

43. MARIETTA JOHNSON. Thirty years with an idea[M].Birmingham：The University of Alabama Press，1974.

44. National Educational Association. The journal of proceedings and addresses of the National Educational Association：session of the year 1885[C].New York：Press of J. J，Little & Co.，1885.

45. National Educational Association. The journal of proceedings and addresses of the Thirty—Fifth Annual Meeting[C].Chicago：the University of Chicago Press，1896.

46. WILLIAM H. KILPATRICK. The essentials of the activity movement [J]. Progressive Education，1934(06).

47. WILLIAM H. KILPATRICK. The project method[J].Teachers College Record, 1918(04).

48. WILLIAM JAMES. Talks to teachers on psychology, and to students on some of life's ideals [M].New York: H. Holt and Company, 1899.

49. WILLIAM N. HAILMANN. Four lectures on early child culture [M]. Milwaukee: C. Doerfinger, 1880.

后　记

本书出版之际，恰逢我园（南京市实验幼儿园）迎来综合课程改革40年这一特殊的历史节点，因此，本书不仅是“江苏人民教育家培养工程”的作业汇报，也是实幼人为了践行培养完整儿童初心、赓续接力综合课程改革的有力记录，更是对“培养什么人、怎样培养人、为谁培养人”这一教育根本问题做出的时代回答。

感谢“江苏人民教育家培养工程”，助力我走上了一段有导师引领、有理论滋养、有目标驱动、有实践跟进的教育旅程。感谢杨九俊、倪娟、陆志平、虞永平、周兢、汪霞、陈明选、吴永军、丁锦宏等导师的悉心指导，“要跳出教育看教育、跳出学科看教育”“应围绕一个核心，形成系统思考”“教育思想和主张要像你自己，寻找属于自己的句子”“要让阅读中的心动转化为校本中的行动”“放眼全世界、走好中国路”……导师们的谆谆教诲如静水深流，持久而有力地影响着我对教育的信念、情感态度、状态和行事方式，更加坚定了我走综合课程可持续发展之路的信心。

特别感谢虞永平教授。在我接受培养期间，我园的综合课程研究系列成果荣获2018年基础教育国家级教学成果奖一等奖，同时我园还完成了国家社科基金“十三五”规划教育学一般课题的结题，以及国家社科基金“十四五”规划教育学一般课题的申报立项工作。这些成绩的背后，离不开导师们的鼓励和专业支持，更离不开虞永平教授几十年如一日的关注和引领。他一次又一次带领我们讨论、修改文稿，帮助我们凝练综合课程的核心理念，指导我们梳理成果与课题申报的框架……他用丰富的专业学识、真挚的教育情怀带领我们攀越课程建设之路上一座又一座高峰。

衷心感谢南京师范大学教育科学学院的几代课程专家们，从1983年赵寄石教授引领我园走上综合课程的改革之路，到之后40年间综合课程研究与实践的赓续接力，其中倾注着唐淑教授、张慧和教授、张俊副教授、原晋霞副教授、郭良菁副教授等一大批专家学者的智慧，他们将“扎根实践、教育实验”的精神深植于实幼人心中。

更要感谢实幼的每一位教师，他们对教育事业的热爱，对综合课程走中国化、科学化、现代化发展之路的执着信念，对培养完整儿童的初心的坚守，都是我最温暖的依靠，也是园所发展、课程发展的不竭动力。

章丽

2023年9月

感谢您使用本书。您在使用本书时如有建议或发现质量问题,请联系我们。

【内容质量】 电话:4008283622

【印装质量】 电话:4008283610

图书在版编目(CIP)数据

造就完整儿童——综合课程的育人回应 / 章丽著. —南京:江苏凤凰教育出版社,2023.10

(江苏人民教育家培养工程丛书.第四辑)

ISBN 978-7-5499-9899-9

Ⅰ.①造… Ⅱ.①章… Ⅲ.①学前教育—教学研究 Ⅳ.①G613

中国国家版本馆 CIP 数据核字(2023)第 183337 号

江苏人民教育家培养工程丛书(第四辑)

书　　名 造就完整儿童——综合课程的育人回应

著　　者 章　丽

责任编辑 严小英

出版发行 江苏凤凰教育出版社(南京市湖南路 1 号 A 楼　邮编 210009)

苏教网址 http://www.1088.com.cn

印　　刷 南京顺和印刷有限责任公司

厂　　址 南京市江宁区麒麟街道天和路 78 号

开　　本 787 毫米×1092 毫米　1/16

印　　张 14.5

版　　次 2023 年 10 月第 1 版

印　　次 2023 年 10 月第 1 次印刷

书　　号 ISBN 978-7-5499-9899-9

定　　价 45.00 元

网店地址 http://jsfhjycbs.tmall.com

公 众 号 苏教服务(微信号:jsfhjyfw)

邮购电话 025-85406265,025-85400774

盗版举报 025-83658579